大 / 学 / 公 / 共 / 课 / 系 / 列 / 教 / 材

U0646033

大学生劳动教育

DAXUESHENG
LAODONG JIAOYU

主　编◎柳友荣　吴长法

副主编◎闫　龙　胡梓滟　余江舟　刘海涛

编　委◎谭甲文　林斗秀　程　雯　秦红梅　张阳阳

　　　　蒋赟婷　刘　静　徐小焱　申琳琳　杨翠兰

北京师范大学出版集团
BEIJING NORMAL UNIVERSITY PUBLISHING GROUP
北京师范大学出版社

图书在版编目（CIP）数据

大学生劳动教育 / 柳友荣，吴长法主编. —北京：北京师范大学
出版社，2023.7
　（大学公共课系列教材）
　ISBN 978-7-303-29086-4

　Ⅰ.①大… Ⅱ.①柳… ②吴… Ⅲ.①劳动教育－高等学校－
教材　Ⅳ.①G40-015

中国国家版本馆 CIP 数据核字（2023）第 075333 号

教 材 意 见 反 馈　gaozhifk@bnupg.com　010-58805079
营 销 中 心 电 话　010-58807651
北师大出版社高等教育分社微信公众号　新外大街拾玖号

DAXUESHENG LAODONG JIAOYU
出版发行：北京师范大学出版社　www.bnup.com
　　　　　北京市西城区新街口外大街 12-3 号
　　　　　邮政编码：100088
印　　刷：北京溢漾印刷有限公司
经　　销：全国新华书店
开　　本：787 mm×1092 mm　1/16
印　　张：12.25
字　　数：240 千字
版　　次：2023 年 7 月第 1 版
印　　次：2023 年 7 月第 1 次印刷
定　　价：49.80 元

策划编辑：周　粟　王婧凝　　　　　责任编辑：齐文媛
美术编辑：陈　涛　李向昕　　　　　装帧设计：陈　涛　李向昕
责任校对：段立超　陈　民　　　　　责任印制：马　洁

编 委 会

主　编　柳友荣　（安徽艺术学院）
　　　　吴长法　（蚌埠学院）
副主编　闫　龙　（合肥师范学院）
　　　　胡梓滟　（黄山学院）
　　　　余江舟　（安庆师范大学）
　　　　刘海涛　（滁州学院）

编委会成员
　　　谭甲文（池州学院）
　　　林斗秀（安徽新华学院）
　　　程　雯（蚌埠学院）
　　　秦红梅（黄山学院）
　　　张阳阳（安徽新华学院）
　　　蒋赟婷（安徽新华学院）
　　　刘　静（安徽新华学院）
　　　徐小焱（安徽新华学院）
　　　申琳琳（蚌埠学院应用技术学院）
　　　杨翠兰（淮南职业技术学院）

序

劳动是快乐的吗

最近，与朋友聊天，谈及"劳动是快乐的"问题。

究竟"劳动是快乐的"还是"闲暇是快乐的"呢？上海师范大学何云峰教授曾风趣地说到这样一个问题：周一到周五的工作日快乐，还是周末快乐？如果不假思索，估计大多数人都会回答是"周末快乐"。可是，稍加思忖，答案可能就完全不一样了，没有周一到周五的劳动，会有周末的幸福吗？倘若我们终日无所事事，是不会有真正的快乐的，甚至还会无事生非，出现身体和心理上的问题。诚然，劳动是快乐的，而自由劳动更是快乐之本。马克思说过："我的劳动是自由的生命表现，因此是生活的乐趣。"[①]劳动快乐是一个有条件的历史过程，有赖于劳动本身成为目的，而不是手段。就像周末养花、植草、钓鱼、种菜是快乐的，那是真正意义上的自由劳动，而非被迫和强制的。

显然，在高等教育中开展劳动教育呼应了高等教育基于高深知识存在的逻辑起点，不仅要使大学生在真实世界里体悟劳动，还必须与高等教育的专业教育相结合，更要关注基于高深知识的劳动认知问题。

当下，高校在劳动教育实施过程中，比较普遍地存在简单地开设"劳动教育课"，重视相应的必修课课时数，把劳动教育等同于"劳动教育课"等现象，将劳动教育的育人效果视同"劳动教育课"的教学任务，窄化了劳动教育的内涵，影响了劳动教育的育人效果。事实上，课程是对教学目标、教学内容、教学活动方式等的规划和设计。英国教育家斯宾塞认为，课程就像是"跑道"，有明确的方向（教学目标）、两条平行线规定的区间（教学内容）、在跑道上跑步的方法（教学方法）。[②] 换一句话说，课程是具有严

---

① 马克思：《1844 年经济学哲学手稿》，184 页，北京：人民出版社，2000。

② 参见柳友荣、陈琼：《提升大学生劳动教育质量的应然遵循》，载《中国高等教育》，2022(9)。

格规定性的教学载体。劳动教育是"五育"中的一育，实现劳动教育的育人目标需要学校各部门的协同工作。由此可见，提升劳动教育的育人效果，必须综合施策，整体发力。

在2018年全国教育大会上，习近平总书记指出："要努力构建德智体美劳全面培养的教育体系"，"要在学生中弘扬劳动精神，教育引导学生崇尚劳动、尊重劳动"。① 他揭示出劳动教育的目的在于体认劳动精神，树立劳动价值观。中共中央、国务院《关于全面加强新时代大中小学劳动教育的意见》对不同学段、不同类型的学生加强劳动教育做出了顶层设计，提供了行动指南。加强新时代大学生劳动教育，对全面贯彻党的教育方针、促进大学生全面和谐健康发展、建设高质量人才培养体系具有重要的现实意义。

一、劳动教育是中国特色高等教育的题中之义

马克思主义的劳动价值观明确教育与生产劳动相结合，劳动教育是社会主义教育的重要特征。劳动是社会主义社会的本质属性，劳动人民是社会主义社会的真正主人，崇尚劳动、尊重劳动理应成为社会主义社会的风尚。中华民族自古就有乐勤好俭的美德，古语"黎明即起，洒扫庭除""一屋不扫，何以扫天下"一直被人广为传诵，脍炙人口。

在2018年全国教育大会上，习近平总书记把劳动教育纳入培养社会主义建设者与接班人的总体要求之中，认为劳动教育既是教育手段，又是教育内容，还是教育目的。新时代大学生劳动教育扎根中国大地，汲取中华优秀劳动文化，与社会主义现代化强国战略相适应，与新时代人才培养目标相贯通。新时代大学生劳动教育要培养大学生爱劳动、崇劳动，使其真正认识到只有劳动才能创造财富和美好生活。

二、劳动教育是培养全面发展的人的本质要求

人是教育的出发点和归宿，劳动的教育功能即促进人的全面发展。苏霍姆林斯基曾发出感慨："一个人的和谐全面发展、富有教养、精神丰富、道德纯洁——所有这一切，只有当他不仅在智育、德育、美育和体育素养上，而且在劳动素养、劳动创造素养上达到较高阶段时，才能做到。"② 离开了劳动教育，人的全面发展是无法实现的。

人在本质上需要劳动，劳动是一种生活方式，劳动教育是培养全面发展的人的本质要求，实现人的全面发展是劳动教育的教育目的。全面发展的人是拥有完整生命的主体，完整生命包含自然生命、社会生命、文化生命和精神生命。劳动塑造了人，培养了人，同时展现了人的本质力量，劳动教育可以使人获得和谐发展、身心解放，人一旦实现了全面发展，便实现了心灵的独立自由。高校肩负着培育时代新人的使命，

---

① 习近平：《坚持中国特色社会主义教育发展道路 培养德智体美劳全面发展的社会主义建设者和接班人》，载《人民日报》，2018-09-11。

② 《苏霍姆林斯基选集》第4卷，452页，北京，教育科学出版社，2001。

除了强化劳动知识与技能外，还应当为大学生的全面发展创造有利环境，努力通过劳动教育，让大学生成为和谐发展、更有尊严的时代新人。

三、劳动教育是建设高质量人才培养体系的重要助力

高质量人才培养体系中的重要一环是劳动教育，劳动教育须全面融入高校人才培养体系，以实现五育融合高质量人才培养目标。大学生劳动教育不仅要注重劳动技能的培育，还要注重劳动思想的教育。大学生劳动教育还必须与专业教育有机融合。做好大学生劳动教育的专业融合问题，不仅能培养大学生的专业情感，还能培育大学生的劳动情怀。

归根结底，开设好劳动教育课程是高校开展劳动教育的基础性工作。北京师范大学出版集团对此项工作高度重视，给编写团队提供了最好的保障和服务。编写团队紧扣中共中央、国务院《关于全面加强新时代大中小学劳动教育的意见》，以及教育部《大中小学劳动教育指导纲要（试行）》等文件精神，结合高等教育的劳动教育本质要求，确定编写大纲和编写任务，具体分工如下：

序：柳友荣（安徽艺术学院）

第一章：吴长法（蚌埠学院）、程雯（蚌埠学院）、柳友荣（安徽艺术学院）、申琳琳（蚌埠学院应用技术学院）

第二章：余江舟（安庆师范大学）、秦红梅（黄山学院）

第三章：谭甲文（池州学院）、林斗秀（安徽新华学院）

第四章：李莹莹（淮北师范大学）

第五章：张阳阳（安徽新华学院）、蒋赟婷（安徽新华学院）、刘静（安徽新华学院）、徐小焱（安徽新华学院）

第六章：胡梓滟（黄山学院）、林斗秀（安徽新华学院）、张阳阳（安徽新华学院）、蒋赟婷（安徽新华学院）、刘静（安徽新华学院）、徐小焱（安徽新华学院）

第七章：刘海涛（滁州学院）、杨翠兰（淮南职业技术学院）

第八章：闫龙（合肥师范学院）

柳友荣、吴长法、闫龙负责统稿工作。本书的编写人员较多，在撰写过程中，在梳理、沟通、讨论上尚显不足。加之时间仓促，有些部分还有进一步提升学术水平的空间，期待各位方家批评指正。

柳友荣

2023 年初春于少荃湖畔

目 录

第一章　劳动与劳动教育

第一节　劳动与劳动观

一、劳动的内涵

　　溯源劳动一词，其由来已久，作为一个复合词，劳和动又分别具有不一样的词义。劳就是"让……辛苦"的含义，也是劳动者的简称，包含用力等意思。动是指行动、为实现一定目的而活动。许慎在《说文解字》中解释说，劳，剧也；动，作也。在《现代汉语词典》中，劳动作动词时是指进行体力劳动；作名词时则多指人类创造物质或精神财富的活动，也专指体力劳动。《辞海》中的劳动即人们改变劳动对象使之适合自己需要的有目的的活动。劳动在人类形成过程中起了决定性作用，是人类社会存在和发展的最基本条件。

　　古代中、西方对劳动内涵的理解各有侧重。在我国古代思想中，劳动一词最初是操作、活动的意思。《庄子·让王》中记载"春耕种，形足以劳动"，意指人可以通过耕种之类的劳作来锻炼身体。《三国志·魏书·方技传》记载"人体欲得劳动，但不当使极尔"，意指人的身体需要得到活动，只是不应当过分劳累罢了。西方的劳动一词原暗含艰辛、劳累、困苦之义，被视为地位低下者的苦力，是奴仆出于自身生理需要而不得不用体力劳动供应生活必需品的过程。在这一时期，劳动被赋予负面属性，没有独立的生存性质和自由属性。

从历史发展的脉络看，劳动一词贯穿人类发展的始终，在不同历史时期，劳动的内涵是不一样的。在农业社会，体力劳动是劳动的主要方式，劳动的对象主要是土地和动植物，并未出现较为明显的体力劳动和脑力劳动的分工。在工业社会，机械劳动变成劳动的主要方式，人开始利用各种工具，体力劳动和脑力劳动的分工明显。在后工业时期，劳动以创造信息的服务性劳动为主，脑力劳动的重要性明显超过体力劳动。在以人工智能为特征的新时代背景下，劳动的内涵也随着劳动形态的发展而愈加丰富，更加彰显出创造性、人文性、育人性等特征，劳动者的吃苦耐劳、踔厉奋发、无私奉献等品质就是新时代劳动的精神内涵。

从学科的角度看，随着生产力的发展和经济水平的提高，人们往往在多重意蕴上使用劳动这一概念，由此形成了各学科对劳动内涵的不同理解。生理学认为，劳动是指人的大脑、肌肉、神经等的体力与脑力方面的生产性耗费。社会学认为，劳动特指人的创造性活动，指人为了生存与发展所进行的物质与精神财富的生产活动。《中国大百科全书》将哲学意义上的劳动解释为："人类特有的基本的社会实践活动，也是人通过有目的的活动改造自然对象并在这一活动中改造人自身的过程。"①在政治经济学范畴内，劳动则是指劳动力的使用和消费，包括体力劳动和脑力劳动。可见，劳动的内涵包括满足人的衣、食、住、行等物质生活所需要的生产活动和运用物质手段进行的具体的改造对象的活动。

▶▶ 理论探微

马克思认为，"劳动首先是人和自然之间的过程，是人以自身的活动来中介、调整和控制人和自然之间的物质变换的过程"②，"有意识的生命活动把人同动物的生命活动直接区别开来"③。人通过劳动"作用于他身外的自然并改变自然时，也就同时改变他自身的自然。他使自身的自然中蕴藏着的潜力发挥出来，并且使这种力的活动受他自己控制"④。因此，从某种程度来看，劳动不仅再生产了自然界、生产了社会关系，还创造了人本身。

马克思对劳动的论述说明了劳动不仅可以证明人是区别于动物的一种有意识的存在，而且也是人创造历史的必经途径。马克思所构想的共产主义社会最终要实现的是人的自由解放，人的劳动也将从必然劳动转变为自由劳动，劳动的作用也从奴役转变为解放。马克思作为劳动理论的集大成者，对劳动的认识取得了巨大的飞跃与进步。

① 《中国大百科全书·哲学》第1卷，447页，北京，中国大百科全书出版社，1987。
② 马克思：《资本论》第1卷，207～208页，北京，人民出版社，2004。
③ 《马克思恩格斯选集》第1卷，46页，北京，人民出版社，1995。
④ 《马克思恩格斯选集》第2卷，177页，北京，人民出版社，1995。

综上所述，不同学者由于研究范围和研究视角等的不同，对劳动有不同的解释和观点。古今中外的劳动呈现出迥然有别的发展样态，其本质内涵也随着时代的发展愈加丰富和多元。概括而言，劳动的内涵可以从以下四个方面理解。第一，劳动是人类社会所特有的能动活动，是人自由自觉的内在的生命活动，是人内在的自我确证的需要，劳动不仅具有生产性，而且具有生长性；第二，劳动既是一种客观物质性活动，又是一种有目的的社会性活动，人通过劳动使体力和脑力得到不断发展，在创造物质财富和精神财富的同时也实现自身发展，劳动是自然属性与社会属性相统一的对象性活动；第三，人的劳动过程是一个人化自然与人的自然化相统一的过程，人不仅把自然界作为他的对象，同时也把自身作为对象，在改造自然界的同时也在改造自身，劳动是"解放自然万物与人自身的自由活动"①；第四，劳动具有多样性和创造性，人不仅在生产生活中进行劳动，而且从事许多服务性劳动，劳动类型丰富多样，且具有创造性，因为人类劳动绝不是简单地重复或模仿前人的活动，人会不断地冲破固有模式的束缚，对劳动进行适应社会变迁和时代进步的创新与发展。

二、劳动的价值

（一）劳动创造了人

恩格斯在《劳动在从猿到人的转变中的作用》中指出："劳动创造了人本身。"②正是通过劳动才促进了类人猿前肢和后肢的分工协作，使其前肢得到自由，逐渐灵活后演变成手，这也更加适应于通过使用和制造新的劳动工具来进行劳动，"所以，手不仅是劳动的器官，它还是劳动的产物"③。

马克思认为："人的本质……是一切社会关系的总和。"④手脚分工、直立行走、发达的人脑等使人从自然界中分化出来成为独立的自然人。但人除了生物性外，更具有社会性，人按照自己的意识自由地进行劳动，不仅是人区别于动物的类本质，也是人成为人的驱动力，是人自身发展的需要。劳动的实质是有目的地改造世界的生产实践活动，人的本质在于人能够通过劳动实践活动进入一定的社会关系之中，使自身从自然存在转化为社会存在。

（二）劳动是人类社会生存和发展的现实基础

人通过劳动能生产出人类社会存在和发展所需的物质生活资料，所以，劳动是人类社会存在和发展的现实基础。在马克思看来，人首先是有生命的自然存在物，人开展农业、畜牧业、手工业等劳动实践活动，不断创造和改进劳动工具与劳动操作方式

---

① 尤西林：《阐释并守护世界意义的人——人文知识分子的起源与使命》，64 页，西安，陕西人民出版社，2006。

② 《马克思恩格斯文集》第 9 卷，550 页，北京，人民出版社，2009。

③ 《马克思恩格斯文集》第 9 卷，552 页，北京，人民出版社，2009。

④ 《马克思恩格斯文集》第 1 卷，501 页，北京，人民出版社，2009。

来改造自然界以维持衣、食、住、行等基本的生存需要，这是劳动最基本的生存价值。

人通过劳动不仅创造了物质生活资料，还生产出了社会关系，改造了自身。马克思认为，生产劳动是推动人类社会和人类文明不断发展的基础。劳动工具的改进、生产技术的提升及社会关系的完善都会对人类社会的进步起到推动作用，人通过劳动不断地改造对象世界，创造适合生存的环境。

（三）劳动是教育的源泉

在原始社会，人通过生产劳动创造物质资料，来维持生存、繁衍和发展，当基本的生存需求被满足之后，人必须通过生产劳动来实现进化，即"要改变一般人的本性，使它获得一定劳动部门的技能和技巧，成为发达的和专门的劳动力，就要有一定的教育或训练"[①]。所以，人通过语言、文字等形式将在劳动和社会实践活动中积累的生产经验、技能、知识等传授给下一代的过程，就是教育应运而生的过程。

劳动不仅创造了教育，也在内容和形式上给予教育鲜活的生命力。劳动与教育相互联系、不可分割。没有教育的劳动，容易遮蔽劳动存在的价值和意义；而失去劳动，就没有人本身，教育也就不复存在。劳动既是教育本身，也是教育的手段和重要内容，发挥出教育功能的劳动注重手、脑的紧密结合，能够促进人的智力水平、身心健康等身体物质基础的不断发展。[②]

（四）劳动是人自由而全面发展的重要途径

劳动是依据人的需要而进行的有目的、有计划的实践活动，其属性应该是自由的、自觉的、有意识的。劳动能够增强体质、促进智力发展、培养审美能力、塑造健全人格、磨炼顽强意志、锤炼高尚品格。劳动促使人认清生活的真谛——只有用辛勤的劳动为他人、社会做贡献，才能真正实现人生的价值，从而树立起正确的世界观、人生观、价值观。理想状态下的劳动可以促进人各方面的成长，因而成为人自由而全面发展的有效途径。

从人类发展的历史来看，劳动是人不断发展的基础。人的劳动推动了科学技术的不断进步，而科学技术的进步为人提供了更多的自由时间，为人的自由而全面发展提供了更大的可能性。

（五）劳动是推动社会历史发展的根本动力

人类社会的历史是一部劳动创造财富的历史。在古代，人通过制造简单的工具对自然界进行改造，获得必要的物质生活资料。随着生产技术的进步，人改造自然界的能力不断增强，物质财富的创造能力不断提升，也为精神财富的创造带来了可能。人的自由时间越来越多，创造的精神财富反过来又促进物质财富的创造。可见，人在利

---

① 《马克思恩格斯选集》第 2 卷，174 页，北京，人民出版社，1995。

② 参见卢晓东：《劳动教育与创新：从工具视角开敞的意蕴》，载《华东师范大学学报（教育科学版）》，2021(1)。

用、改造自然的过程中产生的劳动能力，即生产力，是整个社会发展的根本动力。

劳动创造历史，而劳动者是推动社会历史发展进步的重要力量。习近平总书记多次强调劳动及劳动者的重要地位和价值，"人类是劳动创造的，社会是劳动创造的"①，"实现中华民族伟大复兴的中国梦，要靠各行各业人们的辛勤劳动"②。

（六）劳动是创造美好生活的必要手段

"人生在勤，勤则不匮。"通过辛勤的劳动，人积累了大量的物质生产资料，这是美好生活的前提条件。当今时代，人对美好生活的向往和追求，不仅满足于丰富的物质财富，还有更高的精神追求。2020年印发的《大中小学劳动教育指导纲要（试行）》提出，劳动创造物质和精神财富。可见，劳动是创造美好生活的必要手段。

习近平总书记强调："美好生活靠劳动创造。"③他告诫广大劳动者要通过诚实、勤勉的劳动创造美好生活。在2019年2月的春节团拜会上，习近平总书记指出："用辛勤劳动创造中国人民的美好生活、创造中华民族的美好未来，继续同世界各国人民一道构建人类命运共同体！"④美好生活的创造离不开辛勤、有创造性的劳动。

三、劳动观的内涵

《教育大辞典》指出，劳动观是个人关于劳动的基本看法，是组成人的世界观、思想意识和道德品质的一个重要方面。劳动观作为人们对劳动的根本态度和基本观点，集中体现在人们如何回答"什么是劳动""为什么劳动"和"如何劳动"这三个问题。如何认识劳动的本质、如何理解劳动的目的、对待劳动的态度怎样、从事劳动的动机和行为方式是什么及是否珍惜劳动成果等，对这些问题的不同解答都能从侧面反映出一个人的劳动观正确与否。

▸▸ 理论探微

马克思指出："我们首先应当确定一切人类生存的第一个前提，也就是一切历史的第一个前提，这个前提是：人们为了能够'创造历史'，必须能够生活……因此第一个历史活动就是生产满足这些需要的资料，即生产物质生活本身。"⑤马克思将人类劳动概括为一切历史的基本条件，即劳动在满足人类生存需要过程中才产生了生活和历史，因此，劳动成为创造社会物质财富和精神财富的直接源泉。人通过劳动创造社会历史，

---

① 习近平：《在知识分子、劳动模范、青年代表座谈会上的讲话》，载《人民日报》，2016-04-30。
② 习近平：《在知识分子、劳动模范、青年代表座谈会上的讲话》，载《人民日报》，2016-04-30。
③ 习近平：《在知识分子、劳动模范、青年代表座谈会上的讲话》，载《人民日报》，2016-04-30。
④ 习近平：《在二〇一九年春节团拜会上的讲话》，载《人民日报》，2019-02-04。
⑤ 《马克思恩格斯选集》第1卷，78～79页，北京，人民出版社，1995。

使社会不断地向前发展。恩格斯强调："劳动和自然界在一起它才是一切财富的源泉"，劳动"是一切人类生活的第一个基本条件……劳动创造了人本身"。① 劳动使人能够采取相应的措施去改变客观世界，从而在自然界中获取相应的物质资料来生存。

马克思主义劳动观认为，劳动本身是一种自由自觉的活动，将生产劳动与教育相结合，不仅能够提升劳动生产率，还能够使人形成优秀的品质，在生产劳动中促进自身的全面发展。人能够通过劳动发挥自身蕴藏的潜力，在改造客观世界的过程中使自身的劳动能力和劳动成果得到认可，从而实现自我价值。

习近平总书记在继承马克思主义劳动观的基础上，结合中国实际，丰富和发展了马克思主义劳动观。他提出："面对日趋激烈的国际竞争，一个国家发展能否抢占先机、赢得主动，越来越取决于国民素质特别是广大劳动者素质。要实施职工素质建设工程，推动建设宏大的知识型、技术型、创新型劳动者大军。"②创新是一个民族进步和兴旺发达的不竭动力，更是实现中华民族伟大复兴的力量源泉。习近平总书记强调："广大知识分子要增强创新意识，敢于走前人没有走过的路，敢于抢占国内国际创新制高点。"③创新劳动是这个时代在世界范围内竞争的关键因素。

综上所述，劳动观是人们对劳动的根本态度和基本观点，包含对劳动的动机和目的、劳动的价值和意义等的认识。劳动观是世界观、人生观、价值观的重要组成部分，与世界观、人生观、价值观是一脉相承、不可分割的。世界观、人生观、价值观决定着劳动观，劳动观生动地反映着世界观、人生观、价值观。积极、正确的劳动观可以指引人们明确劳动在人类社会中的基础性地位，促进个人思想道德品质的提升、积极向上劳动思想观念的形成，在促进个人全面发展的同时为社会创造财富。消极、错误的劳动观则会误导人们做出错误的劳动行为及劳动选择，不利于劳动品德的培养和劳动习惯的养成，影响人们学习、工作的热情和效率，最终阻碍个人的进步和社会的发展。因此，我们要重视大学生正确劳动观的树立，将劳动观教育贯穿于家庭、学校、社会等各个领域，覆盖人才培养的全过程，让新时代大学生在学习和掌握基本的劳动知识及技能的同时，端正劳动态度，养成劳动习惯，培育劳动精神，涵养劳动情怀，形成正确的劳动观；引导新时代大学生辛勤劳动、诚实劳动、创造性劳动，在社会实践中领悟劳动的魅力，提高劳动创新能力，为社会发展注入活力，为实现中华民族伟大复兴踔厉奋发、勇毅前进。

---

① 《马克思恩格斯选集》第4卷，373～374页，北京，人民出版社，1995。

② 习近平：《在庆祝"五一"国际劳动节暨表彰全国劳动模范和先进工作者大会上的讲话》，载《人民日报》，2015-04-29。

③ 习近平：《在知识分子、劳动模范、青年代表座谈会上的讲话》，载《人民日报》，2016-04-30。

四、劳动观的内容

（一）劳动价值观

劳动价值观是人们对劳动、劳动者以及劳动成果等的主观倾向性的基本看法和观点，其具体内容包括人们在劳动过程中所表现出来的情感态度与价值观取向、对自身与劳动关系的理解及如何看待个人劳动与社会劳动之间的关系等。人们基于劳动价值观会对不同的劳动行为做出不同的价值判断和价值选择。

马克思主义认为，劳动是人存在和发展的基础，也是人幸福生活的基础，一切物质财富和精神财富都由劳动创造。习近平总书记指出："全社会都要贯彻尊重劳动、尊重知识、尊重人才、尊重创造的重大方针，全社会都要以辛勤劳动为荣、以好逸恶劳为耻，任何时候任何人都不能看不起普通劳动者，都不能贪图不劳而获的生活。"①这为新时代大学生形成正确的劳动价值观指明了方向。

在新时代背景下，要全面贯彻落实习近平总书记提出的"劳动最光荣、劳动最崇高、劳动最伟大、劳动最美丽"②的劳动观念，引领劳动光荣、劳动幸福的社会风尚，教育引导新时代大学生形成正确的劳动价值观。

（二）劳动精神观

劳动精神观对大学生的劳动方向具有重要的指引作用。劳动精神观主要包含劳模精神、工匠精神、艰苦奋斗精神和担当责任精神。

劳模精神是指"爱岗敬业、争创一流，艰苦奋斗、勇于创新，淡泊名利、甘于奉献"③的精神。习近平总书记指出，劳模精神"丰富了民族精神和时代精神的内涵，是我们极为宝贵的精神财富"④。在新时代弘扬劳模精神，能够为实现中华民族伟大复兴注入强大的精神动力。

工匠精神具有执着专注、精益求精、一丝不苟、追求卓越、开拓创新的基本内涵，它不仅充分表现了极致之美的品质追求、敬业之美的精神原色，更深层次展现了创造之美的价值升华。习近平总书记强调："无论从事什么劳动，都要干一行、爱一行、钻一行。在工厂车间，就要弘扬'工匠精神'。"⑤新时代大学生也应自觉树立工匠精神。

艰苦奋斗精神是中华民族的优良传统。中共中央、国务院印发的《关于全面加强新时代大中小学劳动教育的意见》指出，在高校要教育大学生具有到艰苦地区和行业工作

---

① 习近平：《在庆祝"五一"国际劳动节暨表彰全国劳动模范和先进工作者大会上的讲话》，载《人民日报》，2015-04-29。

② 习近平：《给中国劳动关系学院劳模本科班学员的回信》，载《人民日报》，2018-05-01。

③ 习近平：《在庆祝"五一"国际劳动节暨表彰全国劳动模范和先进工作者大会上的讲话》，载《人民日报》，2015-04-29。

④ 习近平：《在同全国劳动模范代表座谈时的讲话》，载《人民日报》，2013-04-29。

⑤ 习近平：《在知识分子、劳动模范、青年代表座谈会上的讲话》，载《人民日报》，2016-04-30。

的奋斗精神。新时代大学生在学习过程中要不畏挑战，永攀知识高峰；在实习实践过程中要坚忍不拔、勇于拼搏；在生活中要勤俭节约、合理消费。

担当责任精神也是中华民族的优良传统，新时代我们要大力培育和弘扬。高校必须重视大学生担当责任精神的培育，使其在家庭、集体、国家等多重责任的驱使下，展现青春的力量与担当，完成时代赋予的使命。

（三）劳动发展观

马克思指出："任何一个民族，如果停止劳动，不用说一年，就是几个星期，也要灭亡。"[①]劳动是任何一个民族存在和发展的重要基础。劳动是实现中华民族伟大复兴的重要途径，劳动可以凝聚起中国力量，让全国各族人民团结起来、齐心协力、共同奋斗，从而早日实现中华民族伟大复兴。

劳动一方面能够使社会发展、民族振兴；另一方面能够使人全面发展，尤其是促进新时代大学生的全面发展。马克思认为，生产劳动与教育相结合是改造现代社会的强有力的手段，能够有效提高社会生产、促进人的全面发展。新时代需要高素质劳动者，大学生作为高素质劳动者的生力军，进行富有创造性的劳动尤为重要。

（四）劳动实践观

劳动是人类社会实践的主要方式，也是最基本的形式，其自身就蕴含着深刻的实践内涵。正是通过劳动，人从自然人向社会人转变。马克思认为，劳动从本质上说是一种社会性活动，而社会也是由劳动产生的。

中华民族是勤于劳动的民族，正是因为有了广大人民群众的广泛而深刻的劳动实践，才有了中华民族的辉煌历史。习近平总书记强调："社会主义是干出来的，新时代是奋斗出来的。"[②]这充分说明了劳动实践的重要性。近代以来，我国实现了从站起来、富起来到强起来的伟大飞跃，靠的就是一代又一代人的辛勤劳动和努力奋斗。

大学生只有理解劳动实践的重要性，在具体的劳动实践过程中通过自身的努力做到辛勤劳动、诚实劳动、创造性劳动，才能成为有理想、有本领、有担当的时代新人，才能更好地助力实现中华民族伟大复兴。

（五）劳动创造观

劳动创造是人进化的决定因素。在人类社会的早期，人不断迸发出创造性劳动的火花，火的使用和其他生产工具的出现，逐渐使人从动物中脱离出来，推动了人的进化。

劳动创造是推动人类社会进步的基础力量。经过三次工业革命，人通过创造性劳动实现了劳动从初级形态向高级形态的发展，加速了人创造物质财富和精神财富的进程，推动了人类社会的进步。随着时代的发展，数字化、网络化、智能化影响了人们

---

① 《马克思恩格斯选集》第 4 卷，580 页，北京，人民出版社，1995。
② 习近平：《在全国劳动模范和先进工作者表彰大会上的讲话》，载《人民日报》，2020-11-25。

生活的方方面面，劳动形式逐渐由体力劳动转向脑力劳动、由简单劳动转向复杂劳动、由非创造性劳动转向创造性劳动，创造性劳动的社会需求越来越大。

因此，新时代大学生要认识到创造性劳动的重要性，以求真务实的态度学好本领，在劳动中勇于创造，在创造中升华价值。

（六）劳动幸福观

劳动创造幸福，是劳动的内在价值。马克思指出，劳动是人自由而全面发展的前提条件，自由自觉的劳动是幸福的源泉，人在劳动中体验到幸福，将劳动作为一种享受。

劳动幸福是指人通过劳动使自己的类本质得到确证，进而得到深层愉悦体验的过程。[①] 劳动幸福是对劳动本质的还原，劳动使人成为真正的人，人只有通过劳动才能激发自身潜能，实现自由而全面的发展，并在此基础上体验到深度且持久的精神满足感。劳动幸福观强调幸福的前提是劳动与享受相统一。

新时代劳动创造幸福，既是建设中国特色社会主义的基本要求，也是实现中华民族伟大复兴的根本途径。大学生劳动观教育要引导学生坚信劳动是奋斗出来的，美好生活要靠自己的双手创造，认识到劳动本身就具有幸福感；同时也要注重培养学生"奉献即幸福"的高尚劳动品德，从而使学生用满腔青春热血服务社会、奉献国家、为社会谋福祉。

▸▸ "动" 感分享

王红旭，男，汉族，1986年12月生，重庆人，生前系重庆市大渡口区的一名小学教师。他积极投身教书育人的光荣事业，以德立身、潜心施教，在基层小学默默耕耘、无私奉献，关心学生健康成长，关爱学生学习生活。他胸怀大爱、见义勇为，2021年6月1日，在重庆大渡口长江边勇救两名落水儿童，不幸牺牲，献出了宝贵的生命。王红旭用短暂一生诠释了为人师表、行为世范的深刻意义。[②]

许振超，男，汉族，1950年1月生，山东荣成人，山东港口青岛港前湾集装箱码头有限责任公司工程技术部固机高级经理，是新时期产业工人的杰出代表之一。他立足本职工作，多次带领团队刷新世界集装箱装卸纪录，以他的名字命名的"振超效率"享誉世界航运界。他发扬工匠精神，自学成才，成了响当当的"桥吊专家"；他把港口当家，发扬主人翁精神，掌握"一钩准""一钩净""无声响操作"等多项技能，令人赞叹。

---

① 参见何云峰：《劳动幸福论——以劳动幸福为基础构筑社会主义精神》，19页，上海，上海教育出版社，2018。

② 参见《授予吴蓉瑾、王红旭"时代楷模"称号》，载《人民日报》，2021-09-17。

第二节　劳动教育与大学生劳动教育

一、劳动教育的内涵

《教师百科辞典》指出，劳动教育就是向受教育者传播现代生产的基本知识和技能，培养他们具有正确的劳动观点、劳动习惯和热爱劳动人民、劳动成果的感情。劳动教育包括生产劳动、社会公益劳动和自我服务劳动等多方面的教育活动。《中国百科大辞典》指出，劳动教育以劳动实践为主，结合进行思想教育，使学生掌握一定的知识和技能。其实施有利于培养学生的劳动观点、劳动技能和劳动习惯，为普通教育和职业教育打下基础。《简明教育词典》指出，劳动教育是使受教育者树立正确的劳动态度、养成劳动习惯的教育。《辞海》指出，劳动教育是对学生进行热爱劳动和劳动人民、珍惜劳动成果、树立正确的劳动态度、通过日常生活培养劳动习惯和技能的教育活动。

▶▶ 理论探微

在我国古代，劳动教育在白天劳动和晚上读书相结合的耕读文化中得以充分体现。大同社会中描绘的"壮有所用，幼有所长"就"内含对有劳动能力的人应当劳动的伦理要求"。[①] 黄炎培始终将尊重劳动放在职业教育的首位，认为积极劳动有利于引导学生手脑并用、祛除虚娇之气以及加强专注力、钻研精神的培养。陶行知对劳动教育的内涵及载体进行了丰富和拓展，证明劳动是联系知识和生活的纽带。英国的托马斯·莫尔最早提出并实施教育与生产劳动相结合的教学方式。苏霍姆林斯基认为："劳动教育是对年轻一代参加社会生产的实际训练，同时也是德育、智育和美育的重要因素……能培养人的道德品格和智力品格。"[②]

马克思指出："生产劳动同智育和体育相结合，它不仅是提高社会生产的一种方法，而且是造就全面发展的人的唯一方法。"[③]马克思认为，只有将教育与生产劳动相结合，才能全面地提升劳动者的劳动能力，从而克服体力劳动与脑力劳动的分离，克服劳动者发展的片面性。依据马克思的观点，劳动教育应是与社会生产力发展相适应的全面提升学生劳动素养的教育，其根本目的在于促进学生的全面发展。

---

① 李珂：《嬗变与审视：劳动教育的历史逻辑与现实重构》，15页，北京，社会科学文献出版社，2019。

② ［苏联］B. A.苏霍姆林斯基：《帕夫雷什中学》，赵玮、王义高、蔡兴文等译，361页，北京，教育科学出版社，1983。

③ 《马克思恩格斯选集》第2卷，212页，北京，人民出版社，1995。

习近平总书记在继承与发展前人劳动教育理论的同时，结合时代背景提出了劳动教育的新观点。首先，深刻认识劳动的重要意义。"人世间的一切幸福都需要靠辛勤的劳动来创造"[①]，要用科学的态度对待劳动，在全社会弘扬劳模精神和工匠精神等。其次，加强劳动创新意识的培养。要坚持创新驱动发展的战略，将传统劳动与现代科学技术有机融合，形成具有中国特色的劳动创新体系。最后，重视劳动教育的育人作用。"要始终高度重视提高劳动者素质，培养宏大的高素质劳动者大军"[②]，把提升劳动者素质置于事关国家和民族的长远发展、事关广大劳动群众根本利益的高度。

中共中央、国务院印发的《关于全面加强新时代大中小学劳动教育的意见》指出，要把劳动教育纳入人才培养全过程，与德育、智育、体育、美育相融合，促进学生形成正确的世界观、人生观、价值观。《大中小学劳动教育指导纲要（试行）》对劳动教育的内涵做出了根本性的规定："劳动教育是发挥劳动的育人功能，对学生进行热爱劳动、热爱劳动人民的教育活动。"可见，劳动教育在本质上是培养人、锻炼人的综合实践育人活动，它依托劳动本身的教育性和实践性，促使受教育者形成积极的劳动价值观念、获得强健的劳动体魄和高水平的劳动生产技能、养成良好的劳动习惯、锻造高尚的劳动精神、形成完善的劳动人格，从而达到育人于勤、授人于技、教人生活的教育目的。

综上所述，劳动教育的内涵不是一成不变的，它随着社会的发展经历了由初级到高级、由简单到复杂的发展过程。新时代赋予了劳动教育新的内涵，具体如下所述。第一，树立正确的劳动观，端正劳动态度。新时代劳动教育要引导学生牢固树立劳动最光荣、劳动最崇高、劳动最伟大、劳动最美丽的劳动观念，养成正确的劳动态度，创造条件让学生自主锻炼，使其产生正确的认识并在劳动实践中内化于心，自觉地从事力所能及的劳动。第二，强化劳动意识，弘扬劳动精神。新时代劳动教育要强化学生辛勤劳动等意识，让学生在劳动实践中巩固热爱劳动的情感；新时代劳动教育要引导学生继承和发扬中华民族艰苦奋斗、勇担责任等传统美德，弘扬新时代的劳模精神和工匠精神等，以此激励自己勤奋学习。第三，更新劳动知识，创新劳动技能。新时代劳动教育要引导学生努力学习科学的、最新的劳动知识，为今后创造性劳动插上想象的翅膀；新时代劳动教育要加强对学生创造性思维和动手能力的训练，成立各种劳动创造小组，培养学生在技术运用及智力驱动方面的创造活力。第四，改善劳动习惯，提升劳动品质。新时代劳动教育要在家庭、学校和社会的合力下使学生勤于劳动、乐于劳动，养成自我服务、积极参加公益劳动等良好的劳动习惯；同时，要注重提升学生的劳动品质。新时代劳动教育要培养学生诚实劳动的品德，因为"人世间的美好梦

---

① 习近平：《人民对美好生活的向往就是我们的奋斗目标》，载《人民日报》，2012-11-16。

② 习近平：《在庆祝"五一"国际劳动节暨表彰全国劳动模范和先进工作者大会上的讲话》，载《人民日报》，2015-04-29。

想，只有通过诚实劳动才能实现"①；新时代劳动教育要引导学生尊重劳动、崇尚劳动，在劳动中培养其社会责任感、创新精神和实践能力；新时代劳动教育要通过劳动和创造磨炼学生的意志，使学生形成热爱劳动、辛勤劳动的劳动精神和乐于奉献、主动作为的劳动品质。

二、劳动教育的特征

劳动教育是新时期党对教育的新要求，是中国特色社会主义教育制度的重要内容。在新时代背景下，科学思想性、鲜明时代性、社会实践性、主导主体性、协同育人性是劳动教育的主要特征。

（一）科学思想性

科学思想性是劳动教育的灵魂，它强调劳动是一切财富、价值的源泉，一切劳动和劳动者都应该得到鼓励与尊重；倡导通过诚实劳动、创造性劳动开创美好生活、实现人生梦想，反对一切不劳而获、贪图安逸、崇尚暴富、只求享乐的错误思想。保持积极、良好的劳动心态，坚持辛勤的劳动，有助于实现个人对美好生活的追求，也为社会主义现代化建设和中华民族伟大复兴奠定了坚实的基础。

劳动教育的科学思想性强调，必须将马克思主义劳动观始终纳入学生劳动品德塑造、劳动技能培养和劳动素养提升的全过程，引导学生在学习和掌握基本劳动技能的过程中，领悟劳动的意义价值，牢固树立正确的劳动思想观念，形成努力奋斗、执着专注、精益求精、开拓创新、合作共赢、甘于奉献的劳动精神。

（二）鲜明时代性

新时代科技飞速发展，各类产业发生根本性变革，由此带来了劳动工具、劳动技术、劳动形态等方面翻天覆地的变化。《大中小学劳动教育指导纲要（试行）》指出：劳动教育要"在充分发挥传统劳动、传统工艺项目育人功能的同时，紧跟科技发展和产业变革，准确把握新时代劳动工具、劳动技术、劳动形态的新变化，创新劳动教育内容、途径、方式，增强劳动教育的时代性"。

当今时代，劳动已成为人的必然需要，劳动创造历史、创造财富、创造人的内在价值的作用更加凸显。新时代劳动教育植根中华大地，以习近平新时代中国特色社会主义思想为指导，强调劳动的内在驱动力，更强调学生对劳动价值的思辨、对劳动和劳动者的科学态度及创造性地进行劳动的方法与技能等。我国的劳动教育既坚持了马克思主义劳动观，又站在时代前列，把握教育和社会发展的新特点、新规律，抓住现代化主流趋势，具有鲜明的时代性。

（三）社会实践性

劳动创造人，人是一切社会关系的总和，人通过劳动实践来确证自己的本质。因

---

① 习近平：《在同全国劳动模范代表座谈时的讲话》，载《人民日报》，2013-04-29。

而，劳动教育具有突出的社会实践性，体现在劳动教育的各个环节。《大中小学劳动教育指导纲要（试行）》强调："必须加强学校教育与社会生活、生产实践的直接联系，发挥劳动在个人与社会之间的纽带作用，引导学生认识社会，增强社会责任感……必须面向真实的生活世界和职业世界，引导学生以动手实践为主要方式，在认识世界的基础上，获得有积极意义的价值体验，学会建设世界，塑造自己。"

认识世界到建设世界的过程是建立在社会实践的基础上的。因此，大中小学要加强社会劳动教育实践，强调身心参与，注重手脑并用，组织学生参加力所能及的生产劳动、服务性劳动等，使学生与普通劳动者一起经历劳动过程。大中小学还要多渠道拓展实践场所，建立各类劳动实践基地，健全青少年校外活动场所的开放共享机制，创造条件和平台，给予学生更多的社会实践机会。

（四）主导主体性

劳动教育离不开教师的主导，教师的劳动观念、劳动素养等直接关系到劳动教育的质量与成效。因此，大中小学要加强劳动教育师资培养，把劳动教育纳入教师培训内容，建立劳动课教师特聘制度，推动建立师资交流共享机制，提升相关教师的育人意识和专业化水平，充分发挥教师在劳动教育中的主导性作用。

劳动教育更离不开作为主体的学生，正确劳动价值观的塑造、劳动精神的培育、劳动情怀的涵养、劳动技能的创新、劳动品质的提升等都需要学生积极投身于实际的劳动实践才能实现。因此，劳动教育要依据不同阶段学生的身心发展特点，最大限度地发挥学生的主观能动性，关注学生在劳动过程中的体验和感悟，充分利用一切家庭、学校、社会资源，促使学生自觉、自愿、坚持不懈地参加劳动。

总之，推动劳动教育改革创新，关键在于坚持主导性和主体性相统一的原则，既需要依靠劳动课教师的主导与落实，也离不开学生的实践，二者相互依赖、缺一不可。

（五）协同育人性

劳动教育注重战略协同与组织协同的统一。战略协同强调劳动教育与国家教育整体布局的同构性，是全面深化改革的重要组成部分。组织协同强调建立以学校为主导、家庭为基础、社区为依托的协同实施机制，充分调动多种资源，发挥协同优势，形成协同合力。

劳动教育有助于对学生各方面素质的培养，其育人价值具有内在融通性。劳动教育有助于学生勤劳、踏实、专注、团结等品质的养成，即"树德"；能够拓宽学生视野、激发学生潜力及创造性，即"增智"；能够增强学生身体机能的发展，即"强体"；还有助于学生深刻感知劳动内含的知识美、敬业美、创新美、奉献美等更多内在美，可谓"育美"。[①]

总之，大中小学要坚持立德树人，把劳动教育纳入人才培养全过程，把握育人导向，体现时代特征。大中小学要构建家庭、学校、社会"三位一体"协同推进与德智体

---

① 参见靖庆磊：《劳动教育的新时代高校立德树人之维》，载《学校党建与思想教育》，2020(8)。

美劳"五育"融合发展的劳动教育体系，引导学生崇尚劳动、尊重劳动，促进学生形成正确的世界观、人生观、价值观，努力培养担当民族复兴大任的时代新人。

三、大学生劳动教育的内涵

习近平总书记强调："要在学生中弘扬劳动精神，教育引导学生崇尚劳动、尊重劳动，懂得劳动最光荣、劳动最崇高、劳动最伟大、劳动最美丽的道理，长大后能够辛勤劳动、诚实劳动、创造性劳动。"①这一重要论述对大学生努力成长为堪担时代重任的社会主义建设者和接班人提出了更高的要求。大学生作为未来国家建设和发展的中坚力量，其人生理想和价值的实现与中国梦紧密相连，而劳动教育是提升大学生综合素养、促进其身心健康发展和磨炼其意志品质的重要内容。

（一）大学为什么需要开展劳动教育

习近平总书记强调："要努力构建德智体美劳全面培养的教育体系，形成更高水平的人才培养体系。"②因此，高质量、高水平的教育培养体系取决于五育并重、全面发展、不可偏废。

最近 30 年，中共中央、国务院为强调劳动教育，已经颁发了 3 个重要文件。一是 1993 年颁行的《中国教育改革和发展纲要》，要求"各级各类学校都要把劳动教育列入教学计划，逐步做到制度化、系列化"；二是 2004 年中共中央、国务院印发的《关于进一步加强和改进大学生思想政治教育的意见》，要求"积极组织大学生参加社会调查、生产劳动、志愿服务、公益活动、科技发明和勤工助学等社会实践活动"；三是 2020 年中共中央、国务院印发的《关于全面加强新时代大中小学劳动教育的意见》，要求"把劳动教育纳入人才培养全过程，贯通大中小学各学段，贯穿家庭、学校、社会各方面，与德育、智育、体育、美育相融合"。所有这些涉及劳动教育顶层设计的文件，均对高校劳动教育的开展，提出了明确的规定。

当前，在高等教育中开展劳动教育依然存在认识上的误区、实践上的误读等现象。把"劳动"等同于"劳动教育"、"劳动课"等同于"劳动教育"、"劳动教育"等同于"专业实践"等现象在高校还相当普遍地存在，导致在学校工作中劳动教育地位边缘化、劳动教育内容空心化。我们不妨以"服务性学习"为样例，来深入了解对大学生开展劳动教育的必要性。美国学者欧内斯特·博耶在《创建新美国大学》中谈到，高等教育需要重新审视使命，在教育学生获取职业能力和谋生手段的同时，更应教育学生成为负责任的人。大学应将理论与实践联系起来，以应对具有挑战性的社会问

---

① 习近平：《坚持中国特色社会主义教育发展道路 培养德智体美劳全面发展的社会主义建设者和接班人》，载《人民日报》，2018-09-11。

② 习近平：《坚持中国特色社会主义教育发展道路 培养德智体美劳全面发展的社会主义建设者和接班人》，载《人民日报》，2018-09-11。

题，特别是那些及时性的、有影响的社会问题。大学不能自娱自乐，应该通过服务性学习来丰富学习方式和拓展学习社区。

很显然，服务性学习是大学生劳动的生动样态，更是开展大学生劳动教育的典型形态之一。有研究表明，服务性学习通过将理论和实践与课程材料相结合，提高大学生的理解能力；影响大学生与社会责任相关的态度、行为、兴趣和意图；提高大学生对社区中的社会问题和非营利组织的认识；提高大学生的批判性思维、领导能力、沟通能力和工作与生活技能。[1] 我们发现，当社区服务活动与传统的课堂教学相结合时，学生参与社区服务的学术回报是巨大的。[2]

（二）开展大学生劳动教育须基于高等教育的逻辑起点

布鲁贝克在《高等教育哲学》中说过，高等教育地位的确立主要通过两条路径：一是以认识论为基础，以闲逸好奇精神追求高深知识，对高深知识的追求成为高等教育的价值所在；二是以政治论为基础，高等教育应该从"修道院""象牙塔"式的围墙内走出来，在传授、发展高深知识的同时，以社会生活为中心，运用高深知识服务社会。大学从"推动"这种服务到"提供"这种服务，也经历了一个过程，最后大学越来越多地被喻为"服务站""知识超市"。

在高等教育中开展劳动教育也呼应了高等教育的存在哲学，基于高深知识，又不囿于高深知识。大学生劳动教育具有高等教育的层次阶段的特点。在高等教育中开展劳动教育需要准确把握大学生劳动教育的目标定位。

首先，从大学生群体特征来看，高等教育阶段与其他教育阶段的劳动教育目标层次要有所不同。在确定劳动教育目标、遴选劳动教育内容时，要充分体现专业性、个性化、创新性以及综合性。

其次，从提升大学生劳动认知来看，大学生具备了学习高深知识的心智能力，应该明劳动之义、懂劳动之理。因此，在高等教育中开展劳动教育须强化大学生对劳动本体知识、学科知识等的系统学习。在高等教育中开展劳动教育应立足于高深知识，从马克思主义劳动观、劳动本体知识和劳动学科知识出发，建构与之相对应的劳动教育课程体系和知识模块。

最后，从大学生劳动教育的价值取向来看，应将社会取向和个人取向相统一，在劳动教育评价导向上，坚持整体趋向和个体取向兼顾。在高等教育中开展劳动教育既要关注高等教育学段的年龄特征，又要注重对大学生劳动实践的个体倾向性的把握，尊重差异性。

---

① Terressa A. Benz, J. P. Piskulich & Sung-eun Kim et al. , "Student Philanthropy and Community Engagement: A Program Evaluation," *Innovative Higher Education*, 2020(45), pp. 17-33.

② Gregory B. Markus, Jeffrey P. F. Howard & David C. King, "Integrating Community Service and Classroom Instruction Enhances Learning: Results from an Experiment," *Educational Evaluation and Policy Analysis*, 1993(4), pp. 410-419.

（三）大学生劳动教育的独特性

大学生劳动教育除了具有劳动教育的共性之外，还具有自身的独特性，主要体现在以下几个方面。

第一，教育对象的特殊性。大学生劳动教育的教育对象是大学生这一独特群体。2020年以来，"00后"成为高校学生的主要群体，思想意识趋于个性化是他们的鲜明特征。大学生劳动教育要在劳动教育过程中以大学生的思想特点、心理需求为出发点，创造条件，充分发挥学生崇尚劳动、热爱劳动的主观能动性。

第二，教育内容的复杂性。大学阶段的劳动教育内容与基础教育阶段的劳动教育内容在本质上有显著区别。在我国产业结构和劳动新兴形态转型升级的背景下，社会对大学生劳动综合能力和素养的要求愈加提高，大学生不仅要具备精深的学科专业知识，更要成为德才兼备、多专多能的复合型人才。为此，要强化大学生对马克思主义劳动观、劳动相关政策法规、劳动伦理、劳动情怀、劳动文化等更为复杂的劳动教育内容的理解。

第三，教育实践的真实性。大学生劳动教育要求大学生在特定的劳动情境和真实的劳动过程中，以劳动参与和劳动实践增强与他人的联系、与社会的融合以及对世界的认识，由此形成正确的劳动观念和宝贵的劳动品质。大学生可以在社会中运用自己的专业技能进行一些可以获得报酬的劳动，即真实劳动，这是大学生劳动教育的重要特征之一。

大学生劳动教育是一种全面发展的教育，它将劳动教育纳入高等教育人才培养方案，融入人才培养全过程。中共中央、国务院印发的《关于全面加强新时代大中小学劳动教育的意见》指出，实施劳动教育的重点是在系统的文化知识学习之外，有目的、有计划地组织学生参加日常生活劳动、生产劳动和服务性劳动，让学生动手实践、出力流汗，接受锻炼、磨炼意志，培养学生正确的劳动价值观和良好的劳动品质。可见，劳动教育不仅是高等教育中不可缺少的"一育"，而且能发挥树德、增智、强体、育美等诸多积极作用。

当前，新一轮科技革命席卷全球、我国供给侧结构性改革持续推进，呼唤更高素质的劳动者大军。对此，习近平总书记强调，要"实施职工素质建设工程，推动建设宏大的知识型、技术型、创新型劳动者大军"[①]。我国进行社会主义现代化建设要提高知识、科技、创新等要素的贡献率，促进劳动效率和劳动质量的提升。这就进一步明确了对社会主义建设者和接班人的素质要求，为新时代高校开展劳动教育提供了新思路、新方向。

新时代大学生劳动教育是顺应新时代劳动发展趋势，结合大学生身心特点开展的树立劳动观念、培育劳动精神、涵养劳动情怀、浸润劳动文化、传授劳动知识、培训劳动技能、养成劳动习惯、提升劳动品质的系统教育。学校、家庭、社会、大学生自

---

① 习近平：《在庆祝"五一"国际劳动节暨表彰全国劳动模范和先进工作者大会上的讲话》，载《人民日报》，2015-04-29。

身等多主体参与其中，要注重学以致用，将劳动实践与劳动教育相结合，实现教育贯穿整个生产劳动的过程中。这有助于大学生形成正确的劳动观念和劳动态度，养成热爱劳动、诚实劳动、尊重劳动人民和珍惜劳动成果的良好习惯，学会新时代所需的各种劳动技能，激发创新精神，成为适合新时代新要求的知识型、技能型、创新型时代新人。

四、大学生劳动教育的特点

大学生的身心发展不断趋于成熟，世界观、人生观和价值观也开始逐步稳定。因此，相比中小学劳动教育而言，大学生劳动教育具有深刻的思想性、丰富的实践性、科学的适度性和活跃的创造性。

（一）深刻的思想性

加强大学生劳动教育，要深刻理解并牢牢把握新时代劳动教育在培养社会主义建设者和接班人中所起的作用。习近平总书记指出："世界一流大学都是在服务自己国家发展中成长起来的。我国社会主义教育就是要培养社会主义建设者和接班人。"[1]高校要坚持社会主义办学方向，促进大学生综合素质全面提高，以劳动教育夯实培养服务国家和人民的社会主义建设者与接班人的基础。大学生要在劳动教育中坚定理想信念、厚植爱国情怀，在劳动实践中砥砺品质、增长本领。

新时代大学生劳动教育在劳动价值观塑造、劳动情怀涵养、劳动文化浸润、劳动能力提高、劳动习惯养成、劳动品质提升和劳动精神培育等多个方面综合发力，以马克思主义劳动观贯穿始终，让大学生不仅要懂劳动之义，更要明劳动之理，使大学生明白马克思主义追求的根本价值目标即实现每个人自由而全面的发展，明白美好梦想和幸福生活需要通过辛勤、诚实、创造性劳动来获得，使大学生在超越劳动谋生功能的基础上深刻认知劳动的内生价值、社会价值和创造性价值。

（二）丰富的实践性

《大中小学劳动教育指导纲要（试行）》明确提出，高校要注重围绕创新创业，结合学科专业开展生产劳动和服务性劳动，使学生巩固良好日常生活劳动习惯，积极参加勤工助学活动；结合"三支一扶""青年红色筑梦之旅"等社会实践活动开展服务性劳动；重视生产劳动锻炼，使学生积极参加实习实训、专业服务和创新创业活动。

相比中小学的劳动启蒙教育，大学生劳动教育的实践内容和形式更加丰富，不仅体现在校内劳动教育课程的实践中，也体现在勤工助学、实习实训、教学科研实验等的实践中；不仅体现在家庭劳动教育的实践中，也体现在创新创业、社会服务等丰富多彩的社会劳动教育实践中。对于大学生劳动教育而言，实践既是目的，也是过程，实践无处不在、无时不有。大学生可以在日常生活劳动实践中提高自立自理、动手操

---

① 习近平：《在北京大学师生座谈会上的讲话》，载《人民日报》，2018-05-03。

作、沟通合作等能力，在生产劳动实践中提高发现问题和创造性解决问题的能力，为将来更好地融入社会打下良好的基础，在服务性劳动实践中强化公共服务意识和主动作为的奉献精神。

（三）科学的适度性

大学生劳动教育更加科学适度。首先，大学生劳动教育遵循教育教学规律和学生身心发展规律，根据大学生的年龄特征、知识基础等选择科学的劳动教育内容，根据大学生的身心发展水平安排适当的劳动教育场所，并规定适宜的劳动时长和劳动强度。其次，大学生劳动教育坚持因地制宜的原则，根据学校和地区实际，结合当地的基础条件，充分挖掘企业、职业院校、公共机构等可利用资源，宜工则工、宜医则医、宜农则农，采取灵活多样的方式开展劳动教育。最后，大学生劳动教育结合具体专业的实践需求，有针对性地强化专业实践体验，拓展大学生劳动教育的教育渠道，让劳动教育以实践的形式渗透到各具体专业学科的教育中。

新时代大学生劳动教育的可持续发展，需要科学建构有机融入与独立设置相结合的劳动教育体系，以教学科研实验、实习实训、创新创业、社会服务等具有实践性的劳动教育课程作为思想政治教育和专业理论学习的有力补充，为大学生提供广泛、适度的劳动教育实践，使其切身体验劳动收获快乐的过程，提高工作实践能力。

（四）活跃的创造性

当前，新一轮科技革命和产业变革深入发展，在"互联网＋"、物联网、量子信息科学、人工智能等高科技现代技术的引领下，人们的劳动工具和劳动方式正在发生变革。大学生劳动教育必须与时代同轨，适应科技发展和产业变革，针对劳动新形态，深化产教融合，改进劳动教育方式，把新时代大学生培养成知识型和创造型劳动者。

劳动作为一种实践，其本身就是一种改造或创造活动。新时代大学生劳动教育的创造性主要体现在以下三方面：第一，创造性的课程内容，大学生劳动教育与人工智能、大数据等相结合，融入新元素、新技术、新内容；第二，创造性的教育形式，大学生劳动教育充分运用融媒体平台，给各类劳动技能训练留足拓展空间，鼓励大学生自行创造性地解决问题；第三，创造性地开发资源、组织活动，鼓励高新企业为大学生体验现代科技条件下的劳动实践新形态、新方式提供支撑，强调大学生对高新技术的学习掌握，使其在智能化的未来社会继续把握主动权，成为富有创造力的时代新人。

▶ "动"感分享

亲情劳动体验：安徽艺术学院的特色劳动

安徽艺术学院在安徽率先以"五大行动"方案全面提高育人质量，把劳动教育纳入人才培养全过程，依托落户本校的安徽省劳动教育研究中心、新站片区高校劳动教育虚拟教研室等平台，打造全域劳动教育模式，开展特色亲情劳动体验。

在已有的劳动教育校园全覆盖基础上，安徽艺术学院进一步对标中共中央、国务院《关于全面加强新时代大中小学劳动教育的意见》所要求的"拓宽劳动教育途径，整合家庭、学校、社会各方面力量"，推出亲情劳动体验特色活动，在学生生活的所有时空中都自然而然地开展劳动教育，实现劳动教育场域互济。

亲情劳动体验坚持立德树人原则。把握劳动教育价值取向，引导学生在陪家人劳动体验时树立正确的劳动观，培育学生崇尚劳动、尊重劳动、诚实劳动的意识，增强学生对劳动人民的感情，坚定学生报效国家、奉献社会的决心。亲情劳动体验坚持实践导向原则。让学生亲历劳动过程，动手实践、出力流汗，接受锻炼、磨炼意志，体会劳动艰辛，尊重劳动付出，掌握劳动技能，养成劳动习惯，提高动手动脑、发现问题、解决问题的能力。

主要利用寒暑假期开展的亲情劳动体验，鼓励学生走进父母工作岗位陪伴劳动一周。期间学生全天候陪伴父母，与父母同吃、同住、同劳动，体验父母的职业，感受父母的劳动，全身心参与劳动，在躬行实践中，建构对劳动、劳动者、劳动成果的理解与尊重。同时，学生在《亲情劳动体验手册》上记录每日劳动实践的内容与体会，形成劳动感悟与反思。

开学后，学校结合亲情劳动体验情况，组织亲情劳动体验宣讲，评比"劳动之星""孝悌之星"。亲情劳动体验及宣讲成绩，与其他非课程性劳动教育实践情况共同构成学生劳动素养个体成长的综合性评价、增值性评价，贯穿于四年大学生活。由此，亲情劳动体验特色活动形成了教学设计—过程实施—交流展示—劳动反思—综合评价的完整闭环。

第三节　新时代大学生劳动教育的价值

一、新时代大学生劳动教育是实现中华民族伟大复兴的必然要求

（一）国家富强、民族振兴、人民幸福是中国梦的基本内涵

首先，国家富强是中国梦的实现基础。习近平总书记指出："'空谈误国，实干兴邦'，实干首先就要脚踏实地劳动。"[①]大学生最具活力、最富创造力，是实现国家富强的生力军。加强大学生劳动教育，引导大学生把个人小我融入祖国大我之中、把个人理想融入实现国家富强的实践中，通过创新创造不断为国家富强贡献青春智慧与青春力量，助力实现科技强国、质量强国、航天强国、军事强国、网络强国、交通强国、教育强国

---

① 习近平：《在同全国劳动模范代表座谈时的讲话》，载《人民日报》，2013-04-29。

等目标。

其次，民族振兴是中国梦的核心要义。加强大学生劳动教育，筑牢大学生的中华民族共同体意识，引导大学生投身于民族振兴的伟大征程中，用自身的知识和本领为民族振兴出谋划策、破解难题，从而不断把民族振兴进程推向前进。

最后，人民幸福是中国梦的出发点和落脚点。党的二十大报告明确指出："江山就是人民，人民就是江山。中国共产党领导人民打江山、守江山，守的是人民的心。治国有常，利民为本。为民造福是立党为公、执政为民的本质要求。必须坚持在发展中保障和改善民生，鼓励共同奋斗创造美好生活，不断实现人民对美好生活的向往。"①大学生是为人民谋幸福的青春力量。加强大学生劳动教育，引导大学生热爱劳动、热爱人民，为促进人民幸福、增强人民的获得感和幸福感而不断努力。

（二）新时代大学生劳动教育有利于实现中华民族伟大复兴

国家富强、民族振兴、人民幸福的中国梦不会自动成真，需要依靠青年一代的辛勤劳动、诚实劳动、创造性劳动才能实现。因此，要对新时代大学生开展辛勤劳动、诚实劳动教育，引导大学生树立为中华民族伟大复兴贡献力量的远大理想，自觉将个人理想与国家富强、民族振兴、人民幸福相结合，以真才实学为中国梦的实现增砖添瓦。还要对新时代大学生开展创造性劳动教育，使大学生在掌握扎实的专业文化知识的基础上，对新事物、新概念、新技术具有敏锐的洞察力，具有勤于思考、善于质疑的精神和自主创新能力，成为新时代发展所需要的高素质创新型人才。

中国梦的实现不仅需要国家的意志，更需要每一个中国人的努力。回望中华民族走过的历程，从站起来、富起来到强起来，靠的就是一代又一代中国人踏石有印、抓铁有痕的实干。正是在实干中，我们才托起了一个充满活力的现代中国。大学生劳动教育是推进中华民族伟大复兴的基础工程，有利于引导新时代大学生自觉以辛勤劳动、诚实劳动、创造性劳动积极投身社会实践，用劳动托起中国梦，奏响中华民族伟大复兴的壮丽乐章。

二、新时代大学生劳动教育是促进现代社会全面进步的重要抓手

（一）新时代大学生劳动教育有利于促进社会财富创造

劳动是财富的源泉，社会发展进步所需要的物质基础是人们在劳动实践中创造出来的。新时代社会经济的发展迫切需要建设一支知识型、技能型、创新型劳动者大军。大学生是创造社会财富的生力军，劳动教育所培养的具备知识、技能、创新于一体的大学生正是新时代高素质劳动者大军所需要的。

加强大学生劳动教育，既能引导大学生努力学习科学文化知识、提升自身知识水

---

① 习近平：《高举中国特色社会主义伟大旗帜 为全面建设社会主义现代化国家而团结奋斗——在中国共产党第二十次全国代表大会上的报告》，载《人民日报》，2022-10-26。

平，又能帮助大学生深化对劳动规律的认识、增强解决问题的实践能力。在劳动教育过程中，要不断激发大学生的积极性、主动性和创造性，教育大学生在社会实践中进行创新，鼓励大学生积极参加高校创新大赛、科研创新创业项目等创造性劳动实践，培养自身的劳动创造能力；引导大学生学会勤劳致富，脚踏实地谋事创业，通过实干筑牢社会经济发展的基石。

（二）新时代大学生劳动教育有利于促进社会和谐发展

和谐劳动关系是社会和谐的重要一环。习近平总书记指出："劳动关系是最基本的社会关系之一。要最大限度增加和谐因素、最大限度减少不和谐因素，构建和发展和谐劳动关系，促进社会和谐。"[①]建设自由、平等、公正、法治的和谐社会，必须依靠劳动。社会的安定和谐离不开各行各业劳动者的辛勤付出、遵纪守法、团结协作，也离不开爱岗敬业、无私奉献、诚信友善等优秀品格。

劳动教育作为培养人的思想品德、社会交往、职业态度、行为习惯等的综合育人手段，其内容、目标与社会主义核心价值观的要求是不谋而合的。加强大学生劳动教育，注重培养大学生遵纪守法、爱岗敬业、诚实守信、团结协作的劳动品质，规范大学生的劳动行为，引导大学生自觉遵守和维护社会运行秩序；教育大学生正确认识个人利益和集体利益的关系，正确看待社会转型时期的利益调整问题，有利于大学生正确处理劳动关系，促进社会和谐发展。

（三）新时代大学生劳动教育有利于促进社会文明建设

新时代美好生活既是物质文明不断发展的生活，也是精神文明全面发展的生活，彰显了物质生活和精神生活的平衡发展。党的二十大报告明确指出："统筹推动文明培育、文明实践、文明创建，推进城乡精神文明建设融合发展，在全社会弘扬劳动精神、奋斗精神、奉献精神、创造精神、勤俭节约精神，培育时代新风新貌。"[②]

加强大学生劳动教育，培养大学生成为热爱劳动的良好社会风气传承者，大力弘扬真抓实干、爱岗敬业等劳动精神，大力倡导诚实守信、大公无私等劳动品德，进而让劳动最光荣、劳动最伟大、劳动最崇高、劳动最美丽的观念在全社会蔚然成风，有利于唱响社会主旋律，促进物质文明和精神文明建设，从而推进社会文明发展。

新时代大学生是既能掌握本专业的科学技术知识，又能将科学技术知识应用于实践解决问题的高素质劳动者，是实现社会主义现代化的中坚力量。加强大学生劳动教育，有利于促进现代社会的全面进步。

---

① 习近平：《在庆祝"五一"国际劳动节暨表彰全国劳动模范和先进工作者大会上的讲话》，载《人民日报》，2015-04-29。

② 习近平：《高举中国特色社会主义伟大旗帜 为全面建设社会主义现代化国家而团结奋斗——在中国共产党第二十次全国代表大会上的报告》，载《人民日报》，2022-10-26。

三、新时代大学生劳动教育是落实立德树人根本任务的必由之路

立德树人贯穿于教育的各个领域和各个环节，是新时代我国教育事业的根本任务。开展劳动教育是新时代中国特色高等教育的显著特点，是扎根于中国大地办大学的本质要求，是落实立德树人根本任务的必由之路。

（一）新时代大学生劳动教育丰富了立德树人的内容

劳动教育注重以学生为主体，将立德树人融入其中，可以让学生端正劳动态度，发扬劳动精神，增强诚实劳动和奋斗意识，牢固树立劳动最光荣、劳动最崇高、劳动最伟大、劳动最美丽的观念，养成良好的劳动习惯，形成真挚的劳动情感和高尚的劳动品德，提升社会责任感和担当精神。

大学生劳动教育要积极构建劳动教育课程体系，依托各类课程，让大学生深入、系统掌握与劳动相关的基本知识、本质规定、内在规律等，对劳动形成正确的看法和态度，引导大学生坚定理想信念，把服务人民、奉献祖国、发扬艰苦奋斗精神、肩负时代使命深深记在心中。

加强大学生劳动教育，意味着高校在注重学生德智体美发展的基础上，把劳动教育放到了至关重要的位置，重视培养大学生的劳动素养和综合能力，丰富了立德树人的内容，为立德树人根本任务的实现奠定了坚实的基础。

（二）新时代大学生劳动教育拓展了立德树人的途径

与中小学劳动教育不同的是，大学生劳动教育更鼓励学生积极参加勤工助学活动，更注重结合学科专业开展实习实训、专业服务和生产劳动，更强调围绕创新创业进行创造性活动，更提倡结合"三支一扶""青年红色筑梦之旅"等社会实践活动开展服务性劳动。

大学生劳动教育作为高校实现立德树人根本任务的途径，深深植根于劳动实践。通过理论知识与各类劳动实践的结合，将教学课堂延伸到社会实践场域中，大大拓展了立德树人的途径。大学生在有目的、有组织、有计划的集体劳动教育实践中，能够学会与群体沟通交流、团结协作，更加深刻懂得躬行的真谛，形成勤劳刻苦、艰苦奋斗等宝贵品质，在广阔的社会场域中培养优良品格和实践能力。

（三）新时代大学生劳动教育提高了立德树人的实效

大学生劳动教育促进高校教育体系的完善，助力高校立德树人根本任务的落实。高校将立德树人作为立身之本，而道德教化除了以书本教导方式实现外，更需要通过劳动教育予以实现。

劳动教育能够有效避免新时代大学生在道德方面出现知行分离的现象。大学生经历劳动实践，通过手脑协调配合，在身心一元的状态下能更彻底地认知道德、激发情感、锤炼意志，并逐步外化为自觉的行为，从而实现真正意义上的以德立身。可见，劳动教育能够更直接、有效地规范大学生的道德品行。

高校应从课程体系、产教融合、文化渗透、社会实践及创新创业等方面发挥好大学生劳动教育的主阵地作用，注重传承中华民族优秀文化，提供优质精神食粮，丰富大学生的精神世界，努力实现全员教育、全过程教育、全方位教育，进一步提高立德树人的实效。

四、新时代大学生劳动教育是培育全面发展时代新人的现实需要

德为人之灵，智为人之魂，体为人之基，美为人之情，劳为人之本。德智体美劳是当今时代新人不可或缺的。新时代大学生劳动教育不仅具有德智体美"四育"不可替代的独特育人价值——提升劳动素养，也具有树德、增智、强体、育美的综合育人价值。

（一）新时代大学生劳动教育可以树德

新时代加强大学生劳动教育可以促进知情意行的发展。首先，劳动教育能让大学生在丰富多彩的社会实践中真正内化道德认识，形成相应的道德辨识能力。其次，劳动教育可以提供真实的场景，让大学生在劳动实践中厚植爱国情怀，形成稳定的道德情感。再次，劳动教育理论与实践活动可以使大学生的道德认识在形成的道德情感中转化为坚定的道德意志。最后，劳动教育有利于固化大学生的道德行为，正是在反复的实践中不断历练、深化直至内化成熟，大学生的道德修养才最终体现为知行合一。

可见，高校通过一系列的劳动理论和实践教育，能够引导新时代大学生养成踏实肯干、真抓实干、埋头苦干的作风，使其将个人的前途命运和国家民族的发展同频共振，形成爱国精神、奉献精神、奋斗精神、担当精神、敬业精神、合作精神、创新精神、集体主义精神等宝贵品质。

（二）新时代大学生劳动教育可以增智

智力的发展离不开劳动。人在劳动的时候，手、脑一起运动，相互协调促进，进而发展智力。动手动脑的劳动理论教育与实践活动，更利于大学生将所学理论知识吸纳为自己的专业技能，加深对于所学理论知识的理解，提高解决问题的能力，达到增智的效果。

加强大学生劳动教育，可以让大学生把所学的知识运用到实际生活中，从中体会知识的真正价值，提高深入探索知识的兴趣，进而激发敢于求新求变的创新创造精神。在劳动教育理论学习和实践锻炼中，大学生要敢于对落后陈腐的旧事物予以质疑、批判、修正，在不断开展的体力和脑力劳动过程中，充分运用自己的学科知识和专业技能，创造出具有独创性的观点、方法或者实质性的事物，在实践过程中实现知识的拓展和能力的提升。

（三）新时代大学生劳动教育可以强体

新时代大学生身体力行地参与劳动实践，可以促进身体的新陈代谢，优化人体机

能。大学生在完成各种各样的劳动任务过程中，不仅可以强身健体，增强抵抗力、耐力，而且可以提高手脑协调能力、对环境的适应能力。

高校将劳育与体育相结合，既可以锻炼人的体魄，又可以磨炼人的意志。大学生在体验过劳动的艰辛之后，可以锤炼意志品质，强化心理素质，提升受挫能力及解决问题能力。此外，大学生在参加劳动的过程中，通过与人沟通协作，可以培养乐观开朗的性情，改善人际关系，提高社会适应能力，为将来就业创业、融入社会打下良好的基础。

（四）新时代大学生劳动教育可以育美

高校开展劳动教育，可以帮助大学生发现美、感受美、创造美、传播美。首先，在劳动教育实践场景中的壮观劳动场面及富有节奏的动作等，都可以促进大学生发现生活中的美，提高对美的认知。其次，劳动教育可以让大学生用心去感受劳动成果的来之不易，从而加深对劳动价值的理解，陶冶美的情操。再次，劳动教育可以提高大学生创造美的能力，使大学生在劳动过程中创造出富有美感的事物，并深化对美的感悟。最后，劳动教育可以让大学生更加热爱劳动，尊重他人的劳动成果，在传播美的过程中收获美的真谛。

可见，新时代大学生劳动教育有助于育美。高校通过开展劳动教育，能使大学生体认劳动之美、充实审美体验、提高审美情趣，在发现、感受劳动美的基础上创造、传播劳动美，提升审美能力和创造能力。

▶▶ "动"感分享

"青年红色筑梦之旅"云艺文华学院
用青春力量赋能乡村振兴

2022年5月，云南艺术学院文华学院"幸福花开——万寿菊边疆特色农业的引领者"团队9名师生扎根曲靖市马龙区纳章镇裕农万寿菊基地，帮助当地50余家农户移栽、种植800亩万寿菊，收成后，预计能为当地群众每户增收2万元（图1-1）。

图1-1 幸福花开——万寿菊边疆特色农业的引领者

"幸福花开——万寿菊边疆特色农业的引领者"是文华学院"青年红色筑梦之旅"的团队之一，他们深入裕农万寿菊基地进行实践调研，了解当地农户在万寿菊种植、采收、销售等方面有迫切需求，找到本地科研院校学习专业知识和技术，带着技术扎根基地，与当地农户一起移栽、种植万寿菊。待到万寿菊收获季，团队还将继续参与采收工作，并积极对接销售渠道，助力农户增收。

团队成员表示，作为新时代的中国青年，要真正地扎根中国大地，到人民需要的地方去服务、去奉献，将个人奋斗的小目标融入党和国家事业的大蓝图，在磨砺中长才干、壮筋骨，以青春之我、奋斗之我投入乡村振兴的实践基地，融入实现中华民族伟大复兴的进程中。

长期以来，云南艺术学院文华学院积极组织"青年红色筑梦之旅"活动，将活动与深化思政课程改革相融合，创新开展田野思政课，结合社情民意开展了个性化、多样化、特色化的乡村振兴社会实践。在活动中，青年学子将人生追求同国家发展紧密结合起来，在课堂外积极融入基层、展现才华、服务社会，绘就青春底色。文华学院的"青年红色筑梦之旅"活动获得了社会各界的广泛好评。

▸▸ 实践任务

根据本章内容，结合实际，认真思考以下问题，并以小组为单位进行讨论。

1. 劳动和劳动观的内涵是什么？新时代大学生应该树立怎样的劳动观？

2. 如何理解劳动教育？大学生劳动教育与中小学劳动教育有何区别？

3. 为何要加强大学生劳动教育？从国家、社会、学校和个人层面谈谈你的理解。

4. 你了解哪些"时代楷模""全国劳模""大国工匠"的典型事迹？他们身上有哪些精神值得我们学习？

5. 结合自身专业，谈谈你打算如何在具体的劳动实践过程中进行创造性劳动，提升劳动创新能力。

第二章　劳动知识与劳动技能

【学习目标】

理解劳动知识和劳动技能的内涵；了解劳动哲学、劳动伦理以及劳动关系等相关基本理论知识，了解人际沟通能力、团结协作能力以及创新能力等大学生关键劳动技能相关知识；掌握新时代大学生劳动知识更新与劳动技能创新的方法和具体实践途径。

第一节　劳动知识

一、劳动知识的内涵

知识是人类对物质世界以及精神世界探索的结果的总和。劳动知识是人类在劳动过程中对劳动者与社会、劳动者与自然界以及劳动者自身的探索和认知得出的结果。

劳动与知识之间有着密切的辩证关系。一方面，人类的知识从根本上来说来自人类的劳动；另一方面，知识对劳动有重要的指导作用。例如，我国古代劳动人民在农耕劳动中获得了二十四节气等相关知识，二十四节气等相关知识对农耕劳动有重要的指导作用。

二、劳动知识的分类

劳动知识内容丰富，根据劳动行为方式和领域的不同，可以将劳动知识做如下分类。

第一，体力劳动知识与脑力劳动知识。

根据劳动所依靠的运动器官的不同形式，可将劳动知识分为体力劳动知识和脑力劳动知识。

体力劳动知识是劳动者以运动系统为主要运动器官的劳动知识。比如，完成校园清洁、家务劳动等所需要的知识。

脑力劳动知识是劳动者以大脑神经系统为主要运动器官的劳动知识。比如，劳动哲学、劳动心理学等方面的知识。

第二，日常生活劳动知识、生产劳动知识与服务性劳动知识。

根据新时代劳动教育的主要内容的不同和劳动领域的不同，可将劳动知识分为日常生活劳动知识、生产劳动知识与服务性劳动知识。

日常生活劳动知识是一种具有鲜明学段特点，以学生生活事务处理为逻辑起点，以提升生活能力、养成良好卫生习惯、强化自立自强意识为育人向度的劳动知识。中共中央、国务院《关于全面加强新时代大中小学劳动教育的意见》中提到了大学生独立处理个人生活事务、积极从事宿舍保洁卫生、参加勤工助学活动等方面的内容。

生产劳动知识是劳动者借助劳动资料，使自己的劳动作用于劳动对象，按照预定的目的生产某种产品的知识。例如，大学生在实习实训中或创新创业中，为提升生产效率，整合的学科和专业知识。

服务性劳动知识是指直接服务于公益事业、不取报酬的劳动知识。例如，参加秋收、植树造林、帮助烈军属和残疾人等方面的知识。

三、大学生关键劳动知识

大学生关键劳动知识有助于大学生养成尊崇劳动的价值理念，是对上述劳动知识的高度提炼和概括，集中体现在相关劳动理论知识中，如劳动哲学、劳动伦理、劳动关系、劳动保障、劳动心理健康等。

（一）劳动哲学

劳动哲学是对劳动现象（劳动者、劳动活动、劳动关系等）的本质和规律的哲学思考。[1] 劳动哲学是劳动学科群中的一门基础学科，是哲学和劳动学科之间的桥梁，又称为元劳动学。[2]

1. 马克思主义劳动哲学

马克思主义劳动哲学认为，劳动是人为了满足自身的物质生存需要，有目的、有意识地按照一定生产方式去改造自然界，并将其转化为人所需要的物质资料的过程。人和动物的本质区别在于劳动。通过劳动，人的思维、语言、情感等不断发展和优化，并形成复杂的社会关系。人在劳动中合理调控人与自然的物质变换过程，兼顾人与自然的和谐统一，进而推动人类历史的发展。

---

[1] 参见王江松：《建立和发展中国劳动哲学的基本构想》，载《江汉论坛》，2011(6)。
[2] 参见王江松：《劳动哲学概论》，10页，上海，上海交通大学出版社，2015。

劳动包括异化劳动和自由劳动两方面。资本主义私有制的存在导致劳动的异化，工人在资本主义生产线上只是机械式的操作工具，劳动对工人来说只是被动、强制的谋生手段，他们在劳动中不断地否定自己，感受不到幸福。自由劳动是对异化劳动的扬弃，是塑造人的个性的劳动。在劳动时，人有目的、有计划地发挥自己的审美、想象力、创造力等能力对劳动对象施加自己的影响，在满足生活需要的同时，实现自我的提升和发展。只有推翻资本主义私有制，才能把劳动者从剥削压迫中解放出来。

特别要注意的是，自由劳动并不是劳动活动的最终样态，它只是马克思在所处时代畅想的一种理想样态。我们需要分析时空特点，根据中国社会发展的具体情况来创造性地运用马克思主义劳动哲学。

▸▸ 经典悦读

自由劳动不等于脱离劳动，劳动是人获取生产、生活资料，维系生存的基本方式。人不仅通过劳动直接赋予物以创造力，而且在劳动生产过程中肯定着自身的力量，展现着自由个性，同时又对这种对物的对象化支配力有着直观清醒的认识，"既意识到我的劳动满足了人的需要，从而使人的本质对象化，又创造了与另一个人的本质的需要相符合的物品"[1]。

2. 劳动过程的简单要素

马克思主义认为，劳动过程的简单要素包括"有目的的活动或劳动本身，劳动对象和劳动资料"[2]。

劳动者称为劳动主体，是劳动过程中使用和发挥劳动力的主体，通过制造和使用生产工具，直接发起物质资料的生产，改造自然界和人类社会，具有积极性、主动性、能动性和创造性的特点。

劳动者基本上可以分为两类：简单劳动者和复杂劳动者。简单劳动者以体力劳动为主，复杂劳动者以脑力劳动为主。在不同历史发展时期，受生产方式的影响，劳动者参与劳动的生理器官侧重点有所不同。在手工工场劳动时期，劳动者直接参与物质生产领域，凭借体力支出来维系基本生存，这时的劳动者是简单劳动者。机器大生产取代手工工场劳动后，劳动者的体力得到部分解放，但是在生产线上简单重复的机械动作导致劳动异化，劳动者没有从中获得认可和幸福。信息化时代到来后，简单劳动者和复杂劳动者在各自的领域发挥作用。在直接物质生产领域中，使用现成劳动工具

---

① 马克思：《1844年经济学哲学手稿》，184页，北京，人民出版社，2000。
② 《马克思恩格斯文集》第5卷，208页，北京，人民出版社，2009。

的劳动者是简单劳动者，常被称为"蓝领劳动者"；设计、发明、制造、改进劳动工具的劳动者是复杂劳动者，常被称为"白领工作者"。劳动者分工的细化，有助于生产效率的提高，但又会导致收入的差距。

劳动对象又称为劳动客体，是指人类在物质资料生产过程中，利用生产工具将劳动加于其上的一切东西。劳动对象主要包括两类：一类是未经人类加工的自然物，即纳入生产过程的一部分自然界中现成的物质资料，如水域中的鱼类、原始森林中的树木、地下的矿藏等；另一类是经过人类加工的物体，即由人类自己活动所创造的、实际上已是劳动产品的物质资料，通称为原材料，如纺纱用的棉花、制造机器用的钢材。原材料又分为两类：一是通过开发自然资源直接获得的原材料，即天然材料，如天然橡胶、天然纤维等；二是合成材料，如合成橡胶、合成纤维等。

劳动资料又称为劳动手段，是劳动者在劳动过程中用来改变或影响劳动对象的一切物质资料或物质条件。它们中有的直接把劳动传导到劳动对象上去，如工具等；有的则间接地发挥这种作用，如土地、道路、管道、生产建筑物等。劳动资料中起决定作用的是生产工具，生产工具是生产力水平的标志。

3. 劳动的本质

劳动是人本质的规定性。人为了生存，需要通过肢体的劳动与自然进行物质交换活动。在这个过程中，劳动者以自身的能力与生产资料结合起来，从而形成一定的生产能力，即生产力。但劳动过程并不是纯粹的个人与自然之间的物质变换过程，孤立的个人在社会之外进行生产，从而进行生活是不可能的。所以人的劳动是在社会中展开并完成的，这说明人的劳动是个体性与社会性的统一。

（二）劳动伦理

劳动伦理是在劳动实践活动中产生和形成的处理人与人、人与自然、人与社会之间关系的道德准则和行为规范。劳动伦理具有普遍性、历史性、阶级性和实践性，其基本内涵为尊严、自由、公平、正义，具体体现为体面劳动、幸福劳动、和谐劳动、自由劳动。

1. 体面劳动

体面劳动是能给劳动者带来适足的物质收益，使劳动者享受劳动快乐的具有谋生性质的劳动，体面劳动的关键是劳动者体面地劳动。劳动者体面地劳动的关键在于充分保障劳动者在劳动中的劳动权利，这些权利主要包括休息休假权、健康与安全权、劳动参与权及劳动环境权。其中，健康与安全权直接关系到劳动者的生命状况、生活状态，是直接关系实现人民的美好生活需要的最根本权利。

马克思指出，在阶级社会，劳动者即便能劳动也无法体面地劳动，因为劳动者只是为剥削阶级生产财富的工具。资产阶级通过暴力等手段掠夺劳动人民的生产资料，迫使他们成为雇佣工人，资产阶级赚得越多，劳动人民承受的劳动之苦就越多。

习近平总书记强调："任何以牺牲人的生命和健康为代价的所谓'发展'，都是不健康、不道德、不和谐的，也都不是真正的发展。"[①]

我国社会主义初级阶段以公有制为主体的基本经济制度是我国利用资本本身来消灭资本消极性的有效制度设计，是保障我国劳动人民的劳动权利的重要基础，这是社会主义制度的本质要求和重要优势所在。

2. 幸福劳动

马克思劳动幸福观的基本意涵是人通过劳动使"人之为人"的类本质得以确证，并在此基础上体验到持久且深度的精神满足感。劳动是创造幸福的源泉和基础，劳动幸福是最高形态的幸福。劳动幸福主要体现在以下三个方面。第一，劳动为人的生存和发展提供了基础和可能性，人在劳动过程中创造了幸福的物质基础和精神财富，进而展现、丰富了人的本质力量。因此，劳动是人们获得幸福的唯一手段。第二，劳动自由与自觉是劳动幸福的价值旨归。在资本主义制度下出现了劳动异化，这是造成劳动不幸福的根源。唯有消除劳动异化，解放劳动，实现自由自觉的劳动，劳动者才能获得真正的幸福生活。第三，劳动幸福是精神生活与物质生活的统一，也是个人幸福与社会幸福的统一。马克思批判并继承了理性主义幸福观和功利主义幸福观的思想，认为物质生活与精神生活二者不可偏废、缺一不可，同时指出，建立在物质基础上的满足是低等级的幸福，而且是短暂的，只有建立在精神基础上的满足才会持久和深刻，劳动幸福是以物质为基础但又超越物质的持久的精神幸福。

3. 和谐劳动

和谐劳动是在扬弃异化劳动基础上形成的，与社会主义公有制相联系的社会主义新型劳动。它既承载了马克思关于劳动的一般内涵，又具有明显的社会主义和谐社会特色。

和谐劳动坚持的是劳动与劳动收入之间的正比例关系。劳动越多，消费就应该越多；创造的价值越多，创造价值的人就更有价值；产品越完美，创造价值的人自己也就变得越完美。

和谐劳动强调劳动者的内在性、本质性，强调劳动不仅是谋生的手段，而且是劳动者肯定自己、获得幸福、自由地发挥体力和智力的手段。

和谐劳动强调劳动者能够自由地对待自己的产品，懂得按照任何一种尺度来进行

---

① 习近平：《之江新语》，227页，杭州，浙江人民出版社，2007。

生产，并且懂得把内在的尺度运用到对象上去，按照美的尺度来建造。

在社会主义和谐社会，劳动活动和劳动关系之间由对抗性质转变为和谐性质，二者之间形成了高度统一的协调关系。

4. 自由劳动

自由劳动是人类理想中的劳动，马克思主义认为，自由劳动将会"成为吸引人的劳动，成为个人的自我实现"①。自由劳动具有"人类自由王国"的特征，如劳动的高度自主性，劳动真正成为人的第一需要，异化劳动完全得到根本的克服，劳动变成幸福和快乐的活动等。自由劳动以"各尽所能，按需分配"为基础，它所要求的产品是极大丰富的。可以说自由劳动是最高阶段的劳动发展时期。

（三）劳动关系

1. 劳动关系的概念与构成

劳动关系就是劳动者为用人单位提供劳动，在实现劳动的过程中建立的社会经济关系。狭义地讲，劳动关系是指企业所有者、经营者、普通职工及工会组织等在企业的生产经营活动中形成的各种责、权、利关系。它主要包括所有者与普通职工的关系、经营者与普通职工的关系、经营者与工会组织的关系以及工会组织与普通职工的关系等。

劳动关系直接体现了生产要素的结构与关系，体现了社会联系和社会发展的社会利益关系，体现了劳动过程中个人或组织具体的社会经济地位。

劳动关系主要由主体、客体和表现形式三方面构成。狭义的劳动关系主体包括劳动者和用人单位两方，以及代表劳动者利益的工会组织和代表用人单位利益的雇主组织。广义的劳动关系主体还包括政府，因为政府通过立法等手段对劳动关系进行干预。

劳动关系的客体是劳动权利和劳动义务指向的对象——劳动力。劳动者作为劳动力所有者向用人单位提供有偿劳动，用人单位通过支配、使用劳动力，创造社会财富。双方权利、义务共同指向的对象就是依附在劳动者体内，在劳动过程中发挥作用的劳动力。

劳动关系既是经济关系，又是社会关系。在劳动关系中，主、客体双方处在连续的博弈过程之中，所以表现出来的形式主要是合作、冲突。

2. 劳动合同

劳动合同又称劳动契约。《中华人民共和国劳动法》规定：劳动合同是劳动者与用人单位确立劳动关系、明确双方权利和义务的协议。劳动合同是确立劳动关系的凭证，是建立劳动关系的法律形式，是维护双方合法权益的法律保障。根据劳动合同，劳动者加入企业、事业机关、团体等用人组织内，担任一定职务或从事某种工作，并遵守

---

① 《马克思恩格斯文集》第 8 卷，174 页，北京，人民出版社，2009。

所在单位的内部规章制度；用人方按照劳动的数量和质量支付劳动报酬，依法提供劳动条件，保障劳动者的合法权利。

按照我国法律规定，订立劳动合同应采取书面形式。劳动合同的条款分为法定条款和约定条款。法定条款是指法律法规规定的劳动合同必须具备的条款；约定条款是指法律法规未做规定或未做明确规定，由双方当事人自行协商的条款。约定条款也应在法律法规的指导下商定。除合同文本以外，通常双方还需要制定附件，在附件中明确双方权利和义务的具体内容，如具体的岗位责任、具体的劳动纪律等。

（四）劳动保障

劳动保障是指为保护劳动者的基本权益所采取的一切措施和行为的总和。劳动保障的主要目的是保证劳动者的职业安全，优化劳动关系，促进和谐社会构建。我国高度重视保障劳动者权益。习近平总书记深刻指出："让人民群众过上更加幸福的好日子是我们党始终不渝的奋斗目标，实现共同富裕是中国共产党领导和我国社会主义制度的本质要求。"[1]党的二十大报告再次强调："完善劳动者权益保障制度，加强灵活就业和新就业形态劳动者权益保障。"[2]

1. 劳动保障的意义

第一，保障劳动者的基本生活。劳动保障的对象是劳动者，劳动者是社会发展不可或缺的条件之一。建立社会保障制度，给劳动者提供基本的社会保护，是满足劳动者基本需要的重要措施。劳动者由于疾病、灾害等缺乏或丧失工作机会，影响经济收入，引发其生活甚至是生存上的困难。社会保障制度可给予他们基本的帮助或救济，维持他们的基本生活，解除他们的后顾之忧。

第二，维护社会稳定。社会主义国家的本质和发展的最终目的就是要解放和发展社会生产力，消灭剥削，消除两极分化，最终实现共同富裕。实行社会保障，维护劳动者的基本权益，规避劳动者可能遇到的工伤、疾病和生育等各种风险，有利于缩小社会贫富差距，增强劳动者本身的幸福感、获得感和对国家的信任感，减少或消除社会不稳定因素，从而从根本上维护社会稳定。

第三，促进经济发展。劳动保障的资金来自国家、企业和劳动者本身，在实施中应充分发挥互助共济功能，以降低失业率，增加劳动者收入，弥补市场经济缺陷，促进经济良性发展。最低工资保障制度的实施，可以保证劳动力再生产进程不致受阻或中断，有利于防止和减少克扣工人工资现象的发生，也为企业搞好内部分配提供了一个基础。国家通过对劳动者生育、抚育、教育子女给予资助，可以提高劳动力资源的整体素质，进而提高劳动力水平，促进经济发展。

---

① 习近平：《在全国劳动模范和先进工作者表彰大会上的讲话》，载《人民日报》，2020-11-25。

② 习近平：《高举中国特色社会主义伟大旗帜 为全面建设社会主义现代化国家而团结奋斗——在中国共产党第二十次全国代表大会上的报告》，载《人民日报》，2022-10-26。

第四，保持社会公平。劳动保障是收入分配调节器，是国家保持社会公平的重要手段。国家一方面通过保障全体劳动者的基本生活，在一定程度上减少了因意外灾害、疾病等因素导致的劳动者参与劳动机会不均等现象的发生，使劳动者没有后顾之忧，积极参与市场的公平竞争；另一方面通过在全体劳动者之间实行风险共担，实现了国民收入的再分配，缩小了贫富差距，减少了社会分配结果的不公平性。

第五，促进国民福利。劳动保障是治国安邦的大问题，现代劳动保障不仅承担着"救贫"和"防贫"的责任，而且还要为劳动者提供基础设施和公共服务，从而使劳动者尽可能充分地享受经济和社会发展成果，改善民生，增进人民福祉，不断提高劳动者的物质生活和精神生活质量。

2. 劳动保障的主要内容

2021年2月26日，在中共中央政治局第二十八次集体学习上，习近平总书记深刻阐明了我国社会保障事业取得的历史性成就。他强调："我国以社会保险为主体，包括社会救助、社会福利、社会优抚等制度在内，功能完备的社会保障体系基本建成……是世界上规模最大的社会保障体系。"[①]

第一，社会保险。社会保险是劳动保障制度的核心内容，是指国家通过法律强制实施，为工薪劳动者在年老、疾病、生育、失业以及遭受职业伤害的情况下，提供必要的物质帮助的制度。它是以经济保障为前提的，具有强制性、社会性和福利性等特点。按照《中华人民共和国劳动法》的规定，社会保险项目分为养老保险、失业保险、医疗保险、工伤保险和生育保险。全体劳动者是社会保险的保障对象，用人单位和劳动者个人的缴费、政府给予的资助是社会保险的主要资金来源。依法享受社会保险是劳动者的基本权利。

第二，社会救济。社会救济也称社会救助，是政府对陷入生活困境的劳动者给予物质接济和帮助，以保障其最低生活标准的制度。社会救济是基础的、最低层次的社会保障，其目的是保障劳动者享有最低生活水平，给付标准低于社会保险。社会救济主要包括自然灾害救济、失业救济、孤寡病残救济和城乡困难户救济等。国家和社会以多种形式对因自然灾害、意外事故和残疾等原因而无力维持基本生活的灾民、贫民提供救助，包括提供必要的生活资助、福利设施，急需的生产资料、劳务、技术、信息服务等。维持最低水平的基本生活是社会救济制度的基本特征。社会救济经费的主要来源是政府财政支出和社会捐赠。

第三，社会福利。社会福利是政府为社会成员举办的各种公益性事业及为各类残疾人、生活无保障人员提供生活保障的事业。社会福利包括的内容广泛，不仅包括生活、教育、医疗等方面的福利待遇，而且包括交通、文娱、体育等方面的福利待遇。

---

① 习近平：《完善覆盖全民的社会保障体系 促进社会保障事业高质量发展可持续发展》，载《人民日报》，2021-02-28。

社会福利是一种服务政策和服务措施，其目的在于提高广大社会成员的物质和精神生活水平，使之得到更多的享受。同时，社会福利也是一种职责。我国颁布了《老年人权益保障法》《残疾人保障法》《农村五保供养工作条例》等法律法规，保障和促进了社会福利事业的发展。

第四，优抚安置。优抚安置是指政府对军属、烈属、复员转业军人、残疾军人予以优待抚恤的制度。优抚安置的内容主要包括提供抚恤金、优待金、补助金，建设军人疗养院、光荣院，安置复员转业军人等。

第五，社会互助。社会互助是指在政府鼓励和支持下，社会团体、社会成员自愿组织和参与扶弱济困活动。社会互助具有自愿、非营利性的特点，其主要形式有：工会、妇联等团体组织的群众性互助互济，民间公益事业团体组织的慈善救助，城乡居民自发组成的各种形式的互助组织等。社会互助的资金来源主要是社会捐赠和成员自愿交费、政府从税收方面给予支持。

（五）劳动心理健康

劳动心理学以劳动过程中人的心理活动的特点和规律为研究对象，维护劳动者的心理健康和安全，促进劳动者全面发展，提高劳动效率。现代社会生产节奏加快，竞争激烈，劳动者面临沉重的工作压力。帮助劳动者缓解工作压力，维护心理健康成为迫在眉睫的任务。

1. 疲劳与压力

疲劳是指劳动者连续工作一段时间后，由身体、精神或情绪上的消耗引起的主观不适感和体力、思维等机能衰退的现象。疲劳不是特异症状，它起到提示劳动者要注意休息的作用。疲劳容易引发事故，如疲劳驾驶极易引发道路交通事故。长期处于疲劳工作状态的劳动者正常工作规律和生活规律遭到破坏，体内疲劳蓄积并向过劳状态转移，身体健康出现问题，甚至出现致命的状况。

▶▶ 理论探微

美国心理学家拉扎勒斯认为，压力是人与环境相互作用的产物。如果人认为内外环境的刺激超过自身的应对能力及应对资源时，就会产生压力。因此，压力是由内外需求与机体应对资源的不匹配破坏了机体的内稳态所致。在一定限度内，压力会对人产生积极作用，促使劳动效率提升，但持续积累的压力会造成许多严重的负面后果，大致有以下几种情况：第一，压力过大可能会使人的情绪发生改变，如会出现郁郁寡欢、精神不振、痛苦不满、悲观厌世等情绪；第二，压力过大还会使人的性格发生改变，容易被激惹，经常和别人发生矛盾，变得健忘、倦怠、工作效率降低等；第三，压力过大也会诱发很多疾病，其中包括神经系统病变、内分泌系统病变和胃肠系统病变等。

过度疲劳和压力过大都会影响劳动者身心健康，所以需要通过一系列方式来进行缓解，如正确认识疲劳和压力的来源、学会适当放松自己、保证充足的睡眠、调整合理的预期等。

2. 工作倦怠

工作倦怠又称"职业枯竭"，是指在工作重压下的一种身心疲惫的状态，是一种身心能量被工作耗尽的感觉。工作倦怠可表现为身体疲劳、情绪低落、创造力衰竭、价值感降低。工作上的消极状态还会影响人的生活状态。

▶▶ 理论探微

工作倦怠是随着工作时间的增加，在人工作的过程中慢慢产生的。北京师范大学教授、博士生导师许燕把个人在工作中的状态分成如下四个阶段："蜜月期""适应期""挫折期""淡漠期"。

处于"蜜月期"的劳动者有旺盛充沛的精力，工作有很高的热情和期望值，同时工作的满意度也较高。经过一段时间工作后，劳动者开始进入"适应期"，慢慢进入角色并已习惯了频繁重复的工作内容。随着工作时间的持续，劳动者开始进入"挫折期"，"挫折期"分为两个阶段："先期厌倦期"——开始对稳定的工作方式、乏味的工作内容及单调的工作环境产生了倦怠之感，但是因对个人晋升机会的渴求还没有完全丧失对工作的主动性；"后期挫折期"——个人的自信心受到打击，对工作的热情、积极性与主动性逐步消减，出现了身心失调的情况。最后，劳动者进入"淡漠期"，主要表现在个人无法继续工作，出现了严重的身心不健康状况，对周围人、事表现出冷漠。

随着社会变革的加快，竞争激烈程度的提升，现代劳动者首先要做好职业生涯开发和管理，进行职业生涯年检，找出自己的差距和不足，根据内、外环境的变化修正自己的职业目标，针对自己的薄弱环节进行充实与提高，引导职业生涯顺利发展，从而避免工作倦怠。其次要改变自身，以枯竭为契机，完成对自我的超越。学会宽容自己、善待自己，掌握新技能，改变观念，重新认识自己的工作，在日常工作中进行创造性的活动，增加工作的乐趣。最后要掌握必要的缓解压力的方法。例如，通过合理利用时间来缓解工作压力；正确处理工作与休闲的关系，珍惜个人时光，保证充足的睡眠和足够的营养，通过旅行、体育锻炼、发呆等进行自我调节；向亲友、心理医生倾诉工作中的烦闷，正确处理事业与家庭的关系，珍惜与家人共度的时光。

第二节　劳动技能

一、劳动技能的内涵

技能是指通过练习而巩固的，自动化、完善化的动作能力。它是人们在掌握一定知识经验以后，在社会实践活动中运用这些知识经验，指导自己采取一定的活动方式，去完成某种活动时形成的。[①]

劳动技能是指在生产过程中岗位对劳动者素质方面的要求。劳动技能本质上是人的劳动能力，这种劳动能力包括人的体力能力、智力能力和心理能力等。体力能力是其他能力形成与发挥的基础，智力能力是劳动技能的核心，心理能力即人的心理特征，对其他能力的形成与发挥起推动或阻碍作用。

▶▶ 经典悦读

人在劳动过程中，展现出生命的创造力，同时也确证了人的类本质，劳动不再为了谋生，劳动产品也不再是统治人的异己力量。社会中的人都能成为自己的另一个"我"，但都不是"我"的异己，而是生命活动中构成自由联合体不可或缺的中介。在这样的劳动中，人实现了自身的价值，获得了极大的自由。"在我个人的活动中，我直接证实和实现了我的真正的本质，即我的人的本质，我的社会的本质。"[②]

二、劳动技能的分类

根据劳动行为要求、内容与领域及显现状态的不同，劳动技能可分为以下几类。

（一）一般劳动技能和特殊劳动技能

一般劳动技能是在各种活动中表现出来的劳动能力，如观察力、注意力、记忆力、想象力、思维力等，是劳动者从事一般工作的能力，是劳动技能的基础。特殊劳动技能是在某种专业活动中表现出来的专门能力，如工人开机器的能力、医生持手术刀的能力等，是劳动者创造财富的核心能力。

（二）日常生活劳动技能、生产劳动技能、服务型劳动技能

根据所开展劳动的内容与领域的不同，劳动技能分为日常生活劳动技能、生产劳

[①]　参见田千兴、杨吉兴、邱赞名：《课堂经济学》，188页，北京，警官教育出版社，1998。

[②]　马克思：《1844年经济学哲学手稿》，184页，北京，人民出版社，2000。

动技能、服务型劳动技能。

日常生活劳动技能是劳动者为了满足基本的日常生活需求所具备的劳动技能，如整理家务的技能等。

生产劳动技能是劳动者在生产劳动过程中所具备的劳动技能，如学生在实习过程中所需要的劳动技能等。

服务型劳动技能是劳动者从事社会公共服务工作所具备的劳动技能，如修整校园、植树造林等社会公益活动所需要的劳动技能等。

（三）显现的劳动技能和潜在的劳动技能

根据显隐状态的不同，劳动技能可分为显现的劳动技能和潜在的劳动技能。

显现的劳动技能是已经发挥出来的劳动技能，如学生已经形成的打扫教室卫生的技能。潜在的劳动技能是尚未发挥出来的劳动技能，如学生有较强的专注力，但还没有和相关技能有效结合起来。

潜在的劳动技能是显现的劳动技能的基础，潜在的劳动技能越强，能够发挥出的显现的劳动技能才可能越多，发挥的质量才可能越高；反过来，显现的劳动技能发挥得越多、越充分，又能够有效地促进潜在的劳动技能的提升。

三、大学生关键劳动技能

2017年9月，中共中央办公厅、国务院办公厅印发的《关于深化教育体制机制改革的意见》明确指出，要注重培养支撑终身发展、适应时代要求的关键能力。在培养学生基础知识和基本技能的过程中，要强化学生关键能力培养。

▶▶ 理论探微

德国学者迪特·梅滕斯(Dieter Mertens)于20世纪70年代提出了"关键能力"的概念，认为关键能力是那些与一定的专业实际技能不直接相关的知识和技能，更是在各种不同场合和职责下做出判断选择的能力，主要包括：批判性思维、创新能力、问题解决能力、团队合作能力、领导与管理能力等。这些关键能力因其普遍适用性而不易因科学技术进步而过时或被淘汰。

作为新时代劳动者的大学生，应具备的关键劳动技能包括：人际沟通能力、团结协作能力、创新能力、社会适应能力。

（一）人际沟通能力

人际沟通是指人与人之间、人与群体之间借助一定的符号工具(语言沟通和非语言沟通)进行的传播信息、传递思想、交流意见、说明态度、显示情感、表达愿望的行为活动。人际沟通以信息共享、思想一致和感情通畅为目的。大学生的人际沟通能力是指大学生具备的信息收集和输送能力，能够使大学生在恰当的人际沟通环境中，以各种信息传递媒介，将自身想法、感受与态度，准确、有效地向对方传达，并能快速、正确地解读对方的反馈信息，从而增进与对方的有效沟通。人际沟通能力结构如图 2-1 所示。

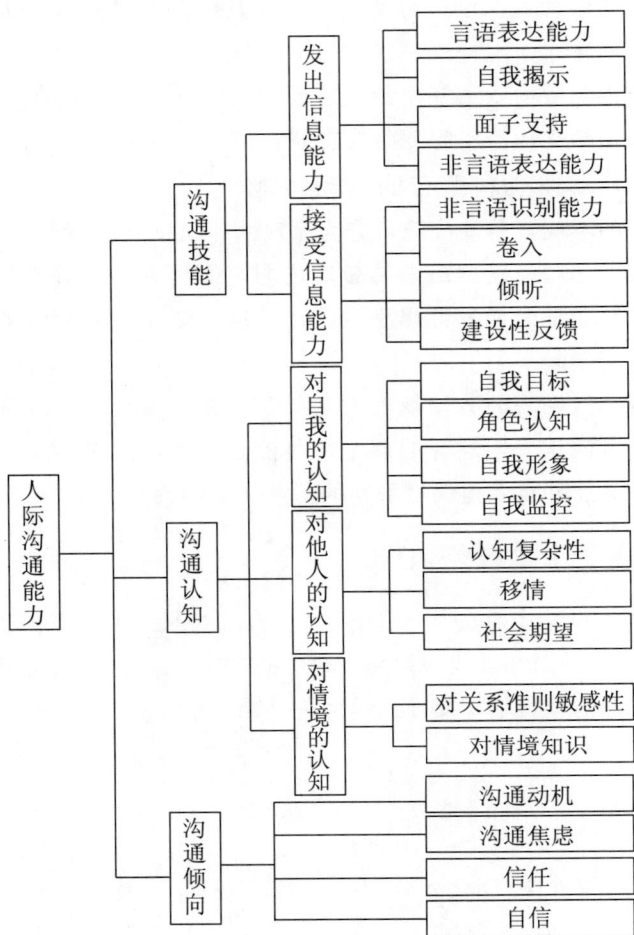

人际沟通能力
- 沟通技能
  - 发出信息能力
    - 言语表达能力
    - 自我揭示
    - 面子支持
    - 非言语表达能力
  - 接受信息能力
    - 非言语识别能力
    - 卷入
    - 倾听
    - 建设性反馈
- 沟通认知
  - 对自我的认知
    - 自我目标
    - 角色认知
    - 自我形象
    - 自我监控
  - 对他人的认知
    - 认知复杂性
    - 移情
    - 社会期望
  - 对情境的认知
    - 对关系准则敏感性
    - 对情境知识
- 沟通倾向
  - 沟通动机
  - 沟通焦虑
  - 信任
  - 自信

图 2-1　人际沟通能力结构图[1]

沟通技能即沟通的行为表现能力，包括发出信息能力和接受信息能力；沟通认知是指准确理解与正确判断自我、他人以及沟通情境的能力，包括对自我的认知、对他人的认知和对情境的认知；沟通倾向是指沟通的偏好行为动力，包括沟通动机、沟通焦虑、信任、自信。

（二）团结协作能力

协作即共同合作，是人的有关品格和素质的体现，是知与行的有机统一整体。大学生团结协作能力是指大学生在与他人合作过程中，形成一种与他人相互理解尊重、

---

[1]　参见张淑华：《企业管理者沟通能力结构与测量研究》，博士学位论文，华东师范大学，2003。

互相帮助配合的协作意向，自觉对人力资源进行优化整合，从而达到团队最大工作效率的能力。培养大学生团结协作能力具有重要的意义。

1. 是国家实施人才强国战略的重要保证

大学生作为中国特色社会主义事业的建设者和接班人，担负着中华民族伟大复兴的历史使命，是推动社会发展的主力军。培养大学生团结协作能力，有助于密切社会各领域的关系，加强国际交流与合作，促进社会经济的高度发展。因此，把大学生培养、塑造成德才兼备的人才，特别是具有团结协作能力的人才，是国家实施人才强国战略的重要保证。

2. 有助于进一步推动高校素质教育的发展

培养知识渊博、品格优良、具有团队精神和协作能力的复合型人才是高校素质拓展计划的重要主题和人才培养的重要模式。通过课程改革、教育实践等环节进一步提升学生的团结协作能力，有助于进一步推动高校素质教育的发展。

3. 有利于促进学生个体全面发展

独木不成林，在现代社会中，一个人离开集体，仅靠个人能力难以成就事业，具有良好的团结协作能力被视为现代人成功的必备条件。大学生团结协作能力的养成是个人健康成长的必然要求和综合素质的重要体现。

（三）创新能力

创新是在生产实践过程中，对原有一些或欠优化或已成熟的工艺、技术、方法的一种效率和效果上的持续改进。例如，对工艺的步骤进行简化或优化，去除工艺中的冗余部分是创新，核心部分的技术效果大幅度提升是创新，提出了可以完全替代原先工艺、技术、方法的全新的内容也是创新。创新能力是个体运用已有的知识和经验，产生某种独特、新颖、有社会价值产品的能力，包括创新意识、创新思维和创新技能三个部分。创新意识是创新的前提，它表现为主动性强，喜欢标新立异，与众不同；善于利用现有的条件和资源，化不利为有利。创新思维是一种独特的、与众不同的、能带来新价值的思维。它表现为思路开阔、思维敏捷、不喜欢盲从，是指导创新行为的指南。创新思维只有变成具体的创新行为才有可能创造出新的价值。创新技能是个体在开展创新活动时所需要的实践技能，是创新能力的直接体现。创新是一个民族进步的灵魂，是国家经济社会竞争的核心。为了培养大学生的创新能力，国务院办公厅于2015年印发的《关于深化高等学校创新创业教育改革的实施意见》指出，坚持创新引领创业，深化高校创新创业教育改革，增强学生的创新创业能力。

大学生是未来支持国家建设的储备人才，因此大学生的创新能力培养对国家发展、社会进步具有深远意义。

1. 是进一步增强就业竞争能力的需要

从大学生自身看，培养大学生的创新能力，是进一步增强就业竞争能力的需要。

大学生通过系统学习，参与创新项目和比赛，有助于提高各方面的技能，克服动手能力低、依赖性强等缺点，还有助于转变思维方式，提升个人修养和能力素质，提升就业竞争能力。

2. 是建设创新型国家的基本需要

从国家方面看，培养大学生的创新能力，是建设创新型国家的基本需要。当前，我国进入了全面建设社会主义现代化国家、向第二个百年奋斗目标进军的新征程，科技的发展离不开创新型人才，所以国家更加重视人才的培养，营造鼓励创新的文化氛围。

3. 是大学生更快融入社会的需要

从社会方面看，培养大学生的创新能力，可以让大学生更快地适应、融入社会。当今社会快速发展，市场对劳动者的综合素质要求也越来越高，培养大学生创新能力，不仅可以向社会输送大批具有创新能力的有志青年，也可以有效推动国家的发展战略。

▶▶ "动"感分享

世界技能大赛（World Skills Competition）是最高层级的世界性职业技能赛事，由世界技能组织举办，每两年举办一次，被誉为"世界技能奥林匹克"，是世界技能组织成员展示和交流职业技能的重要平台，其竞技水平代表了各领域职业技能发展的世界先进水平。

世界技能大赛比赛项目共分为 6 个大类，分别为结构与建筑技术、创意艺术与时尚、信息与通信技术、制造与工程技术、社会与个人服务、运输与物流，共计 46 个竞赛项目。大部分竞赛项目对参赛选手的年龄限制为 22 岁，制造团队挑战赛、机电一体化、信息网络布线和飞机维修四个有工作经验要求的综合性项目，对参赛选手的年龄限制为 25 岁。

2010 年，我国正式加入世界技能组织。2011 年，在第 41 届世界技能大赛上，我国首次参赛即实现了奖牌"零"的突破。

2017 年 10 月 19 日，黄山学院园林专业学生孙伟、汪仕洋在第 44 届世界技能大赛园艺项目比赛中顽强拼搏，奋勇争先，经过 4 天紧张激烈的角逐，在高手如林的 23 支代表队中脱颖而出，勇夺园艺项目铜牌。这是我国第一次参加世界技能大赛园艺项目角逐，孙伟、汪仕洋代表国家首次出征该项目比赛即斩获殊荣，也实现了安徽省参加世界技能大赛以来奖牌"零"的突破。

（四）社会适应能力

社会适应能力是指个人和群体为了在社会更好生存而进行的心理上、生理上以及行为上的各种适应性的改变，以期与社会达到和谐状态的一种能力。提升大学生社会适应能力具有重要意义。

1. 促进大学生尽快完成角色的转变

角色体现个体应对现实生活的必要途径和惯常模式，个体在不同的环境中应当认同相应的角色，表现适当的角色行为。大学生在大学开始生活和学习，在心理上要经历一次变化，以此来适应新的环境和新的生活。在这种变化过程中，大学生先要面对的就是自己角色的转变。积极地适应有助于大学生对自己重新定位，客观、正确地认识和评价自己，改变固有的思想和行为模式，更快、更好地适应大学的生活和学习。

2. 是大学生自我发展的需要

需要在社会学上的意义是指人的一种生存状态，它表现为人对客观事物的渴求，是产生人的行为的原动力。人有各种不同的需求，马斯洛将需求分为五种，按层次逐级递升，分别为：生理上的需求、安全上的需求、情感和归属的需求、尊重的需求、自我实现的需求。提升大学生的社会适应能力有助于实现他们的自我发展。

3. 是培养大学生综合能力素质的重要内容

在当今国际竞争中，一个国家的强弱并不仅仅取决于其经济实力、军事实力、文化实力或某单一的力量，而是取决于其综合国力。综合国力的竞争在一定程度上可以说是高科技领域的竞争，其关键又是国民素质及现代化人才的竞争。大学生作为国家重点培养的人才，发展社会适应能力是他们提升综合能力素质的重要内容。

▸▸ ■ 理论探微

唯物辩证法认为事物的内因是事物自身运动的源泉和动力，是事物发展的根本原因。外因是事物发展、变化的条件。自我调节能力作为连接个体自身与环境的纽带，通过动态调节个体内心与外在环境的平衡关系，促使个体形成健康的心理状态。

第三节　新时代大学生劳动知识更新与劳动技能创新

2020年3月，中共中央、国务院印发的《关于全面加强新时代大中小学劳动教育的意见》指出，高校要重视新知识、新技术、新工艺、新方法应用，创造性地解决实际问题。作为新时代大学生，要结合日常学习和实践，不断更新劳动知识、创新劳动技能。

一、提升劳动自觉意识

劳动自觉主要是指人按照自己的意愿进行改变世界的活动，这种活动区别于动物的自发行为。实现大学生自我劳动教育是劳动教育的重要目的。

（一）树立正确的劳动观

劳动观就是人们对劳动的根本看法和根本观点，是人们在思想上对劳动的认识。劳动观决定了人们对于劳动的价值判断和行为选择。正确的劳动观会对大学生的劳动行为起到正向引导作用，而错误的劳动观则会将大学生引入歧途。大学生要深刻理解、形成马克思主义劳动观，以此树牢劳动最光荣、劳动最崇高、劳动最伟大、劳动最美丽的观念。大学生要以辛勤劳动为荣、以好逸恶劳为耻，激发刻苦钻研精神，为将来走向社会实现自由而全面发展奠定坚实的思想基础。

（二）进行正确的自我认知

所谓自我认知，就是一个人对自己总体状况的审视与反思。正确的自我认知是进行自我教育的前提。大学生需要对自身掌握的劳动知识和劳动技能进行全方位的审视，剖析自己在哪些方面还存在不足，从而加以改善，实现自我进步。

（三）弘扬劳模精神，提升劳动内驱力

2016年4月26日，习近平总书记在同知识分子、劳动模范、青年代表座谈时，认为劳模精神包括爱岗敬业、争创一流，艰苦奋斗、勇于创新，淡泊名利、甘于奉献。劳模精神更多的是对职业的喜爱，是发现的喜悦和劳动的幸福。大学生要大力弘扬劳模精神，热爱劳动、追求知识、努力创造，在创造劳动价值的同时，感受劳动的幸福、劳动的美丽，进而提升劳动的内驱力。

▶▶ 经典悦读

技术工人队伍是支撑中国制造、中国创造的重要力量。职业技能竞赛为广大技能人才提供了展示精湛技能、相互切磋技艺的平台，对壮大技术工人队伍、推动经济社会发展具有积极作用。希望广大参赛选手奋勇拼搏、争创佳绩，展现新时代技能人才的风采。

各级党委和政府要高度重视技能人才工作，大力弘扬劳模精神、劳动精神、工匠精神，激励更多劳动者特别是青年一代走技能成才、技能报国之路，培养更多高技能人才和大国工匠，为全面建设社会主义现代化国家提供有力人才保障。[①]

[①] 参见《习近平致首届全国职业技能大赛的贺信》，http://www.gov.cn/xinwen/2020-12/10/content_5568642.htm，2023-05-17。

二、养成良好的劳动习惯

良好的劳动习惯不仅能提升大学生的道德品质，更有利于全面提升大学生的综合素养，使其受益终身。

(一)养成独立习惯

由于家庭条件的改善，许多大学生在中小学阶段养成了"衣来伸手，饭来张口"的习惯，缺乏自立、自理能力，独立性差。进入大学后，大学生要学会独立，先得学会独立生活，自己学会照顾自己的饮食起居，学会管理自己的"财务"，学会独立思考。大学里的这种"独立"，实际上就是自我管理、自我成长的能力。

(二)戒掉"拖延"，消除"懒惰"

"今日事，今日毕，勿将今事待明日。"及时完成相关劳动任务有助于大学生养成良好的劳动习惯。但由于缺乏对时间的有效管理及劳动意识不强，有的大学生养成了拖延的习惯，对劳动任务一拖再拖，劳动效率不高。大学生要学会合理规划大学生活，消除懒惰心理，及时完成相应的学习和生活任务。

(三)主动完成日常劳动

劳动习惯的形成并非一蹴而就的，而是需要主动完成日常劳动。大学生活是集体生活，大学生要注意个人卫生，经常整理床铺，多做宿舍劳务，并互相监督、互相配合。坚持不懈就能聚沙成塔，形成良好的劳动习惯。

(四)在实践中培育劳动自我效能感

自我效能感是指个人在某种程度上是否能够完成某种特定行为时所具备的判断能力、信念以及自我把握和感觉。大学生要在实践中不断培养劳动自我效能感，通过劳动实践感受劳动的美丽、劳动的崇高、劳动的光荣和劳动的伟大。

1. 在日常劳动实践中感受劳动的美丽

要想实现对劳动的真正热爱，仅仅依靠教师和家长的说教难以实现。对劳动美的不断感受才是热爱劳动的力量之源。劳动的美感是美感的一种，其本质是人对自由的充分把握。无论是劳动还是艺术活动，主体在娴熟的操作过程中都展现了对自由的把握，进而享受到了快感，这种快感就是美感。网络上众多劳动主题作品之所以被广泛地接受和喜欢，是因为人对劳动美的渴望。为此，要增加大学生日常劳动实践的机会，使大学生形成日常劳动知识和劳动技能的有效积累，从而使大学生感受到劳动的美丽，这是他们能够热爱劳动的前提。

2. 在专业劳动实践中感受劳动的伟大

对大学生来说，专业实践能力是其劳动竞争力的核心所在。大学生在学好专业理论知识的同时，通过专业劳动实践活动可以大大增强自身成功劳动的体验，激发其强大的自我效能感。大学生参加各种劳动技能与创新创业大赛等活动，不但能够增强愉快、向上、奋斗的情感体验，引发情感共鸣和价值认同感，还能够提高劳动实践活动中的自我认同感。此外，高校在组织开展各类专业技能大赛时，应对比赛成绩好的学生给予一定的物质与精神奖励，这会在一定程度上进一步激发学生的自我效能感，进而使其在以后的学习、生活中继续提高自身劳动能力。

3. 在志愿服务劳动中感受劳动的崇高与光荣

志愿服务劳动的最大特性在于其无私奉献的性质，而人的崇高感与光荣感恰恰来自这种无私奉献。只有感受到劳动的崇高与光荣才会真正尊重劳动，感受劳动的崇高与光荣是劳动教育的必然内容。高校应拓展志愿服务活动的渠道与方式，为学生提供更多的志愿服务实践机会，让学生在志愿服务实践活动中充分感受劳动的崇高与光荣。

三、促进劳动教育理论与实践的融合

（一）加强大学生劳动教育相关课程的学习

根据中共中央、国务院《关于全面加强新时代大中小学劳动教育的意见》的要求，我国高校要不断明确劳动教育主要依托课程。大学生可借助图书馆、网络、课堂等途径，了解我国优秀的劳动传统文化，丰富劳动知识，深刻理解马克思主义劳动观和社会主义劳动关系，掌握相关法律法规，熟悉劳动关系的政策和运行机制，了解社会保障相关法律法规和政策，不断强化劳动观念，弘扬劳动精神，由衷认可并尊重劳动者，培养社会主义劳动价值观和良好的劳动品质。

（二）融合专业实践，提升专业竞争力

大学生在学好专业理论知识的同时，还要积极开展实习实训，通过具体的专业实践验证理论学习的效果。同时，在专业实践中，大学生在面临新知识、新技术、新工艺、新方法的应用时，应形成终身学习的意识，积累职业经验，提升就业能力。

（三）推进创业实践，提升创新能力

在新时代背景下，劳动就业市场发生重大变革，高校毕业生就业压力增大。大学生要积极推进创业实践，如可依托学校搭建的创业实践平台，获得学校创业项目支持。大学生还要积极参与创新创业大赛，检验自身创造性劳动的成果。在具体的创新创业过程中，大学生要借助已有的创业知识和工作经验，正确认识自我，突破传统思想的桎梏，丰富就业技能，拓宽专业知识，进而达到提高自我创新创业能力的效果。

（四）参与课外劳动实践，拓展劳动技能

大学生要主动参与学校组织的实验室清扫、校园环境保护、图书资料整理等活动，在活动中积累经验，找到不足，深化对自身劳动技能和水平的认识，从而更加有针对性地提高自身的劳动技能和水平。大学生还可以积极参加社区组织的爱心陪护、社区卫生机构诊疗、困难家庭儿童教学辅导等志愿服务活动。通过参与课外劳动实践，大

学生可以提升沟通能力、社会服务能力，拓展生产、生活劳动技能，将已有的劳动观念、劳动意识等与课外实践活动相结合，加强与外界的互动，从而达到构建新的认知结构的目的。

四、进行职业生涯规划，培养关键劳动技能

大学生职业生涯规划是指大学生在对自己进行客观、全面剖析的基础上，结合职业环境因素，对自我进行合理定位，选择实现既定目标的职业，确定职业发展路径，进而采取有效的规划策略的过程。它可以使学生正确认识自我，帮助学生进一步了解社会，增强学生的自信心。

（一）合理定位自我

大学生通过相关职业测评工具，对自己的职业兴趣、性格、职业价值观和能力等进行综合分析和评估。这样可以帮助大学生正确认识自我，对自我进行合理定位，找到职业方向和目标。

（二）确定职业生涯目标

大学生在对自己进行合理定位的基础上，确定职业生涯目标。职业目标的选取并无定式可言，关键是要依据自身实际，适合于自身发展。大学生要随时注意修订职业目标，尽量使自己的职业目标与社会的发展相适应。

（三）制定职业发展路径

职业发展路径是指大学生为实现职业生涯目标而制订的行动计划和采取的措施，主要包括学习、工作等方面具体细致的内容，需要较强的可操作性。大学生可根据个人和社会发展变化，不断对自己的职业生涯规划进行及时评估、总结和调整。

人和社会的发展离不开劳动，大学生的成长离不开劳动教育。劳动教育和大学生职业生涯规划是相辅相成的。大学生职业生涯规划离不开劳动教育，劳动教育可以提升大学生的职业核心素养。

（四）培养关键劳动技能

1. 培养人际沟通能力

第一，丰富人际沟通理论知识，提升心理素质。大学生可通过高校开设的人际沟通课程，掌握人际沟通方法和技巧，对自身有正确的认知和定位，提升心理素质。

第二，积极参加社团活动，优化大学生沟通途径。人际沟通能力的培养离不开具体的实践情境，大学生可借助班级、学校和校外相关实践活动，主动加强与他人的沟通，不断提升自身的谈吐、修养，促进有效沟通。

第三，真诚待人、尊重他人。在人际沟通中，只有敞开心扉，真诚待人，才能获得对方的信任和接纳。尊重他人就是尊重他人的人格，针对具体的事情来沟通，不能攻击对方的人格。

2. 培养团结协作能力

第一，掌握交流与沟通的艺术。作为团队，成员间的有效沟通是保持团队旺盛生命力的必要条件。大学生要充分利用课堂讨论、问题回答、课下交流等环节，敢于沟通、勤于沟通、善于沟通。大学生要秉持对话精神，汇集经验和知识，凝聚团队共识，激发自身和团队的力量。

第二，尊重和包容团队成员。在团队中，每位成员的生活背景不同、观念不同，对同一事物的认知和看法也有差异。大学生要学会平等待人，尊重彼此对团队的贡献。此外，大学生还要学会包容，包容是团队合作中最好的润滑剂，它能消除团队成员的分歧，使团队成员能够互敬互重、彼此包容、和谐相处，从而安心工作，体会到合作的快乐。

第三，培养全局观念。团队精神不反对个性张扬，但个性必须与团队的行动一致。大学生要有整体意识、全局观念，与团队成员互相帮助、互相配合，为团队的目标而共同努力。比如，要建设一个优秀班级，大学生就不能只考虑自己的需要而不关注别人的感受，不能借口自己有事而不参与集体组织的活动，否则班集体将会像一盘散沙，优秀集体难以形成，自己也很难从中受益。

3. 提升创新能力

第一，认真学习专业知识，找到创新的立足点。将专业知识与社会生产密切联系起来，是大学生创新能力培养的重要立足点。无论是现有专业知识对生产的促进，还是专业知识前沿的最新发现的生产化应用，都属于大学生创新能力培养的组成部分。大学生需要努力学习，将专业知识应用于与本专业联系密切的领域，更新现实生产、生活发展技术，并在此基础上结合创新体制和政策方面的现实导向。

第二，不断培养大学生的兴趣爱好，树立创新意识。兴趣爱好是大学生最好的老师，在培养大学生的创新能力过程中，兴趣爱好发挥着关键作用。大学生可积极参与创新创业活动和相关课程学习，找准兴趣点，并在生活中细心观察、勤于思考、大胆质疑，积极寻找解决问题的方法，从而培养创新意识。

第三，积极参与科研活动。大学生应积极参与相关科研活动，体验科研的真实场景，体会科研的艰辛和责任、科学的实验方法、严谨的科研态度。这些既是培养大学生基础创新能力的保障，又可以培养大学生的意志品德，启迪大学生的思维。

4. 培养社会适应能力

第一，加强人格锻炼，以提高人际关系的适应能力。大学生要积极投入学校的各项有益活动中，主动加强人格锻炼，有意识地控制自己的情绪，克服认知上的偏见。大学生还要掌握一些人际交往的技巧，如有效沟通、合理表达情感和取得别人的信任等。

第二，完善自我意识，客观评价自我。大学生要认真分析和评价自我，应正视自己的优点，使自己充满自信，经常保持积极的状态，更应充分了解自己的缺点和不足，使自己远离骄傲，不忘追求和进取。只有对自己有了清楚的认识，大学生才能充分发挥自己的潜能实现理想。

第三，实施挫折教育，提高大学生的心理承受能力。挫折具有两重性：一方面，它可以培养人的坚强意志，引导人总结经验、吸取教训；另一方面，它又可以使人变得消沉，情绪低落。因此，要对大学生实施挫折教育，培养大学生的抗挫折能力，使大学生克服消极情绪，正确地面对人生、社会和工作。

第四，加强社会实践。社会实践是增强大学生社会适应性的重要环节。大学生通过社会实践，走进并深入了解社会，接触更多的信息和内容，自主地、有计划地调节自身行为模式以适应社会规范，提高自己实际的办事能力。

▶▶ 实践任务

1. 近年来，随着我国经济体制改革和政治体制改革的进行，社会生活的各个领域发生了翻天覆地的变化，旧有的一些社会组织、管理体制已经不能适应现代社会的发展了。社区问题正是在这种情况下得到了越来越多的重视。为了更好地了解社区管理的现状，为了使大学生能更好地把所学的知识运用到实践中来，学校特组织学生利用暑期到所在地社区开展管理体验活动。

任务：请依据上述内容进行"社区管理体验活动"的方案设计。

2. 人工智能将渗透到每一个行业、每一个工作，它将颠覆和改变我们的工作与生活。人会疲倦，会出错，人工智能恰好相反，不会生病、出错，长时间工作也不用睡觉，又听话，大大提高了准确率和工作效率。

问题："机器换人"的普及对劳动者就业会产生哪些影响？

3. 雨水，是一年中的第二个节气。雨水节气的含义是降雨开始，降雨以小雨或毛毛细雨为主，适宜的降水对农作物的生长很重要。进入雨水节气，中国北方地区尚未有春天气息，南方大多数地区则春意盎然。节气是中华农耕文化的重要内容。

问题：中华农耕文化融入大学生劳动教育的途径有哪些？

第三章　劳动精神与劳动情怀

第一节　劳动精神

中华民族自古就崇尚劳动。从"晨兴理荒秽，带月荷锄归"的耕作，到"女郎剪下鸳鸯锦，将向中流匹晚霞"的纺织，再到"六月调神曲，正朝汲美泉"的酿造……古往今来，对劳动的赞歌绵延不绝。凭借勤劳的双手，中华儿女"烁金以为刃，凝土以为器，作车以行陆，作舟以行水"，用汗水与智慧书写了灿烂的中华文明。

因为崇尚劳动，我们有着"咱们工人有力量"的豪迈，有着"天不怕地不怕，风雪雷电任随它"的勇气，有着"紧摇桨来掌稳舵，双手赢得丰收年"的底气，有着"人们在明媚的阳光下生活，生活在人们的劳动中变样"的自信。因为崇尚劳动，我们对每位劳动者都充满敬意。当看到耄耋之年的袁隆平又一次走进稻田，查看水稻长势；钟南山挤进火车餐车，奔赴武汉抗疫前线；张定宇拖着正在萎缩的双腿，在病房里奔走；张桂梅伸出贴满膏药的双手，鼓励她的学生……时，谁人不曾感动？

因为热爱劳动，时传祥坚持着"宁愿一人脏，换来万家净"的信念，一直奋斗在劳动的第一线；张秉贵在普普通通的百货柜台边练就了一身绝活，卖货"一抓准"，算账"一口清"；高凤林为了掌握焊接技术，拿着筷子练，端着水杯练，举着铁块练，终于练就了为火箭焊接"心脏"的绝技……他们对工作、对职业的礼敬、坚守，源自对劳动的崇尚与热爱。

一、传统文化与劳动

中华民族在长期发展的过程中，形成了许多优良品质，其中，"勤劳善良、艰苦朴素"作为一种传统文化基因已深深地融入了中华民族的血脉之中，中国历代的学校教育、家训家风、诗词歌赋中都蕴藏了丰富的劳动元素。《三字经》有"稻粱菽，麦黍稷。此六谷，人所食"；《弟子规》有"房室清，墙壁净。几案洁，笔砚正"；《千字文》有"治本于农，务兹稼穑。俶载南亩，我艺黍稷"；《章氏家训》首句便是"传家两字，曰耕与读；兴家两字，曰俭与勤"。与此同时，我国农耕社会沉淀了许多有关生产劳作的古诗词，如"十亩之间兮，桑者闲闲兮，行与子还兮。十亩之外兮，桑者泄泄兮，行与子逝兮""乡村四月闲人少，才了蚕桑又插田"等，生动地再现了我国古代人民的劳动场景。①

马克思主义认为，人的本质是劳动的、实践的，是社会关系的总和。② 人类因为有目的的劳动成就自身，同时因为有价值的劳动改造社会、发展社会。《论语·宪问》有"爱之，能勿劳乎"；《国语》有"夫民劳则思，思则善心生"；《尚书》有"功崇惟志，业广惟勤"；《左传》有"民生在勤，勤则不匮"；《墨子》有"赖其力者生，不赖其力者不生"……中华民族在长期从事生产劳动和社会实践中，创造了无数文化瑰宝。

（一）劳动是孕育中华民族优秀文化的重要源泉

从盘古开天辟地到有巢氏筑室避风雨，从燧人取火别兽群到神农氏教民稼穑，从嫘祖养蚕缫丝到仓颉结绳造字，从大舜历山耕田到大禹黄河治水……无不折射出先辈勤恳劳动的心路历程，成为后人筚路蓝缕、实现梦想的原动力。北宋欧阳修感叹"忧劳可以兴国，逸豫可以亡身"，南宋陆游寄思"吾家世守农桑业，一挂朝衣即力耕""更祝吾儿思早退，雨蓑烟笠事春耕"……无不潜藏着先贤崇尚劳动、热爱劳动的情怀，成为中华民族踔厉奋发、勇毅前行的指引力。从四大发明到飞天揽月，从长城、都江堰、大运河到天眼、葛洲坝、南水北调工程，无不凝结着一代又一代劳动者的汗水、心血和智慧，成为中国人民建设伟大工程、推进伟大事业的驱动力。

（二）劳动是创造今日中国美好生活的制胜法宝

一分耕耘，一分收获。从先秦时期"日出而作，日入而息；凿井而饮，耕田而食"（《击壤歌》）到抗日战争时期自力更生的"南泥湾"；从韩愈的"业精于勤，荒于嬉"（《进学解》）到银河计算机的中国速度……古往今来，无数勤勉拼搏、积极向上、奋发有为的劳动者，用平凡铸就非凡，用实干诠释担当，用奉献演绎情怀，共同创造了今日中国的美好生活，合力谱写了新时代中国特色社会主义伟大事业的伟大篇章！"人世间的美好梦想，只有通过诚实劳动才能实现；发展中的各种难题，只有通过诚实劳动才能

---

① 参见丁梅娟：《中华优秀传统文化与新时代劳动教育有机融合路径探析——基于沈阳市的实践》，载《中国教师》，2022(10)。

② 参见《马克思恩格斯文集》第1卷，501页，北京，人民出版社，2009。

破解；生命里的一切辉煌，只有通过诚实劳动才能铸就。"①

（三）劳动是传承中华民族传统美德的重要途径

《诗经》礼赞劳动人民，"四大发明"凝聚劳动者的智慧。崇尚劳动、热爱劳动、辛勤劳动、诚实劳动已成为中华民族千百年来的传统美德。一首首劳动号子、一个个劳动形象反映着民族传统习惯，凝聚着民族精神，承载着民族的文化血脉，是培育下一代核心素养的优秀载体。现代教育理念让课堂回归生活，在生活中处处有课堂，将传统文化教育和劳动教育紧密结合，让学生在情绪上受到感染，在情感上产生共鸣，在劳动中体验中华文化的博大精深，培育学生文化自信和劳动意识，这是培育年轻一代核心素养的一条有效途径。

习近平总书记在 2013 年同全国劳动模范代表座谈时指出："劳动模范始终是我国工人阶级中一个闪光的群体，享有崇高声誉，备受人民尊敬"，"长期以来，广大劳模以高度的主人翁责任感、卓越的劳动创造、忘我的拼搏奉献，谱写出一曲曲可歌可泣的动人赞歌，为全国各族人民树立了光辉的学习榜样"。②

二、新时代劳动精神的内涵

2018 年"五一"国际劳动节前夕，习近平总书记在给中国劳动关系学院本科班的劳模的回信中指出"劳动最光荣、劳动最崇高、劳动最伟大、劳动最美丽"，并号召"全社会都应该尊敬劳动模范、弘扬劳模精神，让诚实劳动、勤勉工作蔚然成风"。③ 劳动精神是中华优秀传统文化的重要内容，自古以来就流淌在中华民族的血脉之中。

劳动精神指崇尚劳动、热爱劳动、辛勤劳动、诚实劳动的精神，是劳动者在劳动中展现出的精神面貌和精神品质，是每一位劳动者为创造美好生活而在奋斗过程中秉持的基本态度、价值理念。劳动精神是劳动教育的价值取向和价值目标，是理论与实践的统一体，也是实现中华民族伟大复兴的不竭动力。其中，"崇尚劳动"指树立正确的劳动价值观，是对劳动的价值认同；"热爱劳动"指培养正确的劳动态度，促进劳动者自觉劳动、积极劳动、主动劳动，是对劳动的情感认同；"辛勤劳动"指对劳动过程及其强度的充分肯定，是对劳动的实践认同；"诚实劳动"指对劳动者品德的客观规定，是对劳动的道德认同。

劳动精神是国家繁荣、民族强盛、人民幸福的强大精神动力，具有深厚的历史积淀和丰富的思想内涵。党的十九大报告指出，中国特色社会主义进入新时代，社会发展的主要矛盾已经转化为人民日益增长的美好生活需要和不平衡不充分的发展之间的矛盾。中国特色社会主义新时代赋予教育新使命，"劳动教育"与其他"四育"并列，并

---

① 习近平：《在同全国劳动模范代表座谈时的讲话》，载《人民日报》，2013-04-29。
② 习近平：《在同全国劳动模范代表座谈时的讲话》，载《人民日报》，2013-04-29。
③ 习近平：《给中国劳动关系学院劳模本科班学员的回信》，载《人民日报》，2018-05-01。

统一组成全面发展教育的高水平人才培养体系。新时代教育的新使命，赋予劳动教育新的时代内涵和性质。劳动精神在新时代具有诚实守信、艰苦奋斗的鲜明特色。新时代劳动精神要求我们在劳动过程中恪尽职守、遵规守纪，内诚于心、外信于人，言行一致、诚实守信，达到内在道德修养与外在行为准则的统一。新时代劳动精神要求我们在思想上增强不怕困难的意识，坚定克服困难的信心；在意志上保持昂扬的朝气、奋进的锐气；在行动上不怕苦、不怕累。

新时代赋予劳动精神更深刻的内涵。从中华人民共和国成立初期的手提肩扛，到改革开放时期的电气革命；从永不褪色的"铁人精神"，到赶超一流的"载人航天精神"；从都市快递员的忙碌身影，到互联网时代的创新创业……正是因为劳动精神，我们拥有了历史的辉煌；正是因为劳动精神，我们拥有了科技的进步和今天的成就。无论是回望历史，还是展望未来，劳动精神始终是中华民族自强不息、顽强奋进的强大精神动力。

三、新时代劳动精神的实质

教育源自生产劳动经验传递的需要，教育与生产劳动的结合是一种培养全面发展的人的方式，生产劳动不再是奴役人的手段，而成为解放人的手段。劳动是人的本质属性，劳动教育是基于人、培养人、发展人的教育，最终实现人的全面发展。因此，"劳动精神在根本意蕴上是属人的精神，即基于劳动幸福的基本原理去创造人类社会的美好生活，使人自身成为更像人的存在……'劳动创造人'的真正道理就是人要自己通过劳动去获得'属人属性'，从而造就自己成为人"[①]。新时代，我国产业结构的不断升级、物质财富的日益丰富正在改变人们的劳动观念，劳动教育的价值取向也随时代的变迁而不断发展。[②] 事实上，新时代的劳动教育意在弘扬劳动精神，引导学生崇尚劳动、尊重劳动，懂得劳动最光荣、劳动最崇高、劳动最伟大、劳动最美丽的时代意蕴。

（一）劳动最光荣

劳动是推动人类社会进步的根本力量，营造劳动光荣的社会风尚，其核心就是让全体人民崇尚劳动、热爱劳动、辛勤劳动、诚实劳动。"劳动最光荣"承载着中华优秀传统文化中的奋斗思想，对人民幸福、民族复兴及世界发展都具有时代价值。习近平总书记指出："实现我们的奋斗目标，开创我们的美好未来，必须紧紧依靠人民、始终为了人民，必须依靠辛勤劳动、诚实劳动、创造性劳动。"[③]劳动者的光荣，首先体现在

---

① 何云峰：《劳动教育的本质是以劳动幸福为价值导向的"学以成人"教育——代〈劳动哲学研究〉第四辑前言》，载《劳动哲学研究》，2021(1)。

② 参见王连照：《论劳动教育的特征与实施》，载《中国教育学刊》，2016(7)。

③ 习近平：《在同全国劳动模范代表座谈时的讲话》，载《人民日报》，2013-04-29。

劳动者创造的价值上。新时代呼唤敢为人先、开拓进取的劳动精神，推动我国实现科技自立自强，解决"卡脖子"的技术难题；呼唤刻苦钻研、精益求精的劳动精神，以知识和技能作为核心驱动力，推动我国实现高质量发展。中国人民有着朴素的劳动观、幸福观与奋斗观，无论是在艰难的岁月中，还是在繁荣富足的新时代，中国人民始终通过辛勤劳动、诚实劳动，创造着生活财富，推动着国家向前发展，用丰硕的实践成果证明了劳动是一种至高的荣誉，更是一个人实现自我价值的重要途径。在新时代倡导"劳动最光荣"，有利于培育出知识型、技能型、创新型的新时代劳动者，以推动中华民族继续走向光明美好的未来。

（二）劳动最崇高

劳动是财富的源泉，也是幸福的源泉。劳动不仅创造了人和人类社会，而且是人类社会赖以存在和发展的基础。这既是劳动的本质属性，也是劳动价值的体现。劳动者的崇高，一方面体现在劳动者创造的成就上。劳动者通过劳动创造满足人类社会发展所需要的各种产品，从中体会成功和梦想的力量，获得满足感、成就感和尊严感。另一方面体现在劳动者的精神境界上。"伟大出自平凡，英雄来自人民。"越是艰难困苦，越是在危难关头，就越要大力弘扬劳动精神，涵养劳动情怀，在全社会营造劳动崇高的氛围，激发各行各业、各条战线上的劳动者建功立业的壮志豪情，激励他们克服艰难险阻，在平凡的岗位上续写不平凡的故事。例如，在抗疫期间，从冲锋陷阵、不顾安危的医务人员，到尽职尽责、连续作战的社区工作者，再到昼夜不停、奔走不息的快递员，无数平凡的英雄涌现出来，展现了广大劳动者胸怀全局、爱岗敬业、艰苦奋斗、无私奉献的精神。

（三）劳动最伟大

人的进化是劳动工具和劳动方式的进化，人类及其人类文明的一切成就都源自劳动创造。习近平总书记指出："劳动是人类的本质活动，劳动光荣、创造伟大是对人类文明进步规律的重要诠释。"[1]劳动者的伟大之处就在于劳动创造的伟力，劳动不仅创造历史，而且开创未来，可以说劳动是推动人类社会进步的根本力量。这既是对劳动本身的肯定，也是对劳动精神的超越。

新时代的中国，劳动的内涵不断丰富，劳动者的主动性、创造性愈加彰显，知识型、技能型、创新型劳动者成为新时代的要求。这就需要广大劳动者以自我革新的勇气和胸怀，不断努力学习新理论、新知识，打破惯有的思维模式、劳动习惯，运用新技术、新理念改造劳动工具、劳动方法，提升劳动效率，升华劳动价值。"要在全社会营造尊重劳动、尊重知识、尊重人才、尊重创造的环境，形成崇尚科学的风尚，让更

---

① 习近平：《在庆祝"五一"国际劳动节暨表彰全国劳动模范和先进工作者大会上的讲话》，载《人民日报》，2015-04-29。

多的青少年心怀科学梦想、树立创新志向。"①

（四）劳动最美丽

"劳动创造了人，劳动创造了美"是马克思《1844年经济学哲学手稿》中最具有生命力的命题之一。所谓"劳动最美丽"，在本质上是劳动者基于劳动实践而实现的美的创造，并通过各种美的劳动形式，彰显劳动者的本质力量和劳动美的价值。"劳动最美丽"以辛勤劳动、诚实劳动、创造性劳动为基础，是劳动者在劳动实践中实现美的创造。首先，劳动者的美丽在于他们的内心世界，劳动者在劳动实践中，形成了劳动自觉性、自主性、和谐性和生成性等积极的内在愉悦体验。

其次，劳动者的美丽在于他们创造了一个美丽的世界。马克思认为，"动物只是按照它所属的那个种的尺度和需要来构造"，而人的劳动却是主动的、自觉的，"人懂得按照任何一个种的尺度来进行生产，并且懂得处处都把内在的尺度运用于对象；因此，人也按照美的规律来构造"。② 在新时代里，"天舟"与"天宫"握手太空，辽宁号与山东号会师东海，和谐号与复兴号驰骋南北……这些伟大时刻和美好场景无不始于广大劳动者的创造性劳动。正是每一个平凡劳动者的辛勤付出，造就了日益美丽的中国。

劳动精神是所有劳动者的共性，是一名合格的劳动者应该有的精神，是培育劳模精神和工匠精神的深厚土壤。新时代要大力弘扬劳动精神，建设知识型、技能型、创新型劳动者大军。在个人层面上，"要在全社会大力弘扬劳动精神，提倡通过诚实劳动来实现人生的梦想、改变自己的命运"③；在集体层面上，"让全体人民进一步焕发劳动热情、释放创造潜能，通过劳动创造更加美好的生活"④；在国家层面上，"劳动创造了中华民族，造就了中华民族的辉煌历史，也必将创造出中华民族的光明未来"⑤。

▶▶ "动"感分享

光荣的劳动 崇高的荣誉

时传祥，一名普通的淘粪工人，从事城市清洁工作，1959年被选为全国劳动模范。1959年10月26日，中华人民共和国成立十周年之际，全国"群英会"在人民大会堂顺利召开，时传祥作为劳动模范受邀出席，而且被评为主席团成员。

---

① 习近平：《在中国科学院第二十次院士大会、中国工程院第十五次院士大会、中国科协第十次全国代表大会上的讲话》，载《人民日报》，2021-05-29。
② 马克思：《1844年经济学哲学手稿》，58页，北京，人民出版社，2000。
③ 习近平：《在知识分子、劳动模范、青年代表座谈会上的讲话》，载《人民日报》，2016-04-30。
④ 习近平：《在同全国劳动模范代表座谈时的讲话》，载《人民日报》，2013-04-29。
⑤ 习近平：《在同全国劳动模范代表座谈时的讲话》，载《人民日报》，2013-04-29。

从此，时传祥更加努力，更加热爱本职工作。时传祥一直坚持"宁愿一人脏，换来万家净"的原则，在他心中劳动是光荣的，为人民劳动更是自己的荣幸。在时传祥的影响与教导之下，他们一家人都在清洁行业就就业业，为城市清洁做出了不少贡献。

时传祥的劳动精神鼓舞和感动着一代又一代的人，在 2009 年评选的"100 位为新中国成立作出突出贡献的英雄模范人物和 100 位新中国成立以来感动中国人物"中时传祥光荣上榜。

时传祥，在他的一生中，一直奋斗在劳动的第一线，与脏臭的粪便打交道的他，却开出了最美丽的花朵。

第二节　劳动情怀

一、劳动态度

情怀充满了情绪与情感。劳动情怀是劳动者在劳动活动中所表现的一种态度，是劳动者始终持有劳动情绪与情感的心境状态。态度影响人的行为，行为可以在一定程度上反映一个人的态度。劳动态度是与劳动行为相辅相成的，作为社会主义建设者与接班人，大学生要形成积极的劳动态度。

（一）劳动态度的内涵

人的行为往往是其态度的表达。劳动态度是指劳动者在劳动过程中基于自身的劳动需要、劳动情感而产生的对具体劳动对象或劳动过程的评价及行为倾向。

（二）劳动态度的特征

1. 社会性

人是社会中的人，人劳动的过程，具有社会性表现。人的劳动态度反映了对劳动过程中的环境、劳动对象等的一种评价，是人在劳动过程中不断形成的，对身边的人或群体会产生各方面的影响。

2. 对象性

劳动态度具有对象性，劳动态度在一定程度上也反映出劳动者与劳动对象的关系。实际劳动中的对象非常丰富，不同领域有不同的劳动对象，如生活劳动中的洗衣、做饭和生产劳动中的车床操作等。

3. 动力性

人的态度对行为具有推动性。劳动态度可以激发个体去进行劳动，在劳动过程中，也具有维持与协调个体劳动行为的特点。具有积极劳动态度的个体，就会自觉地去进行生活起居性劳动，在其他劳动过程中，也会表现出较高的积极性，反之亦然。

4. 稳定性

劳动态度与劳动者所处的环境呈正相关。什么样的劳动环境一般使劳动者形成什么样的劳动态度，且比较稳定。比如，社会对劳动的价值评价、父母的劳动观念、学校的育人理念等诸多因素对劳动者的劳动态度都具有重要影响。由于劳动态度是后天形成的，因此如果环境改变，个人的劳动认知、习惯以及劳动需要与之前不一致，劳动态度也可能随之发生变化。

（三）劳动态度的转变

如前所述，劳动态度具有相对的稳定性，但个体的劳动态度也随着环境等因素的变化而发生变化。分析劳动态度的转变规律，并促进良好劳动态度形成，有利于提升劳动效率与劳动质量。

劳动态度的转变一般经历服从、同化与内化三个阶段。在服从阶段，个体在生活处境中会迫于环境压力而使劳动行为发生变化，如在家长或学校的要求下，学生尽管有一些劳动行为的变化，但劳动态度可能没有发生实质性的转变。但如果个体认同他人的劳动观念、劳动行为规范等方面，从而改变自己的劳动行为，如有的学生认同父母艰辛的劳动，会珍惜父母劳动的成果，也会形成较好的劳动习惯，这是劳动态度转变的同化阶段。个体如果完成了前面两个阶段的劳动行为转变，那么对劳动的认识也在发生实质性转变，这是劳动态度转变的内化阶段。

（四）促进大学生劳动态度转变的方法

1. 积极参与劳动实践

家庭、学校、社会应积极引导大学生参与不同性质的劳动服务，如志愿性活动、专业实习等，尤其应注意培养大学生主动性的劳动意识。主动参与劳动实践更容易促进大学生的兴趣调整与劳动态度转变。

2. 加强理论教育

除了提升大学生的劳动实践能力外，加强劳动教育的理论学习也非常重要，高校可利用课堂教学、校园网、校报、宣传栏等加强理论教育。加强大学生的劳动教育理论学习，要使大学生对劳动教育知识的掌握更加体系化、专业化，改变"有劳无教"的现象；还要了解大学生的劳动态度，具有针对性地转变大学生原有不恰当的劳动态度。

3. 发挥榜样示范作用

在劳动过程中，成员间的影响、团体规范的制定等因素均会对个人发展产生影响。在劳动教育过程中，要大力弘扬"劳模精神""工匠精神"，发挥榜样示范作用；还要制定室规、班规、校规等团体规范来加强对大学生劳动言行的约束。因此，要加大大学生身边的劳动模范、劳动事迹的宣传力度，从而促使大学生的劳动态度发生实质性转变。

二、劳动情感

新时代的大学生对于劳动要有劳动情感，在劳动中只有融入情感，才能领悟劳动的真谛，促进人格的发展。

(一)劳动情感的概念

情感亦称感受，一般指对情绪过程的主观体验和感受。[①] 劳动情感是个体在劳动过程中所产生情绪的一种心理体验和感受，是劳动个体与劳动对象之间的主观体验。一般劳动情感有乐于劳动与厌恶劳动两种不同的态度体验。劳动情感对劳动个体的行为有指引与调控意义。

(二)劳动情感的特征

1. 稳定性

劳动情感具有相对稳定性。热爱家庭劳动的人，在社会生活的其他场景中也更可能表现出热爱劳动的品质。劳动情感是个体对劳动过程中的情境、劳动对象所持有的一种态度体验，具有时间上和空间上的持续性及稳定性，不会轻易随着情境的变化而变化。劳动情感虽然具有稳定性的特点，但它仍然具有一定的可变性。有些人不喜欢拖地、洗衣服之类的劳动，但是一旦劳动过程带给他们一定的满足感与成就感，他们的劳动情感也会相应发生变化。

2. 指向性

根据人在劳动过程中的劳动情感性质，人的劳动情感可以分为积极状态下的劳动情感与消极状态下的劳动情感。劳动情感反映了特定的外在客观事物与个体内在心理需求之间的特殊劳动关系，所以劳动情感是相对于特定对象而言的，具有指向性特点。有些个体虽然看似热爱劳动，但他们热爱的仅仅是能够产生某种具体价值的劳动，却非常排斥生活劳动或服务性劳动。这类群体的劳动情感就具有明确的劳动指向性特点。

3. 复杂性

劳动情感非常复杂，既有人本身的情感复杂性，又有劳动过程的复杂性，导致了劳动行为与劳动情感之间有时存在不一致的现象。劳动情感对劳动行为的影响会受到人的个性、认知方式、需要与动机等多种因素的影响。例如，一名下属为了得到领导的赏识，每天积极地帮领导擦桌子、拖地，并自称"不劳动就浑身难受"。在该案例中，该下属虽然劳动行为非常积极，但劳动情感是否积极正向就难以知晓了。可见，劳动的动机、目的性也影响劳动情感的发展。

4. 动力性

劳动情感具有激发和维持劳动行为的动力特点。内驱力更强的劳动情感可以激发

---

① 参见黄希庭主编：《简明心理学辞典》，285 页，合肥，安徽人民出版社，2004。

并维持个体的劳动行为，相反，内驱力比较弱的劳动情感对个体的劳动行为不仅不具备积极的效应，甚至会产生阻碍作用。当个体认识到劳动在创造美好生活中的意义时，他更容易形成积极、正向的劳动情感，激励他积极参加各类劳动。

（三）劳动情感的功能

1. 动力功能

劳动情感对劳动个体具有动力性。劳动情感对个体的劳动行为有增强与减弱的作用，极大影响了个体参与各类劳动的积极性。一个对劳动持有积极情感的人，其劳动行为的发生也就更容易，劳动行为的稳定性也更强，在劳动过程中也会表现出更高的意志水平，此时，劳动情感增强，劳动行为也具有更强的动力性；反之，劳动的动力会减弱。

2. 调节功能

心理学研究表明，情感对人的认知和行为具有调节功能。劳动情感的强度、丰富性会对个体的劳动观念产生影响。积极的劳动情感促进个体对外界信息的感知与接受，如对劳动情境的分析与记忆等，同时有助于提高个体在劳动过程中解决问题的效率，如劳动方法的创新、劳动工具的改造等。劳动情感的调节功能还表现在它会影响个体劳动能力的发挥，一个具备高超劳动技能的人，一旦持有消极的劳动情感，依然会表现出劳动效率低下、劳动态度不端正的问题。

3. 信号功能

人的劳动过程也是情感与信息的交流过程，个体在劳动过程中会通过语言、表情、动作等方式将自己内心的需求、态度等信息传递出来。劳动情感的信号功能不仅有助于劳动个体更准确地表达自己的内在心理状态，而且有助于他们在劳动过程中准确理解他人的情感，促进劳动者之间的情感交流。比如，志愿者参加指挥交通的公益劳动，当他在工作过程中面带微笑、耐心帮助有需要的人时，他的一言一行就传递出一种积极的劳动情感。

4. 迁移功能

劳动情感也具有迁移功能，就是将某次劳动过程中产生的劳动情感迁移到下次的劳动行为中。例如，在抗疫期间，我国新闻媒体报道宣传的逆行者事迹，极大地激发了人们对他们的尊敬与崇拜之情。因此，在2020年高考填报志愿时，很多学生选择了与医学相关的专业。学生如此选择，就是将对医务工作者产生的情感迁移到了他们所从事的专业与行业上。

（四）劳动情感的影响因素

劳动情感受到多种因素的影响，主要包括劳动活动、社会环境和个体因素。

1. 劳动活动因素

（1）劳动条件

劳动条件对劳动情感的作用是极其复杂的，劳动条件并不直接作用于个体的劳动情感，需要借助个体的认识系统来发挥作用。比如，在劳动教育开展过程中，同样是参加劳动实践活动，在相同的劳动条件下，有些大学生表现得比较积极，对劳动有一定的兴趣；有些大学生则表现出懒散与厌烦的状态，对劳动有消极的情感表现。影响劳动情感形成的劳动条件主要包括自然劳动环境、劳动工具以及劳动方法等。

（2）劳动群体特点

劳动群体包括正式群体与非正式群体两种。霍桑实验很好地揭示了劳动群体的特点对劳动者的劳动行为的影响，尤其强调了组织中非正式群体在劳动过程中的作用，往往比正式群体的作用大得多。当前，大学生群体中的劳动群体包括公益组织、宿舍、班级、社团以及因为某个临时性劳动实践而组成的劳动群体等。但无论是出于哪种目的所构建的劳动群体，劳动群体的内聚力、劳动群体内成员的信息沟通、劳动群体对成员的认可与激励等因素都会影响劳动者的劳动情感。

2. 社会环境因素

（1）人才评价标准

我国的劳动教育已经发展成为一个独立的教育体系，这一变化带动了社会人才评价标准的改革。然而，很多人在求学及工作的过程中只注重提升自身的脑力劳动，却忽略了体力劳动。因此，社会的人才评价标准应当打破"唯分数论"的局限性。社会主义现代化建设所需要的是具备正确的劳动价值观、良好的劳动品质和熟练的劳动技能的新时代劳动者。人才评价标准的改革会提升整个社会对劳动教育的重视，有利于培养不同社会群体积极的劳动情感。

（2）家庭教育环境

有些人在工作与生活中缺乏基本的劳动技能，在情感上表现出对劳动的厌恶，这与其幼年时期的家庭教育环境存在一定联系。有些家长为了追求孩子学业上的发展，没有给孩子提供参与劳动的机会。这有可能导致孩子形成扭曲的劳动价值观，缺乏劳动情怀，成为一个不会劳动、不爱劳动、不愿劳动的人。在家庭环境中，家长的劳动情感的发展特点、教育理念、教育方式都是影响孩子劳动情感形成的重要因素。

（3）学校育人氛围

无论哪个学段的学校，都要营造一种崇劳、爱劳、敬劳的氛围：一方面要通过相关的制度与政策激励学生积极参加各类劳动实践；另一方面要加大对劳模事迹、工匠精神的宣传，以帮助学生形成正确的劳动认知。学校教育中的劳动教育不仅是精神上的洗礼，还要强调出力流汗，使学生切身感受到劳动带给自己的变化，促进学生形成积极的劳动情感。

3. 个体因素

（1）劳动者的气质与性格

气质与性格揭示了个体个性特征的两个方面：气质反映了一个人心理活动的动力

特征，无所谓好坏，受先天因素影响较大；而性格反映了个体对现实的稳定态度以及与之相适应的行为方式，具有社会评价性，受后天环境影响较大。希波克拉底将人的气质分为胆汁质、多血质、黏液质和抑郁质。不同气质类型的个体会对同一种劳动表现出不同的劳动情感。例如，对于整理内务这样的劳动，黏液质与抑郁质的个体更容易形成积极的劳动情感。不同性格的个体在劳动过程中所表现出的抗压能力、情绪调节能力、自我评价倾向也不同，一个自我评价较高的学生更容易形成积极的劳动情感。

（2）劳动者的劳动动机

劳动行为都是在特定劳动动机的驱使下产生的。劳动动机不仅会影响个体的劳动行为，还会对其劳动情感的形成和发展产生重要影响。根据激发个体劳动行为的诱因是内在诱因还是外在诱因，可以将劳动动机分为内在动机与外在动机。若个体发起劳动行为仅仅是为了获得他人的良好评价或者获得个人利益，那么由此引发的劳动情感就具有短暂性、不稳定性的特点；相反，若个体的劳动动机是促进自我成长与完善内在需求，那么其引发的劳动情感就会表现出稳定、持久的特点。

（3）劳动者的人口学特征

劳动者的年龄、性别、受教育程度等因素也会影响劳动情感的形成。不同年龄段的个体对各类劳动实践认知与评价不同，其劳动情感的发展会呈现出不同的特点。在人的成长过程中，社会赋予男性、女性不同的角色期待，在社会分工上也存在一定的性别差异，如大学生的专业选择、择业倾向都会在一定程度上受到自身性别角色的影响。

（五）大学生劳动情感的培养

1. 加强对大学生劳动情感的教育

（1）加强对大学生劳动认知的教育

劳动认知是大学生劳动情感形成的基础，大学生的劳动情感与其劳动价值观存在紧密联系。要培养大学生的劳动情感，就必须加强对大学生的劳动认知教育。通过劳动认知教育，大学生不仅能准确理解劳动本身存在的价值和意义、劳动在促进个人全面发展中的作用，还能正确评价不同类型劳动的性质、特点，避免劳动教育中"有劳无教"现象的发生。劳动认知教育需要贯穿大学教育的始终，并有效融入专业教育与思政教育中。

（2）加强对大学生劳动情感的管理

基于管理学"情感人假设"的理论，大学生作为一个"人"，其情感是可以进行管理的。劳动情感的管理并不是教育者将自身的劳动情感强加于大学生，而是教育者要能够准确识别大学生的劳动情感，并在识别的基础上给予理解与接纳，帮助大学生在已有劳动认知的基础上产生新的劳动情感或者升华已经形成的劳动情感。在情感管理过程中，教育者要相信大学生是具备情感智力的个体，努力激发他们内在的情感需要和情感动机，促进他们劳动情感的自我发展。

（3）构建完善的大学生劳动情感支持体系

从学校层面看，要创新大学生劳动情感教育的管理模式及管理制度，改革大学生劳动素养发展水平的评价体系。从社会层面看，要营造积极向上的社会舆论氛围，人才评价标准在重视脑力劳动经历的同时，也要注重体力劳动经历。学校与社会在构建良好劳动文化的同时，还要为大学生培养劳动情感创造机会与途径，如制度保障、劳动教育基地的建设、常态化的劳动技能培训等。

2. 大学生劳动情感的自我培养

（1）建立正确的劳动认知

大学生劳动情感的培养，首先来自大学生对劳动的正确理解和深刻认识。大学生要抓住各种机会参与劳动实践，深刻理解各种不同劳动的价值，体悟劳动过程的艰辛，发现劳动的乐趣，积累劳动经验，形成正确的劳动评价，接纳与认同不同的劳动内容、劳动形式。同时，大学生要在参与劳动实践的过程中不断评价劳动与自身发展的关系，逐渐发展与丰富自身的劳动情感。大学生的劳动认知还应包括对自身劳动行为的评价，如对劳动技能的熟练程度、劳动成果的评价等。合理的评价能有效提升大学生在劳动过程中的自我效能感，从而促进劳动情感的培养。

（2）积极参加劳动能力的培训

要想成为一位优秀的劳动者，大学生必须具备丰富的劳动知识与扎实的劳动技能。大学生的劳动情感与劳动能力相互联系、相互影响。积极的劳动情感有助于劳动能力的提升，高水平的劳动能力能有效促进积极劳动情感的培养。出色的劳动能力能让大学生获得良好的社会评价，这些因劳动而带来的积极情感体验是培养大学生劳动情感的重要前提。大学生对劳动能力的自我培养主要是参加劳动能力的培训。

（3）注重对情感智力的自我培育

情感智力是大学生劳动情感的重要组成部分，大学生情感智力自我培育的方式主要包括以下几点。首先，大学生要注重提升自身的情感识别能力，能够准确认识、评价自身劳动情感的发展状态；其次，大学生要增强自我调控能力，如劳动情感的调节能力、表达能力以及耐挫能力等；最后，大学生要有意识地培养高尚的劳动品质，如诚信、有责任感、创新等。

三、劳动情绪

劳动情绪受到劳动态度、劳动情感的影响，但同时又具有与劳动态度、劳动情感的不一致性。劳动情绪是个体在具体的劳动情境中产生的情绪状态，具有明显的情境性、暂时性与外显性。对劳动情绪进行适当调节，不仅有利于促使个体在劳动过程中产生积极的主观体验，还可以很好地缓解劳动疲劳。

（一）劳动情绪概述

人在劳动过程中会产生各种各样的情绪，如时而开心、时而焦虑、时而急躁、时而冷静等。情绪也是人对客观事物所产生的态度体验，但与情感不同的是，情绪更多地反映了客观事物与人生理性需要之间的关系。根据心理学关于情绪的定义，劳动情绪可以理解为个体在具体的劳动情境中所产生的心理体验，反映了个体的内在劳动需要是否获得了满足。

劳动情绪由情绪体验、情绪表现、情绪生理唤醒以及对情绪刺激的认知四个部分构成。情绪体验是指个体在不同情绪状态下的主观感受；情绪表现是指表情，包括个体在劳动过程中所表现出来的面部表情、体态表情、言语表情；情绪生理唤醒指的是不同情绪状态所引发的个体生理反应的变化，如血压升高、呼吸加快、手心出汗等；对情绪刺激的认知指的是个体会根据已有知识经验来理解劳动情境中的刺激，不同的认知方式会引发不同的情绪状态。

（二）劳动情绪的特征

1. 丰富性

当个体处于不同的身心发展阶段时，其生理特征和心理特征都会表现出明显的阶段性特点。在劳动过程中，即使对于同一种劳动，人们也会因为劳动情境的不同、劳动群体的不同、生理状态的差异等而产生不同的情绪体验。劳动情绪表现出丰富又复杂的特点。

2. 不稳定性

相对于劳动情感稳定、持久的特点，劳动情绪具有明显的不稳定性、暂时性的特点。无论是在劳动准备阶段还是在劳动实践过程中，个体的劳动情绪都会受到自身个性因素、突发事件、管理者的组织方式、群体劳动氛围等的影响，具有明显的情境性。

3. 激情性

劳动情绪具有冲动性与激情性的特点。人们在接受劳动认知教育的过程中，如学习劳模事迹时，很容易受到情境与气氛的感染而产生兴奋、激动的情绪，甚至发起具体的劳动行为。劳动情绪的激情性对个体的劳动行为既可能产生积极作用，也可能产生消极作用，所以劳动者要学会管理劳动情绪，尽可能避免劳动情绪的激情性带来的消极影响。

4. 外显性

与劳动情感的内隐性不同，劳动情绪具有明显的外显性特点，因此可以通过表情、动作、言语等轻易地观察出个体在劳动时的情绪状态。个体可能会因为劳动过程中成功克服某个困难而手舞足蹈，也可能会因为劳动过程中遇到挫折而垂头丧气。需要注意的是，个体的表情与劳动情绪存在不一致性。随着年龄的增长以及心理成熟度的提升，人们学会了隐藏部分情绪，使得外界很难通过表情的变化来判断其情绪状态的变化。

（三）劳动情绪与劳动效率

一般认为，个体只有保持适当的劳动情绪才能顺利完成劳动。从劳动难度来看，劳动越简单，劳动情绪对劳动效率的影响就越小，反之，则越大。在相同难度的劳动中，过大或过小的劳动情绪强度均会对劳动效率产生消极影响，只有适当或中等强度的劳动情绪才会对劳动效率有积极的影响。

（四）劳动情绪的调适

1. 疲劳及其调适

疲劳亦称疲倦、疲乏，是由过度刺激或长期劳累而引起的身体或精神的虚弱或损伤。疲劳也是人的一种自我防御机制，是身心状况的一种预警信号。在劳动过程中，疲劳可以理解为个体在持久劳动、过度劳动或从事单调枯燥的劳动时，出现生理、心理变化，导致劳动效率降低的一种现象。一般我们可以从生理唤醒水平、心理状态、劳动效率三个指标来理解劳动者的疲劳状态。

导致劳动者疲劳的原因有多种，如劳动环境比较恶劣、劳动情绪消极、劳动技能不够娴熟、睡眠与休息不足以及年龄较大等。进行疲劳调适的主要方法有：第一，改善劳动环境，涉及物理环境与心理环境；第二，提升劳动者的劳动技能水平，做好相关劳动技能培训工作；第三，合理安排劳动作息时间，保障劳动者能休息好，劳逸结合。

2. 压力管理

压力是作用于物体的力，在此主要指物理的力作用于皮肤时所体验到的感觉，也是个体在面对难以适应的外界环境时产生的心理体验。在劳动过程中，一定程度的劳动压力会提高劳动效率，但超过劳动者承受能力的劳动压力，会降低劳动效率。

大学生的劳动压力主要与内、外两个方面的因素有关：一是内部因素，包括劳动态度、劳动情感、劳动技能与经验、劳动期望等；二是外部因素，包括劳动条件、劳动的复杂性、劳动示范等方面。因此，大学生的劳动压力管理主要注意以下几个方面：第一，大学生自身要转变劳动观念，掌握必要的劳动技能，学会一些日常减压方法；第二，学校要考虑大学生年龄与经验的实际情况，形成合理的劳动教育体系，改善劳动环境，建立适宜的劳动教育实践基地；第三，在劳动具体实施中，学校要注意提前做好培训工作，劳动指导教师要提前做好安排，注意劳逸结合，注重作息时间、劳动任务及大学生劳动过程中的情绪状态。

第三节　大学生劳动精神培育与劳动情怀涵养

中共中央、国务院《关于全面加强新时代大中小学劳动教育的意见》指出，"劳动教育是中国特色社会主义教育制度的重要内容，直接决定社会主义建设者和接班人的劳动精神面貌、劳动价值取向和劳动技能水平"，"通过劳动教育，使学生能够理解和形成马克思主义劳动观，牢固树立劳动最光荣、劳动最崇高、劳动最伟大、劳动最美丽的观念；体会劳动创造美好生活，体认劳动不分贵贱，热爱劳动，尊重普通劳动者，培养勤俭、奋斗、创新、奉献的劳动精神；具备满足生存发展需要的基本劳动能力，形成良好劳动习惯"。

教育部《大中小学劳动教育指导纲要（试行）》进一步指出："劳动教育是发挥劳动的育人功能，对学生进行热爱劳动、热爱劳动人民的教育活动。"劳动教育的目的在于全面提高学生的劳动素养，使之领会"幸福是奋斗出来的"的内涵与意义，继承和发扬中华民族勤俭节约、敬业奉献的优良传统，培育开拓创新、砥砺奋进的新时代劳动精神。让学生在工农业生产过程中直接经历物质财富的创造过程，体验从简单劳动、原始劳动到复杂劳动、创造性劳动的发展过程，丰富劳动体验，感受劳动价值，形成诚实守信、吃苦耐劳的劳动品质，涵养主动服务他人、服务社会的劳动情怀。

一、大学生劳动精神培育

大学生劳动教育旨在将劳动观念和劳动精神教育纳入人才培养全过程，贯穿于家庭、学校、社会的各个方面，注重让大学生在学习和掌握基本劳动知识与技能的过程中，领悟劳动的价值，形成勤俭、奋斗、创新、奉献的劳动精神。

（一）树立大学生正确的劳动观

观念是指客观事物在人脑中留下的概括的形象，是客观存在反映在人的意识中经过思维活动而产生的结果。人们在社会实践中对客观事物的认识，开始是感性认识，这种感性认识的材料积累多了，就会产生一个飞跃，变成了理性认识，这就是观念。如何树立大学生的劳动观念，把劳动教育纳入大学生学习、生活和实践的全过程，以劳树德，培养高素质劳动者是对高校提出的新任务、新课题。《大中小学劳动教育指导纲要（试行）》提出，要"树立正确的劳动观念。正确理解劳动是人类发展和社会进步的根本力量，认识劳动创造人、劳动创造价值、创造财富、创造美好生活的道理"。新时代全面加强大学生的劳动教育，最重要的就是要树立大学生正确的劳动观，让劳动真正成为他们生活的第一需要，成为他们的日常习惯，成为他们的行动自觉。

传统中国儒家文化占主导地位，知识分子认为体力劳动是地位低贱的所谓"下人"做的事情，劳动人民由于地位、财力、时间、精力、文化等条件限制，被排斥、排挤，接受教育成了统治阶级的特权。"劳心者治人，劳力者治于人；治于人者食人，治人者食于人。天下之通义也。"（《孟子·滕文公上》）这个时候，体力劳动和脑力劳动是分离的，劳动者做的是"小人之事"。这样一种蔑视体力劳动的"体脑分离"的思想经过两千多年的渗透，已经成为一种根深蒂固的思想。近代以来，许多人对这一蔑视体力劳动的思想进行了抨击。

马克思认为，人的本质就是扬弃了异化劳动之后的体力劳动与脑力劳动的有机结合，以及这个综合劳动所构成的一切社会关系的总和。恩格斯从人的发展角度认为：劳动不仅把材料转变为财富，而且其更重要的作用在于"是一切人类生活的第一个基本条件……以致我们在某种意义上不得不说：劳动创造了人本身"①。也就是说，劳动确立了人的类本质，把人与动物区别开来。在这里，体力劳动和脑力劳动互为作用。在马克思、恩格斯看来，人不仅凭借劳动满足最基本的生存需要，实现社会财富的创造和积累，而且通过劳动来实现人之为人的自由本质。劳动不但创造了人的物质生活，也充盈着人的精神世界，使人得以成长。

毛泽东、邓小平等老一辈革命家无论是在革命年代还是在和平年代，都十分重视劳动生产，并曾就劳动和劳动者问题做过许多重要论述。1943年11月，毛泽东在中共中央招待陕甘宁边区劳动英雄大会上的讲话指出："我们用自己动手的方法，达到了丰衣足食的目的。"②昔日荒芜之地的南泥湾，经过八路军359旅广大战士们的锄垦犁耕，变成了"到处是庄稼、遍地是牛羊"的"陕北江南"。1978年，邓小平在全国科学大会开幕式上的讲话指出，"从事体力劳动的，从事脑力劳动的，都是社会主义社会的劳动者"③，把科学技术视为提高劳动生产率的重要因素，并指出要尊重劳动。

习近平总书记一直尊重劳动、关心劳动者。党的十八大以来，习近平总书记在多个场合、多次提及劳动和劳动者，发表了一系列重要讲话，为我们树立了劳动最光荣、劳动最崇高、劳动最伟大、劳动最美丽的观念。2014年4月30日，在乌鲁木齐接见劳动模范和先进工作者、先进人物代表，向全国广大劳动者致以"五一"节问候时，习近平总书记指出："劳动，是共产党人保持政治本色的重要途径，是共产党人保持政治肌体健康的重要手段，也是共产党人发扬优良作风、自觉抵御'四风'的重要保障。"④2015年4月28日，在庆祝"五一"国际劳动节暨表彰全国劳动模范和先进工作者大会上，习近平总书记指出："在我们社会主义国家，一切劳动，无论是体力劳动还是脑力劳动，都值得尊重和鼓励；一切创造，无论是个人创造还是集体创造，也都值得尊重和鼓励。"⑤2016年4月26日，在知识分子、劳动模范、青年代表座谈会上，习近平总书记指出："人类是劳动创造的，社会是劳动创造的。劳动没有高低贵贱之分，任何一份职业都很光荣。"⑥让劳动最光荣、劳动最崇高、劳动最伟大、劳动最美丽的观念蔚然成风，推动全社会热爱劳动、投身劳动、爱岗敬业，为社会主义现代化建设事业贡献智慧和力量。

1. 正确的劳动观唯有通过劳动教育才能树立

大学生劳动观是大学生对于劳动、劳动者以及劳动价值等一系列概念的认知和态

---

① 《马克思恩格斯选集》第4卷，373～374页，北京，人民出版社，1995。

② 《毛泽东选集》第3卷，929页，北京，人民出版社，1991。

③ 《邓小平文选》第2卷，89页，北京，人民出版社，1994。

④ 习近平：《向全国广大劳动者致以"五一"节问候》，载《人民日报》，2014-05-01。

⑤ 习近平：《在庆祝"五一"国际劳动节暨表彰全国劳动模范和先进工作者大会上的讲话》，载《人民日报》，2015-04-29。

⑥ 习近平：《在知识分子、劳动模范、青年代表座谈会上的讲话》，载《人民日报》，2016-04-30。

度取向，其本质是大学生的一种价值观，具有正确与错误之分。培养大学生正确的劳动观，需要科学、正确的引导，并在学习和生活中不断进行强化。通过劳动教育，可以让大学生形成正确的劳动观。

如何让大学生树立正确的劳动观？将劳动教育从观念上转移到现实生活中，是推动劳动教育从应然层面向实然层面转变的重要思路。中共中央、国务院印发的《关于全面加强新时代大中小学劳动教育的意见》要求把劳动教育纳入人才培养全过程，在大中小学设立劳动教育必修课程，使学生能够理解和形成马克思主义劳动观，牢固树立劳动最光荣、劳动最崇高、劳动最伟大、劳动最美丽的观念。我们要通过全面加强劳动教育，引导大学生崇尚劳动、热爱劳动，积极参加各种劳动实践，学习基本的劳动知识，掌握实用的劳动技能，养成良好的劳动习惯，在劳动中锻炼成才，成为具有责任心和奉献精神的社会主义劳动者。

2. 正确的劳动观唯有拥有良好家风才能养成

中共中央、国务院印发的《关于全面加强新时代大中小学劳动教育的意见》要求家庭发挥在劳动教育中的基础作用，鼓励学生自觉参与、自己动手，掌握必要的生活技能。在家庭生活中，大学生受到家长潜移默化的影响。一方面，家长需要在大学生成长过程中进行适当的劳动教育，促进大学生养成正确的劳动观念与态度。大学生的劳动价值观正确与否和家长的引导关系密切，家长需要让大学生从小就明白生活中的一切物质财富都不能不劳而获，衣食住行都是靠辛苦的劳动耕耘出来的。与此同时，家长需要组织家庭成员参与具体劳动，在分工合作中拉近家庭成员间的距离，唤起大学生"爱"的情感表达，主动承担家庭责任，形成彼此尊重关怀的家庭氛围。另一方面，家长自身需要改变重智轻劳的传统观念，重视家庭中劳动氛围的营造和劳动情感交流平台的建设，从而对大学生的劳动情感起到纠偏作用。

3. 正确的劳动观唯有承担社会责任才能升华

中共中央、国务院印发的《关于全面加强新时代大中小学劳动教育的意见》要求学生具有到艰苦地区和行业工作的奋斗精神和面对重大疫情、灾害等危机主动作为的奉献精神。大学生劳动观的内涵要求大学生通过劳动履行社会责任、践行劳动荣辱观并自觉抵制好逸恶劳、不劳而获等错误的社会现象。在凝心聚力、共同阻击疫情的行动中，许多大学生来到当地疫情防控点和社区做志愿者，他们从手足无措到熟练自如地测温、扫码录入、封箱、领物资，迅速地成长为合格的志愿者。医学院校的大学生则提前走向工作岗位，核酸检测点、隔离点等都有他们的身影，他们发挥专业优势、勇于担当、积极作为。承担社会责任的劳动，不仅可以使大学生实现"劳"的发展，也可以促进大学生"德智体美"的发展，并使大学生认识到劳动的宏观价值，有助于实现大学生对劳动的完整认知。

（二）增强大学生的劳动意识

现在的许多学生懒得铺床叠被，收拾桌子、书包，甚至不自己洗衣服。这种种不良现象告诉我们，学生缺乏的不是劳动时间，而是参与劳动实践的意识。劳动意识是劳动观点、观念及心理的合称，它包括对劳动性质、作用的看法。劳动意识的本质是劳动作为人的存在方式，是处于一定社会地位的人以群体的形式并通过一定的社会协作方式，以自身的自然力和智力引起、调整和控制人与自然之间的相互变换的过程。

历史学家把人类历史划分为四个时期，分别为文字出现前时代、农业时代、工业时代和科技时代。在文字出现前时代，劳动是为了满足人自身最基本的生存需要，人人都需要劳动；农业时代渐渐出现了劳动分工，"体脑分工"使一部分人既要为自己劳动也要服务于他人；在工业时代，工作被泛化为劳动，人人都参与劳动，劳动不再是为少部分人服务，而是以整个社会、民族的繁荣为目的；在科技时代，科学技术飞速发展，人工智能的出现使一部分人从劳动中解放出来。这一切都在深刻地改变着人们的劳动观念和劳动意识，使得部分大学生对劳动教育产生了认识误区。为此，瞿葆奎先生曾指出，虽然劳动教育极为重要，但与德、智、体、美四育相比，无论从逻辑上，还是从马克思有关劳动的经典论选来看，它是另一类、另一层次的教育。因此，它不应当成为教育目的的一部分，而是实现人的全面发展教育目的的重要途径。[①]

当前，劳动教育在学校中被弱化，在家庭中被软化，在社会中被淡化，大学生劳动机会减少、劳动意识缺乏，甚至出现了一些大学生轻视劳动、不会劳动、不珍惜劳动成果的现象。误区之一是把参加体力劳动包括做家务、直接参与生产等当作劳动教育的主要内容甚至是唯一途径，窄化了劳动的范围；误区之二是把劳动教育主要局限于学校范围，忽略了家庭在劳动教育中的基础作用和主导作用；误区之三是在劳动教育实践中一味追求快乐劳动以至于出现了娱乐化的倾向。针对这些问题，习近平总书记发出了"让劳动光荣、创造伟大成为铿锵的时代强音，让劳动最光荣、劳动最崇高、劳动最伟大、劳动最美丽蔚然成风"[②]的最强音。

增强在校学生的劳动意识，是一个不断持续的过程。小学阶段的劳动教育应着重让学生全面地认知什么是人类基本劳动，使学生明白劳动的基本意义和独特价值；中学阶段的劳动教育应着重让学生正确地认知如何提高人类劳动的质量，不断走向美好生活；大学阶段的劳动教育应着重让学生具体地参与到提升人类美好生活的创造性劳动之中，激发每个学生的创造潜力，让学生树立敬业精神和正确的财富价值观。具体而言，当代大学生应当具备的劳动意识有：一是在家里主动承担力所能及的家务劳动；二是在学校开展各种劳动实践；三是积极参加社会志愿劳动服务；四是树立正确的劳

---

① 参见瞿葆奎：《劳动教育应与体育、智育、德育、美育并列？——答黄济教授》，载《华东师范大学学报（教育科学版）》，2005(3)。

② 习近平：《在庆祝"五一"国际劳动节暨表彰全国劳动模范和先进工作者大会上的讲话》，载《人民日报》，2015-04-29。

动观念，养成良好的劳动习惯。

1. 加强劳动意识的培养离不开家庭教育的引导

大学生的劳动意识受家庭影响较大。一方面，我国部分家长对孩子溺爱，几乎不让他们参与任何家务劳动；另一方面，部分家长认为孩子努力完成学业即可，不需要参与家务劳动。这些观念将孩子与劳动割裂开来，使得在此环境下成长起来的大学生普遍缺乏自主劳动的观念和意识，对劳动的重要性也没有形成清晰的认知。以至于有的大学生一听说劳动就抱怨，找借口躲避，就连自己居住的宿舍也不打扫。因此，在家庭教育中，家长要教育引导孩子深刻认识劳动的意义，把孩子培养成想劳动、会劳动、爱劳动的人。

2. 加强劳动意识的培养离不开学校的主导作用

对学校来说，要发挥在劳动教育中的主导作用，首先需要将劳动教育融入大学生的德智体美教育之中，鼓励大学生积极参加劳动实践，亲身体验劳动甘苦，抵制不劳而获、贪图享乐、崇尚暴富的错误思想。其次需要在课程设置上下功夫，为大学生创造更多社会实践机会，多渠道拓展劳动实践场所，积极引导大学生参加社会劳动实践，使大学生在劳动实践中学、做、悟，展现劳动风采，体悟劳动艰辛，感受劳动快乐。

（三）提升大学生的劳动能力

劳动是实现人的全面发展的根本途径。造成当前部分大学生"不爱劳动，不会劳动，不珍惜劳动成果"的根本原因就在于大学生劳动能力的不足。劳动能力是指劳动者以自己的行为依法行使劳动权利和履行劳动义务的能力，即劳动行为能力。劳动知识是劳动能力形成的必要条件。《大中小学劳动教育指导纲要（试行）》明确提出，要全面提高学生劳动素养，使学生具备基本的劳动能力。具体而言，就是要"掌握基本的劳动知识和技能，正确使用常见劳动工具，增强体力、智力和创造力，具备完成一定劳动任务所需要的设计、操作能力及团队合作能力"。

苏霍姆林斯基说过，教育的任务就是让劳动深入人的精神生活中。怎么深入？那就需要不断动手，在辛勤付出中，形成并提升劳动能力。所谓劳动能力，是指劳动者在掌握劳动技能、完成劳动目标的过程中所呈现出来的一种综合素养。人的劳动能力是人的活动能力的核心部分，是体力和脑力的总和。体力劳动是劳动者以运动系统为主要运动器官的劳动，是一种生理上的能力，表现为劳动者在某一劳动过程中所花费的力气。脑力劳动与体力劳动相对，是以脑力消耗为主的劳动。其特征在于劳动者在生产中运用的是智力、科学文化知识和生产技能，故亦称"智力劳动"，是质量较高的复杂劳动。在劳动中体力受脑力的支配，脑力以体力为基础，劳动是二者的结合。

劳动能力依据专业程度分为一般性劳动能力、职业性劳动能力和专门性劳动能力。一般性劳动能力多指日常活动所需的劳动能力，包括为自己和他人服务的简单体力和脑力，如穿衣、洗漱、吃饭等活动所需的劳动能力。职业性劳动能力是指经过专业训练，具备专门知识的劳动能力，如成为教师所具备的教育学、心理学、教师口语、所从事学科的专门知识等劳动能力。专门性劳动能力是指专长性很强的一些职业所具备的劳动能力，如画家、歌唱家、舞蹈家等所具备的劳动能力。

劳动能力根据所开展劳动的内容，还可划分为日常生活劳动能力、生产劳动能力和服务性劳动能力。日常生活劳动能力是劳动者从事日常生活活动所需具备的劳动能力，如完成洗衣、做饭等活动所需具备的劳动能力。生产劳动能力是劳动者从事生产活动所需具备的劳动能力，如学生参加实习实训所需具备的劳动能力。服务性劳动能力是劳动者从事服务性活动所需具备的劳动能力，如学生参与志愿服务、勤工助学、参赛演出等活动所需具备的劳动能力。

由上可知，大学生作为新时代的劳动者，需要具备以下劳动能力：第一，基本的生活自理能力。基本的生活自理能力是大学生发展其他劳动素养的前提。第二，自我发展的社会适应能力。社会适应能力是指人为更好地在社会生存而进行的心理上、生理上以及行为上的各种适应改变，从而与社会达到和谐状态的一种执行适应能力。社会适应能力是大学生综合素质提升的重要影响因素。第三，服务于人的工作能力。不管大学生未来从事什么工作，都要具备能够给他人提供服务的工作能力。工作能力是大学生达到自我发展的基础条件。第四，终身学习的创新能力。创新能力主要表现为研发改造世界的新技术、新方法、新工艺的能力。创新能力是大学生获取知识的关键和终身学习的保证。

1. 创新模式，提升劳动教育效果

秉承"生活即教育"的教育理念，学校要将大学生带入真实的劳动环境中或接近于真实的教学环境中，引导大学生自然融入劳动角色，激发其自觉的劳动行为。例如，学校开展志愿服务活动，大学生帮助居民修电器，在生活上帮助孤寡老人、留守儿童等。在实际的劳动操作中，要以教师为主导、学生为主体，改变单向的灌输的教育方式，用接地气、易参与、有实效的教育方式切实保障大学生提升劳动能力。

2. 因地制宜，提升学生劳动技能

把劳动教育融入大学生的专业课程学习与实习实训中，注重在与专业结合的基础上激发大学生内在需要和动力，注重在实习实训中强化劳动技能训练。结合服务当地经济发展的要求，拓展劳动内容和形式，在校外联系政府、社会、企业等外部单位，为大学生劳动教育提供实践场地，打造校园内外劳动教育实践基地。开展多元化劳动实践活动，如组织大学生到当地创新创业产业园去，到先进产品展销会去，开拓大学生眼界，提升大学生劳动技能。

3. 科学评价，提高学生创新能力

创新能力根植于创造性劳动之中，它通过实践形成，并在实践中呈现。对大学生劳动成果的评价，不能只从结果来评判，大学生在创作过程中的合作表现、探究表现等，都要纳入考核范围。高效、合理的评价机制能够促使大学生及时纠正自己的学习方法，不断提高自己的学习能力，进而提高自己的创新能力。

全面加强大学生劳动教育，要注重实用实效，力戒形式主义。必须从社会主义现代化建设需要出发，从大学生的健康成长需要出发，从本地和学校实际出发，在保障大学生安全的前提下，把劳动教育做实、做细，服务于大学生的全面发展。

二、大学生劳动情怀涵养

马克思主义认为，劳动是人的生存和发展的需求。劳动教育是以促进学生形成劳动价值观和养成劳动素养为目的的教育活动。劳动者的素养不仅体现为劳动技能和实践经验，同时还体现为劳动者在劳动过程中所展现出的劳动态度、劳动情感、劳动情绪等劳动情怀。大学生的成长、成才不仅需要依靠知识和智慧，还需要具有深厚的劳动情怀。劳动情怀是建立在对劳动正确认知的基础上，经过长期实践而逐步形成的，升华为个人价值观层面的、较为稳固的劳动态度、劳动情感、劳动情绪等内容的总称。

（一）转变大学生的劳动态度

劳动态度一般指对劳动尊重热爱或是鄙视反感的直接心理倾向，往往直接体现在一个人的行为模式中。劳动态度是劳动情怀的主要内容，是调动劳动者积极性和创造性的首要问题。实践表明，只有具有正确劳动态度的人，才能积极地投入劳动中去享受劳动带来的诸多乐趣。

劳动态度具有社会性、对象性、动力性和稳定性，但个体的劳动态度会随着时间、环境等因素的变化而发生变化，具有一定的可变性。霍桑效应表明，劳动态度会影响劳动效率。因此，要涵养大学生的劳动情怀，需要在大学生的劳动态度转变上下功夫。

1. 开足、开好劳动教育课

高校要将劳动教育摆在突出位置，将其纳入高校思想政治工作范畴，从立德树人是高校根本任务的高度抓好劳动教育。开足、开好劳动教育课，高校要以马克思主义劳动思想为指导思想，结合时代主题提升大学生的劳动精神和劳动情怀，使他们明白是劳动创造了价值、创造了美。高校要加强对大学生的劳动态度教育，帮助大学生树立正确的劳动观，形成积极的劳动态度。同时，高校要广泛开展劳动精神大学习、劳模精神宣讲会、工匠精神讲坛等，促进大学生了解国情，体会劳动的价值，丰富对劳动能力的认知，促进大学生对责任担当、敬业奉献、创造价值的理性认同。

2. 拓展社会实践劳动课

劳动教育是实践性很强的教育活动，劳动观念的培养、劳动习惯的养成都需要通过实践才能完成。首先，高校要结合专业教育，安排大学生参与和专业学习相关的实验、实习实训等，将劳动教育的内容渗透其中，实现强化专业知识、学习劳动技能、提升劳动素养的目标。其次，高校要通过组织开展寒暑假社会实践活动引导大学生走入社区、走入社会、走入自然，使大学生通过一定的劳动体验，在服务社会、服务他人的过程中增强劳动积极性，提高社会责任感，形成尊重劳动、热爱劳动的真挚情感。

3. 强化日常生活劳动课

劳动情怀不是在朝夕之间凭短期努力就能培育出来的，而是要通过日积月累才能沉淀下来并固化为价值观。只有亲身参加了体力劳动锻炼，才会尊重他人的劳动成果。生活是教育最好的教材，高校要引导大学生重视日常生活中的细节和良好习惯的养成，要让劳动教育回归大学生的日常生活。高校要组织开展卫生评比、劳动体验等活动，使大学生从洗衣、扫地、擦黑板、刷碗、帮厨等简单体力劳动开始，培养良好的劳动习惯，树立正确的劳动态度。

（二）培养大学生的劳动情感

劳动情感是指一个人基于感情满足需要的程度而形成的对劳动的良性心理体验和情感依赖关系。劳动情感具有稳定性、指向性、复杂性和效能行等特征。积极的劳动情感能推动人的劳动行为的发生，有助于人在劳动过程中准确理解他人的情感状态，促进人与人之间的情感交流，进而提升个人的劳动效率。苏霍姆林斯基认为，个体全面和谐发展不仅需要德智体美四方面教育共同发力、协同影响，更需要劳动教育引领，尤其需要通过劳动教育激发学生的劳动热情，培养学生热爱劳动的情感。

情感与实践密切相关，正向的情感体验能够给人们的实践注入积极性和热情，能够让人们对劳动实践产生亲近感，主动投身劳动实践。青少年劳动实践过程中积极情感的唤起和体验，不仅使劳动教育不止于技能训练，而且有助于丰富青少年的精神世界，使其学会以更多方式表达对家人、同学、老师、邻居等生活圈中他人的积极情感。为此，高校要大力激发大学生参与劳动实践活动的热情，引导大学生耐得住寂寞，干一行、爱一行、精一行、专一行，在勤学笃行中形成对事业的"痴"、对岗位的"爱"、对工作的"狂"。

1. 用榜样示范培养劳动情感

劳动情感具有迁移功能，大学生会将对大国工匠和劳动模范等榜样产生的情感泛化、迁移到他们所从事的行业劳动上。四十多年前，大多数青年学生或许没有搞懂哥德巴赫猜想到底是什么，却肯定被徐迟笔下陈景润的形象深深地打动，激发出了学习科学的热情。陈景润等榜样身上不仅有对所从事劳动的刻苦钻研形成的独特劳动技能，还有对所从事劳动的无比热爱。正是对于劳动的热爱，他们才全身心投入劳动实践，不断积累劳动经验、锤炼劳动意志、提升劳动技能，最终成为行业内的佼佼者和排头兵。因此，在劳动教育中，要积极发挥榜样示范的作用，开展大国工匠、劳动模范进校园活动，让大学生近距离感受工匠精神和劳模精神，引导大学生逐渐养成对劳动的热爱之情。

2. 用劳动实践培养劳动情感

劳动实践是劳动情感体验的主要方式，人们在参与劳动实践时，能够锻炼劳动技能，能够体验到劳动带来的自身心理上的满足和精神上的愉悦。实践出真知，劳动教育不是黑板上的教育，而是行动教育。高校在人才培养过程中，可以通过增加实验实训课，让大学生在亲自动手、解决实际问题的过程中领会专业知识、培育劳动情怀；也可以通过工学结合、实习见习、志愿服务、勤工助学、社区服务等途径，让大学生积极参与社会实践，感受劳动所带来的获得感、成就感，进而形成尊重劳动、热爱劳动的真挚情感。与此同时，高水平的劳动能力和高质量的任务完成能有效促进积极劳动情感的培育。

（三）管理大学生的劳动情绪

劳动情绪最早由社会学家霍奇柴尔德（A. R. Hochschild）于1979年提出，是指个体在具体劳动情境中所产生的心理体验，反映个体的内在劳动需要是否获得了满足。劳动情绪具有明显的情境性、暂时性与外显性，不仅能影响个体的劳动效率，还能影响个体的身心健康。研究表明，劳动情绪管理不善，将导致劳动情感耗竭、劳动成就感降低等，最终导致离职率增高。

劳动情绪的实质就是在劳动过程中，个体需要表达适当的情绪。个体对于在劳动实践中什么时候产生情绪、产生什么样的情绪、如何体验和表达情绪会做出增强、维持或弱化的反应而付出相应的努力，这就是情绪调节，又称情绪管理。情绪管理是对情绪的内在过程和外部表现采取监控、调节，以适应外界环境和人际关系的变化的动力过程，是个体对情绪体验或者相关行为和情境的调节过程。

1. 注重价值引领，储备正向情绪

劳动教育是促进大学生主动建构自我、明确社会角色和定位价值坐标的有效手段。要坚持用正确的劳动价值观引领大学生认识劳动，树立和提倡有利于社会进步、和谐稳定的劳动观念，让社会主义核心价值观所蕴含的理想信念、价值标准、社会情绪占据社会意识主体地位。部分大学生对劳动教育的价值认知模糊，不能正确认识体力劳动所具有的价值，在劳动中拈轻怕重、互相推诿，甚至幻想不劳而获。部分大学生参与劳动的初心不是出于服务或者奉献，而是着眼于功利化的价值取向，这直接影响了大学生正确劳动价值观的形成。因此，要在认识层面为大学生解答好"何谓劳动""为何劳动"以及"劳动何为"等问题，促使其从无意识转向自觉自为，再由自觉自为转向积极承担。

2. 强化技能培训，疏导负面情绪

在高强度或长时间的劳动之后，人体会出现不适和劳动效率降低的现象，这就是疲劳。疲劳是人的机体为了自我保护而进行的一种自主性防御，其影响因素是多方面的，其中重要的影响因素之一就是对劳动技能不熟练。研究发现，大学生在一些任务较复杂、时间持续较长的顶岗实习、跟岗劳动、寒暑假社会实践中，容易产生疲劳和负面情绪。学校应利用各种劳动课程、心理援助计划，提高大学生的情绪调节能力，以使其保持良好的劳动心态，具体内容包括压力管理、劳动心理健康、危机应对、灾难性事件、健康生活方式等，旨在全面帮助大学生解决个人情绪问题，减轻工作压力，维护其积极的情绪。

3. 创设发泄机会，减轻情绪压力

劳动者长时间累积下来的负面情绪如不及时消除，就会产生劳动压力。劳动压力是指劳动者在劳动情境中某个刺激物的作用下引发的生理唤醒水平与心理状态的变化，是劳动者在心理上体验到的压迫感和威胁感。适当水平的劳动压力可以提高劳动效率，但过高水平的劳动压力会降低劳动效率。大学生的劳动压力主要源于劳动技能熟练程度不高、自我期待过高和太在意外在的社会评价等。为此，首先，学校要创设发泄机会，以便大学生疏导情绪，保证其身心健康。例如，开展心理健康活动月活动、建设情绪发泄屋、配置心理咨询教师等，均可以对大学生的负面情绪进行疏导、控制，保持大学生的积极劳动氛围。其次，学校要及时关注大学生劳动情绪的变化，对每一位大学生在劳动过程中的具体表现给予及时、恰当的反馈，保证劳动时间合理、劳动强度适当。

▸▸ "动"感分享

池州学院：劳动教育养出学校好气色

一池山水，千载诗人地。池州向来风景如画、秋色宜人，霜降时节的池州学院更是分外清丽，6 万多株黄菊应时怒放，沁人心脾。

望着满目的金黄，该校总务处副处长自豪地介绍："这里原来是垃圾场，去年学校把它开垦出来，打造成劳动教育实践基地，让学生参与到分垄、种苗、浇水、施肥……整个过程。再过两天，还将组织学生采摘菊花，送到扶贫企业制成花茶出售。"

"菊花黄，劳动美"，田边的宣传栏上赫然写着这六个大字。但是劳动教育之于池州学院，改变的又何止这一方田地！

一、把劳动素养教育融入专业

外国语学院学生参加池州市国际马拉松，担当语言志愿者，为外国人做翻译；商学院组织学生开展"百人直播进企业"专业劳动实践；机电工程学院学生奔赴农村开展专业志愿服务，创造性地利用专业所学解决农民农作物种植以及村镇建设方面的问题……

把劳动素养教育融入专业是池州学院的又一大特色。目前，该校形成了以专设劳动课为核心，以专业课程、公共课程和第二课堂为同心圆的一核三环课程体系。

专设劳动课是劳动素养教育的核心，也是劳动价值观教育的主要形式，属于必修课，设 30 课时，1 个学分，主要包括线上线下的劳动意识教育、劳动常识教育等。依托专业课程开展的劳动教育由二级学院统筹管理，由学院实验实训中心罗列出学期专业劳动时间任务，各专业学生轮流开展。旅游与历史文化学院组织文化产业管理专业学生依托"文化创意产品设计"课程开展了主题为"以创意手工劳动体会匠心精神"的劳动教育课，从材料准备、打底、字体雕刻到字体边缘勾勒，每一个环节都充分考验了学生的耐心和专业技能。

公共课程和第二课堂是主要的劳动教育融合课程，设 12 个学分，288 个实践学时，学生可通过参加社团活动、社会实践、志愿服务等途径获得。2018 年、2019 年，学校禅茶社社员先后进入某公司学习调研萎凋、揉捻、发酵、烘焙等制茶流程，感受一杯茶背后的辛劳。平日里，社团经常开展泡茶、品茶、制作茶点等活动，邀请其他学生一起参与，共同体验收获的喜悦。

该校团委副书记认为："这些课程让学生从校内走向校外，打破专业教育的空间限制，将专业知识运用于实践，也在专业实践中收获了劳动成果。"

二、将劳动教育与创新创业相结合

亲手把一根棍子制作成一双筷子，这是许多大学生想都没想过的事。

然而，在池州学院的"匠心筷子工坊"里，学生学习刨木、打磨、切割、刻姓名、上桐油……已成常态，更难能可贵的是，教授这些技能的人也是学生。

"他们是学校的一支创业团队，一行四人先去杭州拜师学艺，学成归来再手把手教其他同学。"学生处处长认为，学生在制作的过程中融入艺术思考，打造出了属于自己的独一无二的筷子，非常有意义。

池州学院十分注重劳动全过程中创新能力的培养，实行"1、2、3"计划，即 100% 的学生接受创新创业的通识教育，20% 的学生接受创新创业的模拟，3% 的学生开展创业实践。2013 年，学校建立创新创业孵化基地，每年有几百名学生参与其中，到目前为止，成功孵化了 6 家年销售额突破 1000 万的企业，走在了全省前列。

"我是安徽省航模队专业运动员，2016 年考入池州学院后着手做航模培训，在创新创业过程中，学校给予了很多支持，"一名学生如数家珍地道，"孵化基地为学生提供两间工作室，水电费全免；每年体育学院新生报到时，会设立航模专场招聘会招聘队员；在大一新生军训和运动会上，航模队会通过表演宣传造势；日常训练若需要用运动场，院里会积极协调……"

四年多来，航模队一边在校内做宣传普及和培训工作，一边在池州市中小学开展专项提升，以课后三点半的形式培训了 200 多名学生。此外，还不定期地到周边乡镇小学进行公益讲座，一年十多次，受益人次超一万。如今航模队已有 40 多名队员，最高峰时超 70 人，近 20 名队员和 3 位体育老师考取了国家二级航空模型裁判员证书和航空模型辅导员证书，有的还参加了安徽省青少年科技模型比赛的执裁工作。有一名毕业生在毕业后运营着自己的航模公司，一些队员跟随就业。

可以说，劳动素养教育提升了学生的整体素质，涵养了学校的精气神，让它拥有了好气色。现在的池州学院，叠翠流金、秋色宜人，处处都是好风景，学生体魄强健、内心丰盈，个个散发着蓬勃的朝气。[1]

---

[1] 原载《中国教育报》，2020-11-13，选入时有改动。

▸▸ 实践任务

主题：传承非遗技艺，践行劳动精神。

内容：参观非遗技艺传承场馆或非遗传承人进校园。

要求：

1. 以班级为单位，对接当地非遗传承人。

2. 学生以 5～7 人为单位成立学习小组，再以小组为单位参加活动。

3. 以小组为单位赴非遗技艺传承场馆观摩非遗技艺或以班级名义邀请非遗传承人进校园。

4. 学生通过参观、动手实践，掌握劳动技能。

5. 学生通过体验非遗技艺，体会劳动艰辛，分享劳动喜悦。

6. 学生通过体验非遗技艺，提升审美能力和增进对中华民族的文化认同，提高文化自信。

评价：

1. 个人自评(30％)＋组内互评(30％)＋指导老师评分(40％)。

2. 指导老师评分内容：文案(30％)＋劳动能力(40％)＋劳动心得(30％)。

第四章　劳动创造美好生活

第一节　美丽劳动

一、"美丽劳动"的价值旨趣

（一）"美丽劳动"培育人的体能

　　体能是每一位劳动者都需要具备的最基本的身体条件。没有好的体能什么也干不了，也干不成。1917年，毛泽东在《新青年》杂志上发表的《体育之研究》的文章中提出过这样的主张："欲文明其精神，先自野蛮其体魄。"这里的"野蛮其体魄"是强身健体和磨炼意志的意思。怎样才能强身健体和磨炼意志呢？"美丽劳动"就是最好的方式。只有动起来，身体才能强健起来，意志品质才能有所提高。生命是生存的前提，身体是革命的本钱。"美丽劳动"正是锻炼人的身体机能，发展人的身体素质的绝佳方式。劳动者的劳动要达到既定的目标，就必须付出一定的脑力和体力的代价，因此劳动者需要具备良好的身体素质和吃苦耐劳的意志品质。在参与劳动的实践活动时，人的体能在无形中得到提高。

（二）"美丽劳动"培育人的德行

　　德行，立人之本也。在劳动实践中，劳动带来的成就感、满足感和获得感都能助推人的向上发展。"立德树人，劳动为先。"劳动课的德育目标是树立正确的劳动观念。"美丽劳动"是切切实实的体验式德育，是一种强调学生自我体验和自我感受的过程。

其教育基础是自主参与，但升华的是内省感悟，终极目标是内化为自我的能力与素质。人只有在劳动中提升自我的能力与素质，其德行才会得到发展。从一定意义上说，学生德行的养成、奋斗精神的培养均始于"美丽劳动"。学生应当充分认识到这一点，树立正确的劳动观念，磨炼劳动意志，感受劳动精神，提升劳动自觉。

（三）"美丽劳动"培育人的美感价值

"美丽劳动"本质上是劳动者在劳动实践中实现美的创造。美感是情感世界中最高的境界，要想达到这一境界，就必须进行劳动。美感源自人的内心世界，对美感的追求，必须通过"美丽劳动"呈现出来。劳动过程是对美的追求过程。马克思指出："动物只是在直接的肉体需要的支配下生产，而人甚至不受肉体需要的影响也进行生产，并且只有不受这种需要的影响才进行真正的生产；动物只生产自身，而人再生产整个自然界；动物的产品直接属于它的肉体，而人则自由地面对自己的产品。"[①]"美丽劳动"的过程就是人按照美的规律来改造世界的过程。

（四）"美丽劳动"培育人的智能价值

智能是指人所具有的思考性能力和操作性技能。劳动过程是客观规律塑造人的行为模式的过程，这一行为过程的内化形成人的心理结构。在人的心理结构中，最直接的就是人思考问题的智能结构以及用智能进行操作的技能结构。儿童游戏实质上是对成人劳动的模仿与学习，亦可以说是对儿童的劳动教育。瑞士心理学家皮亚杰、英海尔德指出，儿童的游戏动作会形成某种"图式"，这种"图式"是指动作的结构或组织，这些动作在同样或类似的环境中因重复而引起迁移或概括。[②] 这种"图式"的内化形成了人心理活动的逻辑结构，从而成为人智力的来源。劳动教育更是如此，要想劳动技能得到提升，则必须投入生产劳动中去。智能的提高不能一下子就在劳动活动中表现出来，是一个日积月累的过程。在劳动中凭着一定要胜利的信心与毅力，千方百计地克服困难，才会得到智能的发展。

▶▶ 理论探微

苏霍姆林斯基认为学校的教育目标是培养真正的人，即全面和谐发展的人。人只有在德育、智育、体育、美育和劳动教育这五个方面都得到发展，才能成为全面和谐发展的人。而劳动教育正是这五个方面最为基础的部分，离开了劳动，其他一切都是空谈和想象。大学生在接受劳动教育的时候可以让自己与世界进行充分接触，用身心去感受这个世界，努力去认知和学习。大学生通过劳动可以明白人生的价值和意义，

---

① 《马克思恩格斯文集》第 1 卷，162～163 页，北京，人民出版社，2009。
② 参见［瑞士］J.皮亚杰、［瑞士］B.英海尔德：《儿童心理学》，5 页，吴福元译，北京，商务印书馆，1980。

从而树立正确的世界观、人生观、价值观，可谓养德；大学生在劳动中可以发现问题、寻找原因，有益于提高智商，激发学习的兴趣、提高学习效率，可谓启智；大学生通过劳动强健了体魄、增强了意志力、调适了心理、培养了吃苦耐劳的精神，可谓强体；大学生在参与劳动的过程中还可以发现生活中的美，从而感受美，提高审美能力，可谓益美。由此可见，劳动教育对大学生全面和谐发展的德、智、体、美这几个方面都有重要的促进作用。①

二、"美丽劳动"的特征

（一）"美丽劳动"的自觉性

劳动是人的本质活动，它使人获得了自己的本质，把自己与其他动物从根本上区别开来。劳动不仅把人和动物区别开来，把人从自然界中提升出来，还把人与人类社会同自然界紧密地联系起来。人的劳动是自觉的、主动的活动。马克思指出，人的"类"特性恰恰就是自由自觉的活动，而所谓自由自觉的活动就是指人的有意识的活动。人的有意识的活动的标志就是人的实践活动，"通过实践创造对象世界，改造无机界，人证明自己是有意识的类存在物"②。劳动教育的关键就是提升人的劳动自觉。人可以在不断参与劳动的实践活动中，形成劳动自觉。在人类社会发展的高级阶段，劳动仍然是体现人的本质的主要内容，人的全面发展是通过参与"美丽劳动"来实现的。人通过劳动改变自然，创造属于自己的物质生活条件。人在从事劳动实践活动之前，在头脑里就已经有观念的存在，有目的、有计划、有意识地从事活动是劳动自觉性的主要体现。正如梁漱溟所说："人之所以为人在其心……心之所以为心在其自觉。"③从劳动的客体来看，劳动者在从事劳动活动时对劳动对象的改造是自觉的改造，但是要受到自然规律的制约。这就说明，人只能在自然规律的尺度下活动，如果超越自然规律，打破自然平衡，就会被规律反噬，被自然惩罚。

（二）"美丽劳动"的自主性

劳动活动是自由和自主的。只有当人处在自由自主的状态下从事劳动活动时，才会有积极的情感体验。情感劳动是指劳动者通过对自身情感的管理与表达，在社会互动中为他人创造某种特定的情感状态的劳动过程。④ 要想在情感劳动中获得积极体验，劳动就必须是自主自愿的。这种自主性劳动需要在平等、友好的环境下进行。在私有制下，劳动者的劳动是不受自己的主观支配的，而是处在一种被安排和被命令的情景

---

① 参见徐溪远：《新时代大学生劳动教育研究》，硕士学位论文，西安理工大学，2017。

② 《马克思恩格斯文集》第1卷，162页，北京，人民出版社，2009。

③ 梁漱溟：《人心与人生》，64页，上海，上海人民出版社，2005。

④ 参见梅笑：《情感劳动中的积极体验：深层表演、象征性秩序与劳动自主性》，载《社会》，2020（2）。

中的，这种劳动是被操控了的，非自由自主的。因此，劳动者感受不到劳动带来的成就感、满足感、获得感和油然而生的积极的情感体验。而"美丽劳动"是不同的，它具有明确的自主性，劳动者通过劳动是能够感受到成就感、满足感和获得感的。劳动者要有信心、有能力、有目标才会自主自愿地参与劳动，这样劳动的意义才能与社会核心价值相契合。

（三）"美丽劳动"的谐和性

谐和是指劳动者内心的和谐，内心和谐才能让劳动者处于平和、理智的状态，并由此产生出亲和、理性的情感态度。劳动者只有内心和谐才能铸就平等的劳动关系，即谐和劳动关系。谐和劳动关系是在劳动过程中主体与客体的关系，包括人与人、人与物（自然环境、劳动条件等）的关系。"美丽劳动"的谐和包含着人的生命活动和人的本质活动的统一、劳动者和劳动产品的统一、劳动活动和劳动关系的统一、劳动手段和劳动目的的统一。这一特性强调劳动不仅是谋生的手段，而且是劳动者肯定自己、获得幸福的手段；强调劳动者能够自由地对待自己的产品，能够按照任何一种尺度来进行生产。在社会主义和谐社会，劳动活动和劳动关系之间由对抗性转变为谐和性，二者之间形成了高度统一的协调关系。谐和关系的形成让"美丽劳动"在和谐社会绚丽多彩。

（四）"美丽劳动"的生成性

生成，即生长、建构和形成。人作为一种生成性的存在，在劳动中才能不断地丰富自己。劳动的生成离不开创造性劳动，人各种生产、生活的能力水平的发展，与创造性劳动的发展是相统一的，归根结底就是创造性劳动发展的产物。劳动在创造世界的同时，也创造了人本身。人本身的产生，不仅仅是因为简单重复性的劳动，更因为创造性的劳动。劳动本身是具有社会性的，社会劳动是人在融入社会后，感受集体力量的有效载体。从根本上说，劳动是自然人联系社会成为社会人，具备人的本质的基本途径。这一过程正是生成的进程。"美丽劳动"在人的生长过程中建构，在创造性建构中形成，在形成中发展人本身，这对于人生成良好的社会适应能力和保持身心健康发挥着不可替代的作用。人在生成"美丽劳动"观念后，将"美丽劳动"践行在生产、生活中，深化"美丽劳动"的内涵。

▶ 经典悦读

党的二十大报告指出："在全社会弘扬劳动精神、奋斗精神、奉献精神、创造精神、勤俭节约精神，培育时代新风新貌。"伟大实践孕育伟大精神，伟大精神引领伟大实践。在全社会弘扬劳动精神，让劳动最光荣、劳动最崇高、劳动最伟大、劳动最美丽蔚然成风，努力推动形成适应新时代要求的思想观念、精神面貌、文明风尚、行为规范，是建设社会主义文化强国的重要任务。全体社会成员应弘扬劳动精神，在热爱劳动中培养劳动态度，在辛勤劳动中淬炼劳动技能，在诚实劳动中锻造劳动品德。对广大青年尤其要加强劳动教育，坚持德智体美劳五育并举全面育人，用劳动教育筑牢立德树人基石。坚持劳动教育与时俱进，丰富和完善劳动教育课程体系，充分发挥劳动教育基地作用，引导青年热爱劳动、崇尚创造，为实现中华民族伟大复兴而努力奋斗。[①]

第二节　美好生活

一、美好生活的内涵

对美好生活的向往和追求是人类不懈奋斗的伟大理想，也是千百年来人类勇攀高峰的内在动力。回顾人类文明发展史，美好生活是贯穿在整个人类文明发展史的重要线索，而针对"美好生活是什么"这个问题，在不同的文化中，有不同的回答。

（一）西方文化的阐释

在西方的历史发展中，古希腊、中世纪欧洲、近代西方和现代西方社会都对美好生活进行了详细的研究，形成了西方文化中的美好生活思想。

苏格拉底以来的古希腊哲学家对美好生活进行了一系列的哲学探讨。苏格拉底提出"认识你自己"的口号，并通过理性来寻找"勇敢""节制""正义""善"等美德，这种思想指向的是个体生活和城邦生活之间相统一的有序生活。柏拉图在《理想国》中提出美好的生活就是正义的生活。在亚里士多德看来，幸福是"至善"与"灵魂合乎德行的活动"的有机统一，也就是说人的一切活动是寻求某种善，而人所追求的终极善就是幸福，这种幸福就是按照美德去生活。古希腊哲学家把人的理性理解为人的自然本性，因此，在他们看来，按照自然生活，就是正确的，就是美好的生活。

在基督教处于绝对统治地位的中世纪，思想家将上帝看作美好生活的本原，他们认为只有接近上帝才能获得美好生活。对于个人而言，美好生活就是人们心中都要有无限的爱，这种无限的爱也就是爱上帝；对于社会而言，美好生活就是自由和谐的社会关系。

近代以来，人们从宗教思想的束缚中走出来，相信理性谋划才是美好生活的坚实基础，将评价美好生活的标准回归到物质利益和个人权利。而洛克认为，追求美好生活既是人的追求，更是人的自然权利。他认为自然状态下的人是平等、自由的，并能够和谐相处，人在自然状态下能够平等地享有生命、自由、追求幸福和拥有财产的"天赋人权"。近代西方对美好生活的追求接近理性，趋于科学，近乎人性，追求自由、平等、和谐的美好生活。

---

① 参见《让崇尚劳动成为新时代社会风尚》，载《陕西日报》，2023-01-16。

现代西方人对美好生活的理解建立在资本主义大工业发展的基础上，是在资本追逐利益的驱使下进行的。因此，现代西方社会把无限度的物质追求视为美好生活的标准，许多人把奢侈的物质生活享受作为衡量美好生活的尺度。在现代工业社会中，人日益成了工具化、技术化、物质化的人，人类社会也遭受着各种各样的环境污染，人陷入焦虑、恐惧和不安之中。

（二）中国传统文化的理解

中国优秀传统文化中蕴含着丰富的美好生活思想。例如，"天下为公""大同社会""丰衣足食"等思想，都是对美好生活的理想化建构，体现了中国人民对美好生活的不懈追求。中华文化源远流长，各家各派对于美好生活的问题进行了具体论述，形成了丰富多样的思想，这些思想对当今的中国人也产生了重要影响。

儒家学派以孔子、孟子和荀子为代表人物，崇尚仁与礼相统一的道德规范、重义轻利的交往原则。儒家美好生活理想的一个显著特征就是人们追求安居乐业、丰衣足食、国家富强的道德生活。孔子和他的弟子有一次交谈："子路曰：'愿闻子之志。'子曰：'老者安之，朋友信之，少者怀之。'"在孔子看来，使年老的人得到安乐，使朋友相互信任，使年少的人得到关怀，这样的生活便是充实的、幸福的，也是人们所向往的美好生活。在孔子之后，孟子提出以"仁政"为核心的理想社会，荀子提出以"明君之治"实现"圣王之道"的理想社会。他们的思想各有独特之处，但是总体上继承了孔子的思想。

墨家思想以墨子为代表，主张"兼爱天下"的美好生活思想。《墨子·兼爱下》提道："故兼者圣王之道也，王公大人之所以安也，万民衣食之所以足也，故君子莫若审兼而务行之。为人君必惠，为人臣必忠；为人父必慈，为人子必孝；为人兄必友，为人弟必悌。故君子莫若欲为惠君、忠臣、慈父、孝子、友兄、悌弟，当若兼之不可不行也。此圣王之道而万民之大利也。"在墨子看来，美好生活应该是生活在政治稳定、国家富强、老百姓生活富裕的社会。中华民族勇于追求美好生活，中华民族的历史就是追求美好生活的奋斗史。[①]

（三）新时代美好生活的意蕴

新时代的美好生活是人们以当下的生活水平为基础，对更高水平、更加理想的生活状态的追求。中华人民共和国成立以来，我国的综合实力不断增强，社会生产力得到了跨越性发展，社会主要矛盾转变为人民日益增长的美好生活需要和不平衡不充分的发展之间的矛盾。为了更好地满足人民日益增长的美好生活需要，习近平总书记明确指出，要"永远把人民对美好生活的向往作为奋斗目标"[②]。美好生活是一

---

① 参见刘歆、胡鑫、苏百义：《新时代美好生活的基本内涵、生成逻辑及实践路径》，载《重庆邮电大学学报（社会科学版）》，2022(1)。

② 习近平：《决胜全面建成小康社会 夺取新时代中国特色社会主义伟大胜利——在中国共产党第十九次全国代表大会上的报告》，载《人民日报》，2017-10-28。

个总体性的概念，具有丰富的内涵。人们对美好生活的期盼，具体体现在"有更好的教育、更稳定的工作、更满意的收入、更可靠的社会保障、更高水平的医疗卫生服务、更舒适的居住条件、更优美的环境"[①]。概括起来就是物质生活更加富裕、精神生活更加充实、社会关系更加和谐三个维度。

首先，富裕的物质生活是人们生存和生活的基础。物质生活不可或缺，人们要先解决吃、穿、住、行等基本的生理需要，才能追求更高层次的生活，才能从事政治、科学、艺术、军事等工作。新时代和过去相比，人们对于物质生活的要求也有了进一步的提高，人们在追求量的基础上更加注重质，所以要实现更加丰富的物质生活，就要以更高质量满足人们的需要。

其次，充实的精神生活是新时代美好生活不可或缺的组成部分。对于现实的人来说，美好生活在满足生理需要的基础上，也要满足心理需求。心理需求是人的一种心理状态，它包括安全的需要、归属与爱的需要、尊重的需要等。人们通常通过丰富的精神生活来满足自己的心理需求。人能否对自身的生活状态感到愉悦，精神是否满足对于美好生活非常关键。

最后，和谐的社会关系也是新时代美好生活的应有之义。和谐的社会关系是人与人、人与社会、人与自然之间的关系，各种关系相互交织、相互包含，在一定程度上以不同的形式融合在一起，共同构成美好生活。我们国家进行社会主义建设，很重要的一个目的就是要让所有社会成员都能获得基本的生存保障，就是实现全体人民共同富裕的新生活，以不断缩小人与人之间的差距。新时代的美好生活应该是社会包容、人人平等而自由的生活。这种美好生活不仅仅是个人主观的一种感受，还应该有法律和制度的保障。"绿色是生命的象征、大自然的底色，更是美好生活的基础、人民群众的期盼。"[②]人是自然的一部分，人的一切活动都离不开自然。人与自然和谐统一不仅关系到人类文明的发展，更与人类命运息息相关。所以，人与自然和谐统一、生活环境美丽是美好生活的必要条件，也是新时代美好生活的重要组成部分。

▶▶ 经典悦读

党的二十大报告指出："必须坚持在发展中保障和改善民生，鼓励共同奋斗创造美好生活，不断实现人民对美好生活的向往。"新时代新征程，实现人民对美好生活的向往，必须坚持团结统一，艰苦奋斗，在扎实推进共同富裕的进程中筑牢美好生活的现实根基，通过全体人民的共同奋斗创造美好生活。美好生活既是人民群众的向往期盼，也是中国共产党人为人民谋幸福矢志不渝的价值追求。党的十八大以来，以习近平同

---

① 《习近平谈治国理政》，4 页，北京，外文出版社，2014。
② 习近平：《推动我国生态文明建设迈上新台阶》，载《求是》，2019(3)。

志为核心的党中央团结带领全国各族人民，勠力同心，艰苦奋斗，实现了中华民族千百年来孜孜以求的小康梦想，开辟了扎实推动共同富裕的崭新局面，为实现美好生活奠定了坚实的基础。[①]

二、美好生活的特征

（一）美好生活的人民性

人民性是美好生活的核心特征。"人民，只有人民，才是创造世界历史的动力。"[②]在历史的不断变迁中，人民始终是历史发展的决定性力量。第一，人民是美好生活的基础和前提。习近平总书记指出："坚持人民性，就是要把实现好、维护好、发展好最广大人民根本利益作为出发点和落脚点，坚持以民为本、以人为本。"[③]要树立以人民为中心的工作导向，才能在最大程度上实现美好生活。第二，人民是美好生活的目标和指向。习近平总书记明确指出："中国共产党坚持执政为民，人民对美好生活的向往就是我们的奋斗目标。我的执政理念，概括起来说就是：为人民服务，担当起该担当的责任。"[④]我国建设美好生活就是要让全体人民都过上美好的生活，从而实现全体人民共同富裕。第三，人民是美好生活的创造主体。正如习近平总书记总结的那样："40年来取得的成就不是天上掉下来的，更不是别人恩赐施舍的，而是全党全国各族人民用勤劳、智慧、勇气干出来的！我们用几十年时间走完了发达国家几百年走过的工业化历程。在中国人民手中，不可能成为了可能。"[⑤]在新时代，要充分调动人民的积极性和创造性，尊重人民以及他们的劳动，使人民获得幸福感，同时也为新时代的发展提供源源不断的力量支持。

（二）美好生活的实践性

实践性是美好生活的本质特征。从人类社会历史传承下来的物质基础和精神文化，都是通过实践创造出来的。美好生活是新时代人们对生活的美好憧憬，也是随着实践的发展而不断发展的生活。一方面，美好生活植根于实践。没有实践，美好生活就不能实现和发展。马克思明确指出："全部社会生活在本质上是实践的。"[⑥]改革开放40多年来，党领导人民持续进行实践的探索，不断推进国家的经济发展，使得物质生活资料不断丰富，人民精神生活水平不断提高。历史证明，只有通过不断的实践，才能推进理论的进步，推进社会变革，推动社会生产力的发展，实现美好生活。另一方面，

① 参见李梦云：《在共同奋斗中创造美好生活》，载《光明日报》，2022-11-22。
② 《毛泽东选集》第3卷，1031页，北京，人民出版社，1991。
③ 《习近平谈治国理政》，154页，北京，外文出版社，2014。
④ 《习近平谈治国理政》，101页，北京，外文出版社，2014。
⑤ 习近平：《在庆祝改革开放40周年大会上的讲话》，载《人民日报》，2018-12-19。
⑥ 《马克思恩格斯文集》第1卷，501页，北京，人民出版社，2009。

美好生活又对实践具有重要的引领作用。实现人民对美好生活的向往，是党基于中国特色社会主义建设这一伟大实践提出来的奋斗目标，要把这一奋斗目标变成现实，就要立足于实践，踏踏实实干好自己的工作。

（三）美好生活的丰富性

丰富性是美好生活的鲜明特征。人民美好生活需要日益增长，也决定了美好生活不会是片面的、单一的生活。"美好生活是每个人的共同追求。人们希望有高质量的生活、更好的工作、更满意的收入等，这些都是人们对美好生活的新期待。人们渴望经济结构不断转型升级、民主政治不断发展、精神文明不断进步、社会公平正义不断实现、生态环境不断优化等，从而让中国特色社会主义优势更加明显，国家治理体系和能力不断完善，国家综合国力得到跃升，这都是人民群众对美好生活的多样化需求。"[1]也就是说，新时代必须回应人民需要，不断加强法律法规建设，不断完善社会治理体系和提升社会治理水平，不断满足人民日益增长的美好生活需要。[2]

（四）美好生活的历史性

历史性是美好生活的重要特征。美好生活是一个不断发展的历史过程，在不同的社会发展阶段有不同的要求和内涵，但从总体上来说，前一阶段是后一阶段的前提和基础，后一阶段是前一阶段的延续和发展。马克思、恩格斯也深刻指出："历史的每一阶段都遇到一定的物质结果，一定的生产力总和，人对自然以及个人之间历史地形成的关系，都遇到前一代传给后一代的大量生产力、资金和环境，尽管一方面这些生产力、资金和环境为新的一代所改变，但另一方面，它们也预先规定新的一代本身的生活条件，使它得到一定的发展和具有特殊的性质。"[3]正如马克思和恩格斯所言，历史发展的每一阶段都是对前一阶段的继承和发展。党和国家基于我国当下的生产力发展水平，把人民对于美好生活的向往作为新时代的奋斗目标，具有浓厚的社会历史基础，而美好生活就是以这种不断延续和发展的社会生活为前提的，是一个历史发展着的过程，也延续和发展了中华民族每一社会阶段所积累下来的生产生活资料。[4] 在改革开放初期，党的主要任务是解决人民温饱问题，所以必须优先满足人民的物质需要。随着温饱问题的解决，人民更加注重满足文化需要，但主要还是消遣性的文化需要。进入新时代，人民不仅对物质需要提出更高要求，而且更加注重精神维度的需要，这凸显了人民对美好生活需要的历史性。

---

① 刘映芳：《美好生活视域下大学生劳动教育研究》，硕士学位论文，闽南师范大学，2020。

② 参见尹杰钦、滕茜茜、聂川：《新时代人民美好生活需要：依据、维度及特点》，载《湖南科技大学学报（社会科学版）》，2021(1)。

③ 《马克思恩格斯文集》第1卷，544～545页，北京，人民出版社，2009。

④ 参见秦维红、张玉杰：《马克思需要理论视域中"美好生活需要"探析》，载《马克思主义理论学科研究》，2020(4)。

美好生活是人类万古不变的追求。恩格斯劳动观不仅科学阐明了人与自然、人与社会之间的关系，而且揭示了经济基础和上层建筑之间的关系，聚焦现实问题并具有理论说服力和历史穿透力，为人类提供了未来社会发展的实现路径，为中国共产党实现人民美好生活提供了理论指南。习近平总书记指出："实现中国梦，创造全体人民更加美好的生活，任重而道远。"①劳动创造美好生活是一场持久战，需要站在新时代的起点上，直面历史与未来，以人民为中心，向着实现人的自由全面发展笃定前行。

第三节　美丽劳动创造美好生活

一、确立"美丽劳动"信念，增强劳动自觉

（一）劳动信念的内涵及特征

1. 劳动信念的内涵

劳动信念是劳动伦理的要求，是联结劳动认知和劳动行为的中枢。劳动信念是被劳动者充分认同的劳动认知，且与劳动行为联系更加紧密。只有经过劳动者的理性思考和实践而形成的稳定的劳动信念，才能成为劳动者的行动指南。②

"美丽劳动"信念是人们发自内心的对劳动原则和规范的信仰。不同的人看到的劳动行为是不同的：资本主义者眼里的劳动无所谓美丽，因为他们关注的是自己榨取的多与少；而相对的，大学生眼里的交警劳动是充满美感的，于是他们会由衷地递上用于防护马路灰尘的口罩。"美丽劳动"需要人们认识劳动意义、体验劳动过程、享受劳动成果。这就需要教育引导全社会热爱劳动、尊重劳动、崇尚劳动，在辛勤劳动、诚实劳动、创造性劳动的基础上，体悟和感受劳动的美丽。③

"美丽劳动"不应该只是劳动者的一种自觉意识，更应该成为一种信仰。马克思说过，资本主义社会里工人的异化劳动创造了价值，却扭曲和伤害了自己。这种劳动虽然创造了客体的"美丽"，却不能使自身体悟劳动的快慰，因此也谈不上"美丽劳动"。也就是说，"美丽劳动"是劳动主体与劳动客体都要符合"内在尺度"要求。

---

① 《习近平谈治国理政》，41 页，北京，外文出版社，2014。
② 参见李文俊：《新时代大学生劳动观培养研究》，博士学位论文，辽宁大学，2021。
③ 参见柳友荣：《美丽劳动：理论逻辑、本质属性与教育进路》，载《劳动教育评论》，2020(3)。

2. 劳动信念的特征

劳动信念是劳动过程中所表现的稳定的心理倾向和特征。在新时代背景下，劳动信念具有如下几个方面的特征。

首先，劳动信念具有持久性。劳动信念不是单纯的认识，而是人在经过深思熟虑后的，于感情体验中得到的东西，是人在任何条件下都会坚持到底的东西，是人为实现某种理想而斗争的始终不渝的决心。大学生的劳动信念能在其发展的过程中，对其劳动行为产生持久且深刻的影响。[1]

其次，劳动信念具有自主性。劳动者以自己的兴趣决定自己从事的劳动，这种劳动很显然是美丽的。这样的劳动在新时代依然存在。譬如，周末闲暇，带着孩子去郊外耕作种菜，这显然是一幅美丽的田园劳作画卷。

最后，劳动信念具有稳定性。劳动信念一经确立，就具有较大的稳定性，很难改变。因为它是由人的智力和感情结合，经历了极其复杂的内化过程而形成的。劳动信念带有个体坚守的意志品质成分，故而劳动信念与劳动认知、劳动态度、劳动精神相比，突出表现出更加稳定的特征。

（二）劳动教育的关键是增强劳动自觉

劳动教育的关键在于增强劳动自觉，激发学生内驱力是劳动教育实效性的基础。学生是具有能动性的主体，他们的内驱力是学习有效性最为直接而强大的动力。增强劳动自觉能够促使学生形成积极的劳动思维，提高总结劳动规律、概括劳动概念、重构劳动认知的效率与效果。[2]

对于教师而言，理解劳动教育对于人的成长的真正价值，使劳动教育焕发生机与活力，是提升劳动教育效果的前提。对于学生而言，建立对劳动教育的正确认知和浓厚兴趣，在教师的指导下认识并体悟劳动教育的乐趣，主动投入劳动，是提升劳动教育效果的关键。只有学生真正认同劳动的价值和劳动教育的意义，才能在劳动教育中做到积极参与、主动思考。

在学校教育中，德、智、体、美、劳"五育"相辅相成、内涵相通。就劳动教育而言，劳动观的引导伴随着发展"德"，劳动技能的培育提升"智"，劳动锻炼增强"体"，劳动过程体验和劳动成果分享则贯穿着"美"。这样不仅能够使学生端正态度，提升学习的热情，而且能够使学生通过全身心参与劳动教育过程，获得全面发展。

改革开放以来，随着市场经济的发展，思想文化领域的交锋竞逐对人们的社会生活产生了一定程度的影响，崇尚劳动、热爱劳动的传统美德和主流价值受到拜金主义、享乐主义、功利主义等错误思潮的冲击，尤其导致部分理论积淀、人生经验不足的大

---

[1] 参见朱卫嘉：《信念的特征、作用及其形成机制新探——兼论当代大学生信念发展》，载《西南交通大学学报（社会科学版）》，2007(4)。

[2] 参见宁靖姝：《劳动教育的深层密码》，载《中国教育报》，2021-04-29。

学生对劳动及其价值产生认知偏差。大学生中出现了崇尚高消费、渴望一夜成名，甚至蔑视劳动的现象，由此形成的超前消费、贪慕虚荣、攀比享乐等思想贻害无穷。引导学生建立对劳动和劳动教育的价值认同，是劳动教育的紧迫任务，也是全面提升劳动教育水平和效果的思想基础。

（三）增强大学生劳动自觉的途径

1. 唤醒传统劳动文化记忆，引导大学生对劳动的"自知之明"

我国传统经济以农业为主，参与农业生产劳动几乎成了每个人的成长必修课，勤劳、吃苦、节俭、创新等美好品质流淌在每一位中国人的血脉中。中国传统的劳动教育融于日常生活、学习之中，通过礼仪习俗、家风家训等途径来实现，并形成了独特的劳动文化。到了近现代，学校教育采取耕读结合的方式，主要原因包括以下三点：一是促进当地农业生产；二是培养学生的劳动道德品质；三是增强学生的身体素质。

无论是我国古代还是近现代的劳动教育，对当今的大学生的劳动教育都具有重要的借鉴价值。教育大学生学习中华民族优秀传统劳动文化，唤醒他们的传统劳动文化记忆，旨在引导他们明白劳动教育的重要地位、时代价值，提高他们应对新时代社会劳动形态变化的自主能力。在社会劳动形态不断发生变化、就业替代效应更加显著的新时代，就更应该培育大学生的劳动自觉。[①]

▶▶ 理论探微

自由、自在、自觉的劳动是一种具有主体性质的劳动。首先，要想将劳动技能融入个人职业素质中，大学生要发挥主观能动性，成为自我培养的主体，把习得的劳动技能化为自身内在需要的一种满足，乐于并善于劳动。其次，大学生要善于在家庭、学校、社会安排的符合自身发展需要的劳动活动中发现提高个人职业素质的契机，充分发挥自己的积极性和创造性，有意识地运用已学知识赋予现有劳动新的内容、形式，在劳动中有所得。最后，大学生要在家庭、学校、社会创造的条件下，将提升的劳动技能、感悟的劳动精神融入未来个人职业发展中，实现个人价值。[②]

2. 激发参与劳动的兴趣，奠定大学生对劳动的情感基调

要想增强大学生的劳动信念，就要激发大学生参与劳动的兴趣。劳动的魅力来自其内在的创新性、价值性、社会性。创新性是指在劳动的过程中，劳动主体在劳动形式、方法等中结合个体特质进行实践探索，实现自身的进步与超越。价值性是指劳动主体认同劳动过程、结果的意义，并在自身投入劳动的过程中，实现价值观的外化，

---

① 参见王中对：《新时代大学生劳动教育的困境与路径》，载《高教探索》，2022(3)。
② 参见韦冬婷：《劳动技能融入大学生职业素质的路径研究》，载《数据》，2022(4)。

▶▶ 大学生劳动教育 · 86 ·

创造劳动成果。社会性是指在劳动的过程中，劳动主体与他人之间通过沟通、协作等方式实现交流。例如，在工匠精神、劳模精神等这些劳动精神中，就体现了劳动的创新性、价值性和社会性。正是这些特征，吸引着人们主动投入劳动，发现劳动的乐趣，甚至长期耕耘并取得成就。人通过劳动将内在的思想外化，实现个体的主体性，实质上是富有创造力和吸引力的过程。

对劳动和劳动内容的兴趣，能够激发大学生对劳动和劳动教育的积极情感。在劳动过程中，创造性的体现、动手能力的提升、思维能力的拓展以及团队精神的训练，都有助于大学生积极情感的培养，并成为其探究世界、评估劳动价值的重要依据。

尊重并关注每个大学生的具体需求和主观感受，鼓励他们在劳动过程中发挥创造力和主动性，使他们在增进本领的同时提升获得感。一个在劳动中得到收获并建立了深刻情感的人，自然会在生活中不断寻求和强化这种正向的体验并加深情感。对于劳动的正向情感也将使劳动教育深入大学生内心。

3. 健全相关课程体系，夯实大学生劳动的现实基础

健全劳动教育相关的明确的目标要求，是促使大学生增强劳动自觉的奠基石。首先，学校应明确重视劳动教育、优化劳动教育的工作要求，在加强顶层设计的同时做好协调推进和监督落实工作。其次，针对不同学段、不同年级、不同学科学生学习与发展的不同特点，探索建立科学的课程体系，实现劳动教育内容、路径和形式的创新，不断增强劳动教育的吸引力和实效性。最后，充分发挥家庭、学校、社会这三个相关单位的教育资源，结合当地经济社会发展需要和学校专业特色，为学生提供了解社会、拓宽视野、创造价值、回馈社会的平台和机会，为不断激发学生劳动内驱力营设良好的文化氛围。

在家庭与学校教育中，通过劳动教育对大学生开展"劳动与人生""劳动与伦理""劳动与社会""劳动与未来"的引导和启迪，在他们的内心深处播种"美丽劳动"的信念。真实的劳动过程，可以让大学生感受劳动的意义和生命的存在，体悟劳动给生命注入的快乐；可以让大学生体验劳动的辛劳，学会珍惜劳动成果，懂得感恩，愿意付出；可以让大学生建立良好的人际关系。

4. 注重宣传引导，倡导践行创造性劳动的文明风尚

学校要充分发挥育人功能，积极营造崇尚创新创造的校园劳动文化氛围。学校要加强校外合作，着力解决实习实践岗位不足、高水平专业师资匮乏等问题，实现平台共建、人才共育、资源共享的良好局面，营造人人劳动、时时劳动、处处劳动的"五育融合"劳动教育新风尚。学校要加强制度建设，强化校院联动管理，建立资源多元统筹机制，全过程加强安全教育和管理保障。学校通过采取一系列措施，积极营造鼓励创造性劳动的校园文化氛围，激发学生的劳动自觉。

5. 在日常生活中积极参加一些简单劳动，寒暑假期间参加一些相对复杂的劳动

谈到个人，关于劳动，只有切身体会，才会感知其艰辛和伟大。随着改革开放及

社会的不断发展，物质条件逐渐丰富，给人们提供了安居乐业的基础，但一些大学生却缺乏劳动自觉。因此，新时代大学生应主动参与劳动，提升劳动的自觉性。[1]

一方面，大学生在日常生活中可以积极参加一些简单劳动。大学生的主要任务是学习，不宜花费大量时间参加劳动来换取报酬，这势必会影响学习。但在课余时间应走出宿舍参加实践活动，这样既能锻炼身体又可磨炼意志。例如，可积极参加学校的勤工俭学，也可参加学校的社团活动陶冶情操，增强与人交往的能力。除此之外，还要积极参加一些简单的打扫宿舍等劳动，培养基本的生存能力和生活自理能力。

另一方面，大学生也可以在寒暑假期间参加一些相对复杂的劳动。例如，参加与自己专业相关的实践活动，包括项目调研、校外实习等，为将来更好的就业打下坚实的基础；参加"三下乡"活动，在活动过程中既可以锻炼自己，也可以为他人带去一份温暖。简单劳动和复杂劳动的相加，既可以增强大学生的体魄，也可以使大学生在今后的人生道路上遇到机遇和挑战时能勇敢面对，为国家发展贡献出自己的力量。

二、提升"美丽劳动"素养，养成劳动习惯

（一）劳动教育的核心是提升劳动素养

2020年3月，中共中央、国务院印发的《关于全面加强新时代大中小学劳动教育的意见》指出"劳动教育是中国特色社会主义教育制度的重要内容，直接决定社会主义建设者和接班人的劳动精神面貌、劳动价值取向和劳动技能水平"。可见，劳动教育的重要目标在于培养和提升学生的精神面貌、价值观念、技能与品格等劳动素养。而明确劳动素养的科学内涵，是有效促进劳动素养培养的首要任务。

劳动教育的相关研究基本上都认为劳动教育是促进学生劳动素养提升的教育。例如，黄济认为，劳动教育是劳动观点、劳动态度和劳动习惯等基本素养的教育。[2] 檀传宝认为，劳动教育是以提升劳动素养的方式促进学生全面发展的教育活动。[3] 王连照认为，劳动教育于目的而言是培养具有端正的劳动态度，具备较强的动手能力，拥有良好的劳动习惯，且能为社会和谐健康发展服务的人。[4] 简单地说，以提升学生劳动素养并促进学生全面发展为目的的教育就是劳动教育。之所以这样界定劳动教育，主要基于以下三个方面的原因。

首先，劳动教育具有综合的育人功能属性。苏霍姆林斯基曾说，人的全面和谐发展必须建立在劳动教育的基础之上，否则教育将无从谈起。劳动是渗透一切、贯穿一

---

① 参见苏慧慧：《新时代大学生劳动观现状及培育研究》，硕士学位论文，西安建筑科技大学，2021。

② 参见黄济：《关于劳动教育的认识和建议》，载《江苏教育学院学报（社会科学版）》，2004(5)。

③ 参见檀传宝：《劳动教育的概念理解——如何认识劳动教育概念的基本内涵与基本特征》，载《中国教育学刊》，2019(2)。

④ 参见王连照：《论劳动教育的特征与实施》，载《中国教育学刊》，2016(7)。

切的东西，劳动教育具有"立德""益智""强体""育美"较为全面的教育功能。

其次，劳动教育具有强烈的教育价值属性。劳动价值观是劳动素养的核心，即确立正确的劳动观点、积极的劳动态度，尊重、热爱劳动过程和劳动主体。

最后，劳动教育具有适应未来的社会属性。随着时代发展，全社会脑力劳动的比重不断增加，新业态的劳动不断形成，劳动教育应依据劳动形态的演进与时俱进。

因此，劳动素养是新时代人才必备的素养。我们要加强劳动教育，培养勤于劳动、善于劳动、热爱劳动的高素质劳动者。

（二）劳动素养的内涵及特征

1. 劳动素养的内涵

"劳动素养"一词从结构上分析，由"劳动"和"素养"组成。一般意义上的劳动是指"人通过自身肢体对外输出劳动量而产生价值的人类运动，是人维持自我生存和发展的唯一手段"[①]，具体包括体力劳动和脑力劳动两种形式。"素养"在《现代汉语词典》(第7版)中解释为"平日的修养"；而"修养"则指"理论、知识、艺术、思想等方面的一定水平"，也指"养成的正确的待人处事的态度"。因而，素养主要指个体后天形成的知识、思想、价值观念和态度等良好的品质及与之相适应的能力。由此，劳动素养是指个体通过体力劳动和脑力劳动所形成的与劳动相关的品质修养和行为能力。

2. 劳动素养的特征

劳动素养是时代发展与个体成长的双重需求，是学生全面发展的一个重要因素。在新时代背景下，劳动素养具有如下几个方面的特征。

首先，劳动素养具有综合性。综合性是劳动素养的根本属性，主要表现在其内容与外化行为的多样性。劳动素养在内容上涵盖了劳动观念、劳动精神等多项内容，是劳动教育内容多样性的综合体现。同时它也是劳动意识、劳动态度、劳动创新以及劳动技能等多方面人格品质和行为能力在实践中外化的凝结呈现，体现了知行合一。

其次，劳动素养具有体验性。体验性是劳动素养的一种重要属性，蕴含了其形成过程的身心亲历性。实践活动强调全身心的投入，在体验过程中形成对知识的理解和掌握。劳动素养形成的关键在于亲身参与劳动活动，需要在参与中锻炼劳动技能，在锻炼中生成正确的劳动观念，在身体力行中提升对劳动的整体认识并激发劳动创新。

再次，劳动素养具有社会性。社会性是劳动教育的特殊性质，陈宝生曾指出："劳动教育具有鲜明的社会性，要求面对真实的生活世界和职业世界，以动手实践为主要方式，学会改造世界，在改造世界的过程中塑造自己，提升自身素养。"[②]劳动素养是劳

---

① 常胜：《马克思劳动观的三重维度及其现实意蕴——兼论习近平的劳动观》，载《思想政治教育研究》，2020(1)。

② 陈宝生：《全面贯彻党的教育方针 大力加强新时代劳动教育》，载《人民日报》，2020-03-30。

动教育的结果之一，是家庭、学校和社会三位一体协同共育的成果。社会性的教育活动造就了劳动素养的社会性特点，为学生未来社会化发展奠定了基础。

最后，劳动素养具有培育的阶段性。阶段性是指劳动素养的培育根据学生身心发展阶段性特点以及各级各类政府、教育部门要求所表现出的培育内容逐步深化、难度递增特点。

（三）劳动素养的结构体系

2020年7月，教育部印发的《大中小学劳动教育指导纲要（试行）》指出，大中小学生的劳动素养主要包括劳动观念、劳动能力、劳动精神、劳动习惯和品质等内容。依据上述劳动素养的四个维度，结合学生身心发展规律和劳动教育内容要求，对劳动素养结构内容予以阐释。

1. 劳动素养结构体系之重心：劳动观念

劳动观念是指在劳动活动中所形成的综合性认知，是劳动意识、劳动思想和劳动态度的表达。劳动意识是关于劳动信息的主观性想法，如尊重他人劳动成果、安全劳动等想法。劳动意识影响劳动态度与劳动行为。新时代学生的劳动思想是指要正确认识马克思主义劳动思想以及新时代习近平总书记劳动观的具体内容。劳动态度是对劳动活动系列内容的心理和行为倾向，常常外化为行为表现。劳动观念是劳动素养结构体系的重心，是消除因某些原因淡化劳动教育所形成的"宅男女"和"啃老族"等现象的良药。劳动观念的培养能够帮助学生在劳动过程中形成劳动最光荣的观念，端正劳动态度，在社会公共劳动中养成服务、自立、自我实现等意识。

2. 劳动素养结构体系之基础：劳动能力

劳动能力是劳动知识、劳动技能以及劳动活动实践创新等多项内容的综合表现，是劳动观念、劳动精神以及劳动习惯等人格品质形成的坚实基础。劳动能力的形成始于对劳动知识的学习与劳动技能的尝试。其中，劳动知识是历史潮流中前人在劳动实践中认识客观世界、推动社会生产和发展的经验结果，包括理论知识和实践知识。劳动技能是指运用一定的知识和经验顺利完成某种劳动任务的活动方式。劳动创新是指通过知识与技能的学习，在各类劳动实践活动中所形成的劳动创新思维以及在以往劳动基础之上继承创造的能力。例如，对传统劳动工具进行改造就是进行劳动创新的体现。劳动知识及技能的掌握对于学生形成良好的劳动素养奠定了基础。

3. 劳动素养结构体系之核心：劳动精神

劳动精神是指面对劳动所秉持的精神风貌和人格气质，是劳动素养结构体系的核心。劳动精神是对个体思想、意识、思维等心理认知的升华，指导与规范着个体外在劳动行为的表现。学生是社会主义的建设者和接班人，劳动精神需结合时代发展，立足中华优秀传统文化，为塑造合格接班人提供保障。新时代劳动教育要培养勤俭、奉献、奋斗的劳动精神。这样的劳动精神既是新时代社会对于人才的新要求，也是当下学生所有学习所要达到的新标准。

4. 劳动素养结构体系之关键：劳动习惯和品质

劳动习惯是随着个体成长而养成的人格品质，体现为日常的自觉化劳动行为与思考方式，是个体从内在思维、思想到外在行为表现的素养展现，也是劳动素养结构体系的关键。良好的劳动习惯激发着学生的劳动热情，督促着学生规范劳动行为。具体而言，劳动自主在于学生能够自觉主动、积极自愿地投入家务劳动、班级劳动等劳动活动之中，形成自觉能动的能力和主动劳动的习惯；劳动诚信是指学生养成尊重劳动事实、遵守劳动规范的行为品格；劳动责任是指学生在各阶段发展过程中形成各类劳动实施责任感，具体表现为个人、家庭、学校以及社会劳动责任。学生良好劳动习惯的养成不仅有助于自身专业的发展，也是幸福感的来源之一，如俄国教育家乌申斯基说过："如果你能成功地选择劳动，并把自己的全部精神灌注到它里面去，那么幸福本身就会找到你。"①

劳动素养结构体系主要包括了劳动观念、劳动能力、劳动精神、劳动习惯和品质四个维度，四者相辅相成，共同构筑了劳动素养结构体系。

（四）大学生劳动素养的提升策略

1. 明确劳动教育目标，丰富培育途径，提升大学生劳动教育素养

劳动教育素养在劳动素养中处于理论基础地位，是在当前的劳动教育体系下，大学生结合教师给予的方案进行自主学习，并且实现理论知识的内化的关键。明确劳动教育目标，细化大学生劳动素养评价指标，营造良好的学习环境是高校提升大学生劳动素养的重要手段。

第一，学校可以打造"校园劳动之星"的班—系—院—校四级评比机制，从日常生活劳动、职业生产劳动、社会服务劳动、创新劳动等方面进行分类评选，让各方面应具备的劳动素养渗透到大学生的劳动思想中去，从而起到劳动教育的目的。

第二，劳动教育的宣传方式也需多样化。对于劳动教育的宣传方式，可采取大学生较为感兴趣的互联网短视频方式，也可采取公众号、广宣板报、志愿者活动、班会、团课等方式，如注重挖掘社会中涌现出来的典型人物和事迹，大力宣传他们不畏艰难、百折不挠、敢于担当的高尚品格，坚持劳动教育价值取向。再如，可以让大学生结合某一劳动主题开展实践活动，通过网站以及短视频等方式进行线上报道，同时也可以拍摄相关劳动教育宣传视频并将其发送到网站、公众号或视频号上，供大家观看、讨论，或进行劳动教育短视频评选。

第三，可结合大学生实际需求，打造多项融合的教学体系。以线上、线下相结合的方式，围绕马克思主义劳动观、劳模事迹、劳动精神等，开展讨论与实践，营造全方位的劳动理论与实践相结合的劳动教育宣传方式。可以通过用户规模较大的社交软件进行基础文件的下发以及理论的宣传，也可以通过在线会议的方式邀请劳动模范、

---

① 朱金媛：《语言的力量——名人名言》，283页，武汉，华中科技大学出版社，2014。

工匠大师等为大学生进行劳动教育专题讲座和授课。多渠道开展大学生劳动教育素养培训，营造良好的学习氛围，提升大学生的学习积极性，增强其自主研究的能力。

2. 家校联动共育，提高大学生在日常生活中的劳动素养

劳动教育重在让大学生亲历实际劳动过程，通过动手实践、磨炼意志，培养正确的劳动价值观和良好的劳动品质。劳动行为本身便是日常生活的重要组成部分，因此在构建劳动素养教育体系的过程中，应当从日常生活中提炼劳动主题，使劳动教育与日常生活密切联系，以家庭作为核心，制定家校联合方案。高校教师可以与家长构建互联平台，将高校内部的劳动教育相关内容传递给家长，然后从大学生的个性化发展情况以及家庭环境的角度，制定个性化的劳动实践方案，以及建立家校双评价制度。

3. 专业课程融合，强化大学生在职业生产中的劳动素养

高校劳动教育的关键是要落实到课程和教学层面，除了针对通用性劳动素养提升的基础性课程外，还应在人才培养方案中，打造专业劳动教育课程，用以培养大学生的专门性劳动素养。

第一，针对部分大学生在生产实践中劳动观念淡薄、贪图安逸、怕吃苦的现象，应以培养劳模精神、工匠精神为目标，在专业课程中有机融入劳动教育理念，在专业实践、企业顶岗、企业见习的课程中，讲述榜样的故事，让大学生感受榜样的力量，从而树立自己的劳动观念，从怕吃苦转变为肯吃苦。

第二，针对专业劳动技能提升，可以开发以职业教育为重点的特色校本课程，结合不同专业的大学生打造具有针对性的动态性课程体系，让大学生了解本专业的劳动职业素养的具体内涵和践行方式，从而强化大学生在职业生产中的劳动素养。

第三，将职业技能的养成与精益求精的劳动习惯相融合，引导大学生掌握好劳动知识和技能，鼓励大学生崇尚劳动、尊重劳动。

4. 依托校外实践，培养大学生在社会服务中的劳动素养

大学生在未来发展的过程中，需要承担推动社会进步以及产业结构调整的重任，因此自身必须具备坚实的能力和正确的认知。让大学生在参与社会实践活动的过程中，掌握劳动知识，收获生活本领，习得职业技能，展现积极向上的自我，树立正确的劳动价值观，是培养大学生在社会服务中的劳动素养的重要途径。

第一，在开展校外劳动实践的过程中，必须为大学生提供全员劳动的展示窗口，这样能够有效激发大学生的劳动热情。例如，学校管理者以及教师以身作则，亲自带领大学生投入社会劳动中去，参与社区志愿活动。

第二，以当前重点关注的内容为主题，组织大学生开展手工制作、手抄报设计等主题教育实践活动。

第三，要将价值实现与奖励评价机制对等，让大学生进一步了解自己的实践成果产生的社会价值，将社会好评作为激励大学生前进的重要依据，使大学生逐步树立正

确的劳动观念以及社会价值观，培养大学生的社会主人翁意识。

第四，针对校外实践参与度不高、普及率不足的情况，学校可以依托第二课堂，将社会实践次数、社会服务次数、志愿者服务时长、服务质量反馈等指标转化成学分，做到人人参与。

5. 优化双创形式，提升大学生创新劳动素养

创新创业教育是新时代高校教学发展的必要条件，是培养大学生创新劳动素养的保障。高校应瞄准所服务区域的新产业、新业态，以及当地经济社会发展的新增长点，形成创新创业人才培养和技术创新的格局。

第一，开展灵活多样的创新创业活动至关重要。例如，开展研究性项目课程、创新创业指导讲座、创新创业训练项目、创新创业大赛、"互联网＋"大赛等研究类、竞赛类项目，开展创新创业劳动榜样评选等活动，也可以借助节假日落实创新创业实践。

第二，在双创活动中，主张大学生进行原创，坚决杜绝抄袭。将个人的劳动成果转化为个人价值的体现，不仅能够磨炼大学生的意志，还能够培养一批新时代的创新创业人才。

▸▸ 经典悦读

习近平总书记特别礼赞劳动创造，指出"劳动最光荣、劳动最崇高、劳动最伟大、劳动最美丽"；多次褒奖劳动模范和大国工匠，称赞"劳动模范是民族的精英、人民的楷模，是共和国的功臣"，"大国工匠是职工队伍中的高技能人才"，要求"全社会要崇尚劳动、见贤思齐"，"培养造就更多劳动模范、大国工匠"。在新时代的火热实践中，"桥吊状元"竺士杰、"金牌焊工"高凤林、"禁区勇士"胡洪炜、"当代愚公"黄大发、"深海钳工第一人"管延安、"大眼睛天使"陈贞、"贫困群众的亲闺女"刘双燕、"九天揽星人"孙泽洲等一大批先进模范人物，为祖国做奉献、与新时代齐奋进，激励着广大人民争做新时代的奋斗者，谱写了"中国梦·劳动美"的新篇章。①

三、体悟"美丽劳动"过程，创造美好生活

（一）开设大学生劳动教育课程

劳动教育课程是高校切实落实劳动教育的重要载体与有效手段，要使劳动教育在高校人才培养体系中落地生根，就必须构建优质化的劳动教育课程体系，使之有机融入教学教育、办学治学的每个环节中，确保劳动教育有效落实，引导大学生真正成长，

---

① 参见《大力弘扬劳模精神、劳动精神、工匠精神》，载《求是》，2022(9)。

让他们学会劳动、懂得劳动、热爱劳动。大学生劳动教育应该以课程为基础，除了必修课程以外，还应该开设特色劳动课程和网络课程。

1. 开设劳动教育必修课程

高校在大学生劳动教育中发挥着不可替代的主体作用，而课程是开展劳动教育的重要载体。高校首先要将劳动教育纳入本校的人才培养方案，可依托"职业生涯规划""创业教育"等课程增加劳动教育模块，也可以开设专门的劳动专题教育必修课程。在高校中实施劳动教育，主要载体是课堂，要切实落实劳动教育就应该设置具体课程。以课堂融汇劳动知识，以课堂开展劳动实践。将课堂教育作为劳动教育的主要方式，在教学实践中增强大学生的劳动素养，使其知理论、重践行，帮助大学生将具体实践与理论相结合。对于劳动教育课程的设置，应以全面提高大学生的劳动素养为着力点。

第一，劳动教育课程面向全体大学生，在注重基本理念和劳动通识知识的传授与教导的同时，以培育大学生正确的劳动观为主要目标，具有鲜明的引导性。以理论讲授和宣传的形式，引导大学生提高思想认识，以积极的态度投身中国特色社会主义建设伟大事业中，凸显大学生劳动教育的思想引领功能。大学生劳动教育应坚持正确的政治方向和育人导向，坚持因地制宜，充分体现地方经济社会发展特色。

第二，劳动教育课程以现实依据为基础，避免枯燥的说教，寻找现实生活中的大量事例支撑课程的展开，通过历史故事、杰出人物深化大学生对劳动的正确认知和强烈情感。大学生劳动教育必须积极探索体现时代特征、符合大学生特点的课程内容，坚持多样化的教学形式。不同地区、不同类型的高校可从学校的实际情况出发，在遵循教学规律的基础上，注意结合专业开展劳动实践，并注意创新劳动教育形式，使其能最大限度地发挥实践对教育及个人成长的价值。

第三，劳动教育课程注重结合教育模块的设计，发掘趣味性。关于劳动教育专题模块的设计，可依托"职业生涯规划""就业指导"等课程，把劳动认知、劳动情感、劳动行为等内容融入课程中，使大学生在实际生活中感受到进行劳动的挑战性和趣味性，帮助大学生树立正确的就业观念，在今后的职业生涯中能够科学劳动，提升劳动技能。

2. 开设同本专业相结合的特色劳动课程

在高校仅仅开设劳动教育必修课程是远远不够的，在专业学科的学习中应有机融入劳动教育的内容，这样劳动教育才更为持久有效。高校应该将劳动教育纳入专业教育中，专业课是专业教育的主渠道，以专业知识开设课程，培育专业劳动技能，应积极寻找劳动教育课程与专业课程的契合点，将二者有机融合，形成特色劳动课程，提升劳动教育的专业性和专业教育的实用性。特色劳动课程以其综合性强的特点，把专业知识、专业技能教育与劳动精神、劳动价值教育有机结合起来，激励大学生进行创造性劳动。这样劳动教育的基本功能就在大学生掌握劳动知识和技能的过程中得以实现和强化。

第一，劳动教育课程与专业课程融合要根据各专业的特点进行，在专业课程中充分发挥劳动教育引导人、培养人、塑造人的功能。在自然科学领域，如在物理学专业的实验课、地理学专业的地质勘测等活动中强调劳动的重要性，将劳动观教育潜移默化地融入专业课程中。在教育学领域，专业课教育既要给予师范生专业理论的指导，也要注重师范生教学能力的培养。专业教育不仅要让大学生掌握学科知识，更要着眼于促进大学生的全面发展。新时代大学生劳动教育应充分结合专业教育，将劳动教育内容因课制宜，充分利用各类专业课程中丰富的劳动教育资源，拓宽劳动教育实施渠道，使劳动教育和专业教育相辅相成，共同发展。

第二，劳动教育课程与专业课程融合要以大学生的兴趣为导向。专业课程要把大学生的兴趣作为切入点，再加上丰富的专业知识积累，这是发展创造性思维的前提。例如，在艺术领域，专业教育要充分调动大学生的兴趣和积极性，因为兴趣和专业基础高度结合，才能创造出鲜活的作品，才能充分实现劳动教育提高大学生创新能力的功能。

3. 有效利用劳动教育网络课程

当代大学生是伴随互联网成长起来的一代，利用网络课堂进行劳动教育符合新时代大学生的心理特点和习惯。现代传媒技术增强了劳动教育的时代感，便于大学生掌握网络劳动教育资源、紧跟新时代劳动模范的脚步，形成正确的劳动观，坚定理想信念，增强对劳动人民的感情，进而使劳动教育基本功能更加有效地实现。新时代劳动教育在利用传统课堂时，也要灵活运用网络的形式，探索"互联网＋劳动教育"新模式，牢牢把握网络阵地的舆论导向，实现劳动教育与时俱进。

第一，利用"慕课""学习通"等网络课堂的形式讲好劳动教育课程。网络课程以开放性强、灵活性高的特点被大学生喜爱，部分高校还未完善劳动教育课程的设置，就可以通过多样的网络课堂，保证大学生劳动教育的顺利开展，增强大学生对劳动教育的认同感，使劳动教育的成效更显著。同时，高校还要占领新媒体阵地宣传正确的劳动思想。积极发挥高校官方微信、微博等的传播力量，广泛宣传身边在平凡岗位中涌现出来的典型人物和先进事迹，制作可行性高的新媒体宣传作品，赞扬他们高度的劳动责任感，营造爱劳动、敬劳动的良好氛围，增强劳动教育的吸引力、感染力，使大学生能够强化责任担当，养成劳动品格。

第二，利用网络渠道引导大学生关注各种劳动模范颁奖大会和国家重大事件中涌现出来的先进事迹。自党的十八大以来，习近平总书记围绕劳动、劳动者发表了一系列讲话，要引导大学生主动观看习近平总书记在劳动模范表彰大会、会见各位劳动代表时讲话的视频。在网络空间渲染劳动光荣的氛围，在现实中唱响劳动伟大的主旋律，实现"网络＋现实"全方位互动的劳动教育，整合劳动教育课程资源，以更好地实现劳动教育基本功能。

（二）开展多样化校园文化建设

1. 开展劳动教育主题的多种文化活动

重视高校校园文化建设以强化大学生劳动教育激励体系中的内部激发因素。"高校校园文化是在高校校园内部长期的教育、学习和生活中，所形成的一种价值理念、精神支柱、学校传统、行为准则、道德规范的总和。"[①] 校园文化活动承载着认知性和技能性的劳动教育知识，是大学生获得直接经验和间接经验的统一体。大学生在参加活动的过程中，在接受劳动知识、劳动情感、劳动价值观教育的同时，也在直接践行着这些内容。以劳动模范真实的形象引导大学生在尊重模范、争做模范的氛围中树立劳动崇高、创造伟大的认知态度，激励大学生积极参加劳动技能竞赛、劳动兴趣小组、创新创业比赛，以培育大学生崇尚劳动、勤于创造、珍惜劳动果实的情感，从而达到劳动教育功能发挥的理想效果。丰富多彩的校园文化活动是培育劳动素养的土壤，开展形式多样的活动，有助于激发大学生的劳动热情和创造活力，增强大学生的责任意识，使劳动光荣、劳动伟大的思想深入人心。

第一，定期组织劳动模范进校分享经验。邀请全国劳动模范或者当地劳动模范进校园，开展分享经验的劳动教育专题讲座。劳动模范结合个人事迹和亲身经历与大学生近距离交流，让大学生感觉到榜样就在身边，劳动模范并不是遥不可及的，启发大学生充分认识到劳动模范的魅力。通过劳模品质与劳模精神教育和引导大学生崇尚劳动、热爱劳动，尊重每一位劳动者，在生活中努力向劳动模范看齐。

第二，校园社团组织劳动技能竞赛。高校成立劳动教育社团，并开展劳动教育主题的辩论赛，从而引起大学生对劳动教育的关注与认识。开展劳动技能评比大赛，通过检查、评比的形式督促大学生保持宿舍内务整洁和教室干净，挑选出"最美宿舍""最美教室"予以表彰。通过这种形式让每一个大学生都参与到宿舍美化、校园净化的活动中去。这样有助于大学生增强劳动素质、提升劳动技能，激励大学生乐于劳动、勤于劳动，营造争做最美劳动者的校园文化氛围。

第三，鼓励设立劳动兴趣小组。兴趣是最好的老师，根据兴趣加强劳动教育是增进劳动情感的重要途径。结合大学生的特点设立卫生清洁小组、作物种植小组、动物养殖小组、手工小组等团体，促使大学生发展个性特长，使大学生在劳动过程中体会劳动艰辛，尊重劳动。

第四，依托创新创业教育活动平台。高校要建立"创新创业＋劳动教育"的模式，邀请优秀创业者、投资人作为导师参与活动，吸引大学生积极参与，使大学生通过实操、实训提升创新能力。高校要对具有可操作性的创业项目进行全程指导，实现"比赛＋培训＋孵化＋资助"的一体化，强化对大学生劳动创业意识的培养，促进大学生创新创业素养的提高，使其积极、主动地投身于创造性劳动中。

---

① 刘向兵等：《新时代高校劳动教育论纲》，160 页，北京，社会科学文献出版社，2019。

2. 积极营造良好的校园劳动教育氛围

校园劳动教育氛围是校园文化的重要组成部分，这种氛围会深深影响大学生的劳动认知、劳动情感，使大学生升华热爱劳动的思想观念，做到辛勤劳动、艰苦奋斗，有效地保证了劳动教育基本功能的实现。为营造良好的校园劳动教育氛围，就要做到以下几个方面。

第一，利用已有的展览场地营造良好的劳动教育氛围。利用好橱窗、海报等展示窗口，设置"身边的劳模""青年劳动之声"等栏目推动劳动教育的发展。在人流量大的地方，集中展示凸显正确劳动价值观的标语、劳动模范的事迹，增强全体师生对劳动的认同感。

第二，打造多元化的劳动文化实体，建设劳动文化景观，使大学生耳濡目染，增强劳动文化的育人效果。例如，设置劳动模范雕塑来展示良好劳动人物形象，在楼宇、亭阁、廊道的建设中引入劳动元素作为文化标识，设计制作劳动故事宣传橱窗、劳动格言墙等校园的客观实物组合等。让劳动文化变得可体验、感知，把劳动文化以形象、生动、感人的方式传递给大学生，强化校园文化实体在劳动教育中的润育作用。

第三，利用校园广播、校园网以及各类大学生喜闻乐见的媒体平台开展线上、线下宣传，讲好劳动人民的故事、党领导人民艰苦创业的故事等，大力宣传劳动精神，不断增强大学生对劳动人民的感情，使大学生树立勤奋劳动的观念，鼓励他们通过辛勤劳动创造美好生活，并自觉把理想奋斗融入党和人民的事业。

（三）开展多种多样的劳动实践活动

1. 开展日常生活劳动

高校可以根据大学生的课程进行具体安排，做到一周打扫一次办公室、活动室。高校也可以不定期进行优秀文明宿舍评比，根据综合评分评定"文明宿舍"及"进步宿舍"，评定内容包括宿舍地面的干净程度、物品摆放的整齐程度等，将评定宿舍卫生情况作为一项长期性工作去做。这样可以督促大学生形成自觉行动的劳动习惯，共同维护健康文明的宿舍环境。高校还可以设计校园内的劳动清单，安排大学生参与劳动，完成劳动后，在小程序上进行打卡。高校最后统计大学生参与劳动的情况，并给予完成劳动任务的大学生奖励，提高大学生参与活动的积极性。

2. 组织专业生产劳动：实习实训

实习实训是高校教学环节的重要组成部分，本身是一种劳动活动，是开展大学生劳动教育的主阵地。实习实训是实现劳动教育内化于心、外化于行的重要依托。

一方面，利用实习实训提升大学生劳动能力。根据国家关于专业人才培养的要求，合理制定实习实训的目标。例如，师范生在实习实训中以培养综合教学素养为目标，学生在实习实训中明确这一目标能够有意识地锻炼自己的课堂教学能力，努力提升自己撰写优质教案的水平，并提高自己运用所学知识处理实际问题的能力。另一方面，依托实习实训培养大学生劳动价值观。在理论课程中，大学生已经系统学习什么是正确的劳动价值观，实习实训作为理论课堂的延伸，能够使大学生通过获得丰硕的劳动成果，在今后的生活中热爱劳动，并能自觉参与到劳动过程中去。

以专业技能与劳动态度的培养为重点的实习实训可以使大学生劳动教育的开展更加扎实与具体，也是大学生劳动教育开展的重要途径之一。高校要积极借鉴先进经验，逐步实现大学生实习实训教学体系的优化，并重视包括实习实训标准制定、教师指导、经验交流与结果考评等在内的过程管理体系建设。大学生通过实习实训，可以感受真实的职场生活，培育自身的劳动情怀与职业精神，提高主动思考能力与解决实际问题的能力。

3. 开展公益劳动、专业服务等社会实践

2019 年，习近平总书记在学校思想政治理论课教师座谈会上指出，要"扎根中国大地办教育，同生产劳动和社会实践相结合"①。2019 年 2 月，中共中央、国务院印发的中国第一个以教育现代化为主题的中长期战略规划《中国教育现代化 2035》指出，要"强化实践动手能力、合作能力、创新能力的培养"，"推动职业教育与产业发展有机衔接、深度融合，集中力量建成一批中国特色高水平职业院校和专业"。这说明党和国家释放出了对劳动教育中"行"的方面愈加重视的信号。

习近平总书记十分强调志愿服务工作的开展，倡导大力弘扬奉献、友爱、互助、进步的志愿精神。2019 年在南开大学考察调研时，习近平总书记寄语全体师生，"只有把小我融入大我，才会有海一样的胸怀、山一样的崇高"②。由于志愿服务与大学生劳动教育在价值取向、发展方向、实践要求上具有内在统一性和高度契合性，因此可以以此为着力点推动大学生劳动教育。从内容来看，从大学生的日常接触事务入手，将大学生志愿服务推向日常化，鼓励大学生参加学校餐厅、图书馆等场所的志愿服务工作；促进大学生专业知识学习与志愿服务活动的融合，将大学生志愿服务推向专业化，如表演、声乐专业的大学生可以利用自身专业优势开展劳模事迹巡演、慰问演出等文艺活动。从保障机制来看，要以激发大学生参与志愿服务活动的热情为目标，从思想感化等方面着手建立大学生志愿服务的激励机制以推动其良性发展；最大限度地规避大学生在志愿服务过程中可能产生的危害生命及人身安全的风险因素，推进志愿服务相关的法律法规建设，完善大学生志愿服务的法律保障机制；通过岗前培训将整体指导、个别辅导、引领示范等方式有机整合，完善大学生参加志愿服务活动的能力提高保障机制。

---

① 教育部课题组：《深入学习习近平关于教育的重要论述》，45 页，北京，人民出版社，2019。
② 《一项历史性工程——习近平总书记调研京津冀协同发展并主持召开座谈会纪实》，载《人民日报》，2019-01-20。

▸▸ 实践任务

请根据本章内容，结合实际，认真思考以下问题，并以小组为单位进行讨论。

1. "美丽劳动"的价值旨趣是什么？谈一谈你的理解。

2. 试结合实例分析"美丽劳动"和美好生活的内涵与特征。

3. 结合自身专业，谈谈你打算如何通过"美丽劳动"创造美好生活，实现自身价值。

第五章　新时代大学生劳动教育实践

【学习目标】

掌握大学生日常生活劳动、生产劳动和服务性劳动的概念，理解大学生参与日常生活劳动实践、生产劳动实践、服务性劳动实践的意义，了解大学生日常生活劳动实践、生产劳动实践、服务性劳动实践的主要形式。

第一节　大学生日常生活劳动实践

一、大学生日常生活劳动概述

日常生活劳动是将人内在的体力、智力进行对象化的过程，是一种与日常生活相联系的社会实践活动，是劳动最基本的形式，也是人与动物最本质的区别。日常生活劳动的内涵非常丰富，包括简单生活劳动和复杂生活劳动、传统生活劳动和现代生活劳动、重复性生活劳动和创造性生活劳动等。广泛地看，人们时时刻刻都在进行日常生活劳动，并通过日常生活劳动改变着生活。

大学生日常生活劳动是指大学生围绕家庭生活、学习生活等方面所进行的日常劳动，它包括个人日常生活事务处理和集体生活劳动，如个人内务整理、宿舍打扫、校园保洁、食材烹饪等。

▶▶ **经典悦读**

全面建成社会主义现代化强国，实现中华民族伟大复兴的中国梦，根本上靠劳动、靠劳动者创造。伟大的事业需要伟大的精神，我们要在全社会大力弘扬劳动精神，贯彻尊重劳动、尊重知识、尊重人才、尊重创造的重大方针，树立辛勤劳动、诚实劳动、创造性劳动的理念，让劳动光荣、创造伟大成为铿锵的时代强音，让劳动最光荣、劳动最崇高、劳动最伟大、劳动最美丽蔚然成风。①

二、大学生参与日常生活劳动实践的意义

劳动是创造价值的源泉，劳动是产生真正的教育的土壤。新时代的大学生是筑造实现中华民族伟大复兴这一梦想的新生力量，是建设社会主义伟大事业的接班人，要继续创造更多、更大辉煌，必须树立起正确的劳动观念，尊重劳动，参与劳动，积极实践。大学生日常生活劳动实践的重要意义在于它具有特殊的价值，主要表现在大学生通过日常生活劳动实践所达到的自我满足的程度和对社会满足的程度。因此，大学生日常生活劳动实践的价值是自我价值与社会价值的统一。日常生活劳动是劳动中最基本的部分，有助于大学生学会劳动，创造更美好、更幸福的生活。注重日常生活劳动，大学生需要从日常做起，从"扫一屋"开始，持之以恒，不断认识自我、发展自我、完善自我，这对于良好劳动习惯的形成、良好劳动品德的养成，以及劳动知识与技能的学习有着积极意义。

（一）有利于大学生良好劳动习惯的形成

所谓习惯，也称惯习、定势，一般指积久养成的不易改变的生活方式或行为。习惯具有两个明显特点：一方面它是长期以来形成的，另一方面它是不易改变的。习惯既有积极作用，也有消极作用，一旦养成，就会对人的发展产生重要影响。良好的学习、工作和卫生习惯是一个人成就学业、事业，拥有美好人生的重要前提。

大学生的劳动习惯是在长期的劳动实践训练中逐渐形成的，是一种较为稳固的行为模式。在现实中，有些大学生从小衣来伸手，饭来张口，很少参加劳动实践，没有养成劳动习惯，以至于到了大学阶段，出现生活自理能力差、好逸恶劳等现象，个人的生活、学习等受到了严重影响。这些现象需要引起家庭、学校甚至全社会的高度重视。大学生要主动、积极地参加日常生活劳动，在日常生活劳动中体悟人生的真谛，养成良好的劳动习惯。

（二）有利于大学生良好劳动品德的养成

品德，也称品性或德行，劳动品德是个体依据一定的伦理要求、道德规范或行为准则在劳动过程中表现出来的某些稳固的心理特征或倾向。品德是通过与伦理道德有关的态度、言论以及一系列行为举止反映的，是稳定的。一般认为品德由认识、情感、意志和行为四个要素构成，这四个要素既相互独立，又相互联系。因此，良好品德的

---

① 参见《大力弘扬劳动精神，勤于创造勇于奋斗——论中国共产党人的精神谱系之二十》，载《人民日报》，2021-10-03。

养成需要解决道德认识、道德情感、道德意志和道德行为方面的问题。大学生良好劳动品德的养成必须与具体的日常生活劳动实践相结合。在日常生活劳动中，大学生要辛勤劳动、诚实劳动、创造性劳动，深刻理解"不仅要有力量，还要有智慧、有技术、能发动、会创造"的道理。比如，当家里有客人来访时，要提前打扫卫生，整理房间，得体着装，热情迎客。有人认为这是日常生活中的小节，不必过于重视，但细节决定成败，小节影响大事。良好劳动品德是在日常生活劳动中形成和发展起来的，大学生必须注重日常生活劳动。

（三）有利于大学生劳动知识与技能的学习

劳动知识与技能是全面提升大学生劳动素养的基础。卫生保洁、形象塑造、整理收纳、洗衣做饭等日常生活劳动不仅具有活动筋骨、锻炼身体，培养劳动情感的作用，而且还有助于大学生劳动知识与技能的学习。在现实生活中，大学生的很多日常生活劳动往往由学校或家长代劳，大学生的日常生活劳动实践参与度不够。在新时代加强劳动教育，就要引导大学生在日常生活劳动中感受生活必需品的来之不易，体会劳动创造物质财富、满足基本生活需求的伟大，体认劳动不分高低贵贱，从而尊重劳动者、尊重劳动成果，形成正确的劳动价值观。

三、大学生日常生活劳动实践的主要形式

《大中小学劳动教育指导纲要（试行）》指出，高校应使大学生"巩固良好日常生活劳动习惯，自觉做好宿舍卫生保洁，独立处理个人生活事务，积极参加勤工助学活动，提高劳动自立自强能力"。为了提高大学生的劳动自立自强能力，必须有序、有效开展日常生活劳动实践教育，统筹、协调好家庭、学校和社会三个方面的日常生活劳动实践，积极引导大学生树立正确的劳动价值观并自觉践行。

（一）家庭生活劳动实践

家庭是大学生进行劳动的重要场所，作为家庭成员，大学生应主动承担家务劳动。首先，从个人角度来看，大学生应做好内务整理，如个人衣物的清洗、卧室整理等。其次，从家庭成员的劳动分工角度来看，大学生还需承担家庭事务的处理工作，如做饭、洗碗、采购生活物资、大扫除、家电维护等。

1. 家居清洁

第一，卧室的清洁。卧室的清洁包括卧室的天花板、墙面、门窗、地面及家具等的清洁。在清洁打扫时，首先，应按照从上到下、从里到外的空间顺序进行操作。从上到下，即依次清洁卧室天花板、墙面、家具、地面；从里到外，即应从卧室最里端开始清洁，直至卧室门口，如卧室内有阳台，则应该从阳台开始清洁打扫。其次，如想清洁家具内、外部，则应从家具内部最上端开始清洁，家具内部清洁完毕后，再从家具外部最上端开始清洁家具外部。值得注意的是，在清洁卧室时，清洁动作不宜太大，以免损坏卧室内家具或物品，在清洁卧室的天花板和墙面时，应用干净塑料布或

类似物品罩住床铺，以免灰尘污染床铺。

第二，客厅的清洁。客厅的清洁包括客厅的吊顶、墙面、地面、沙发、茶几、电视、鞋柜等的清洁。客厅的清洁与卧室的清洁基本相同，但客厅中的物件更多，需要大家在日常生活劳动实践中更加耐心和细心。

第三，厨房的清洁。厨房的清洁包括餐具、炊具、煤气灶、油烟机等的清洁。由于烹饪会产生大量油污，因此厨房的清洁是日常家务清洁中的重头戏。餐具和炊具应及时清洗，不宜拖拉，一般要先洗不带油的后洗带油的，先洗小件后洗大件，先洗碗筷后洗锅盆，边洗边码放。此外，清洁煤气灶、油烟机等需要一定的技巧，如有困难可以上网查询具体的方法或购买相关去油污的产品。

第四，浴厕的清洁。不同家庭的浴厕在格局上有所不同，但基本的设施、设备大致相同，在对浴厕进行清洁的时候，可以参照以下步骤。首先，关闭浴厕内的电器电源，进行墙面的清洁，浴厕的墙面一般都是瓷砖，在擦拭前可用清洁剂兑好水，再用一块抹布蘸少量水进行擦拭，擦拭后用清水冲净，再用干抹布擦净即可；其次，是水池和浴盆的清洁，可以用清洁剂进行擦洗，随后再用消毒液进行消毒；再次，马桶的清洁是浴厕清洁的重点，应先在马桶内放入适量的水，拿马桶刷清洗一遍后，再倒入洁厕灵用刷子搅匀后刷洗，如污垢较重，可倒入少许洁厕灵进行浸泡后再刷洗，直至干净；最后，是关于地面的清洁，可以按照墙面的去污方法进行清洁，随后再用拖布把地面拖干净。

2. 衣物的洗涤与晾晒

第一，衣物的洗涤。衣物的洗涤包括内衣、外衣、被褥、床单等的洗涤。为避免洗涤过程中的交叉污染损害人体健康，衣物洗涤时应坚持分类洗涤，各人的衣物最好单独洗，至少应把大人和小孩的衣物分开洗，健康者和有病者的衣物分开洗，内衣和外衣分开洗。此外，内衣裤和袜子最好单独手洗。

第二，衣物的晾晒。衣物的晾晒应根据不同的材质和颜色采取不同的方法，但不管采取何种晾晒方法都应注意以下几点：其一，晾晒衣物需避免阳光直射，应在阴凉通风处晾至半干时，再放到较弱的太阳光下晒干，以保护衣物的色泽，尤其是像毛、绸等材质的衣物，经阳光直射后，往往颜色变黄，因此这类衣物应在树荫下阴干；其二，晾晒衣物时，衣物可能会被风吹到一起或者吹落，可使用晾衣夹进行固定。

3. 膳食烹饪

第一，蒸米饭。在蒸米饭的过程中需要注意淘米的次数不宜过多，以 2～3 遍为宜，米和水的比例要适当。此外，无论用何种器具蒸米饭，加热的时间要充足，以保证米饭充分受热，更加松软可口。

第二，蒸馒头。在制作过程中需要备足面粉、发酵粉、食用碱等原料，将发酵粉用温水化开，倒入面粉中，和面后静置发酵。待面团发酵到原来的 2 倍大时，搓条下剂，剂重为 50 克左右，将剂子揉成上尖下圆的形状，醒 10 分钟左右，就可以放入蒸笼加热，直至馒头拍打有弹性即可。

第三，包饺子。包饺子有和面、备馅、擀皮、包和煮五个环节，需要注意以下几个要点：其一，在剁好的饺子馅里加入调料后需朝同一个方向搅拌均匀，然后调节咸淡；其二，注意擀饺子皮时，案板上要撒些干面(浮面)，以防粘连；其三，煮饺子时，需要点加 2～3 次冷水，反复点水煮后即可食用。

第四，做菜。常用的做菜方法有炒、煎、炸、熘、焖、炖、煮、拌等。每种原料都可以用多种制作方法。例如，鱼可以红烧、清蒸、煎炸；鸡可以先过油炒熟，再小火慢炖熬制成美味的鸡汤。大学生应在日常生活劳动中不断学习膳食营养知识，掌握做菜的方法和技巧，为家人和朋友烹制美味的菜肴。

4. 日常维修

第一，桌椅的维修。桌椅长期使用会出现各种各样的问题，如螺丝松动或脱落、桌椅腿断裂、腐蚀生锈等，使用起来不美观还存在安全隐患。因此，大学生在日常生活中需具备一定的维修技能，能处理常见的桌椅破损问题。例如，榫头断裂，可以在榫头上涂一层薄薄的胶水，然后用丝线紧紧地缠住它，将缠有丝线的榫头晾一天，然后再用胶水将经过加固的榫头牢牢地粘在榫槽中；凳面出现裂缝、磕碰等问题，可以先用白胶水拌木屑，把损坏的地方边填补边打磨，然后再进行表面的上色、调色、抛光，直到把凳面修补完整。

第二，灯具维修。家庭中的照明灯具时常会出现各种问题，需要大学生学会更换灯具。在更换灯具的时候，要注意先切断电源，手不能与灯具底部的金属部分接触，以免发生危险。

第三，水龙头维修。在维修水龙头之前，需要关闭阀门，避免维修时漏水。维修时，先用螺丝刀卸下水龙头把手上的小螺丝，接着拆下固定在水龙头主体上的把手。查看水龙头的各部件，取下固定垫圈的螺丝，用一个相同型号的新垫圈替换。将新的垫圈固定到阀芯上，把水龙头中的各部件重新装好，最后安装把手，并把按钮或圆盘装回去。如若打开阀门不漏水则维修完成，若还是漏水则需进一步检查水龙头的阀座、密封圈等是否出现问题，进行维修或更换。

综上所述，日常家庭生活中的劳动实践十分丰富，是大学生劳动教育实践的重要组成部分。大学生要经常参加一些力所能及的家庭生活劳动，努力掌握一些生活技能。大学生自觉参与、坚持不懈地进行家庭生活劳动实践，不仅有利于增进家庭成员之间的关系，也是其锻炼身体素质、增强劳动意识的绝佳课堂。

(二)学校生活劳动实践

学校生活劳动是指大学生参与宿舍、教室、食堂、校园其他公共场所的卫生保洁、绿化美化等与日常生活有关的劳动。学校生活劳动有利于培养大学生的良好劳动习惯、集体劳动意识、吃苦耐劳精神。

1. 学校个人生活劳动

学校个人生活劳动是指在学校环境中，大学生围绕自身的健康、快乐幸福而进行的独立处理个人卫生、培养基本生活技能等方面的劳动。在校园生活中，如果大学生只知道埋头学习文化课，忽略个人生活劳动，可能导致大学生生活技能差，缺乏独立处理个人日常事务的能力，这会严重影响他们毕业后的社会适应能力，他们很难成长为德智体美劳全面发展的社会主义建设者和接班人。因此，加强大学生劳动教育，应该教育大学生从重视日常的个人生活劳动开始，夯实基础。大学生的学校个人生活劳动包含丰富的内容，主要包括个人内务整理、仪容仪表规范、养成良好的卫生习惯、勤工助学等方面。

(1)个人内务整理

注重个人内务整理是一种良好的生活习惯，但有不少大学生忽视了个人内务整理，总认为这是小节。在大学宿舍中，不叠被、不铺床、个人物品随意摆放、脏衣物堆积如山、垃圾随地乱扔等现象并不少见。这些不良生活习惯不仅有损身体健康，而且严重影响宿舍形象。因此，大学生个人内务整理具有重要意义。

(2)仪容仪表规范

仪容仪表能反映一个人的精神风貌和文明素养。在学校日常生活劳动教育方面，要关注对大学生仪容仪表规范的教育，把它作为大学生学校日常生活劳动教育的一项重要内容。仪容仪表主要包括以下几个方面的内容。

①穿着得体。大学生应该根据自己的身材及喜好去选购合适的衣服，实现衣服选购、搭配等方面的完全独立。同时，衣服要勤换洗，保持干净整洁。大学生还应该根据天气变化或社交场合的变化选择适宜的衣服。

②面容端庄。大学生要保持面部洁净，还要勤理发、勤洗头，选择适宜的发型、发色。

③手部干净。大学生要坚持1～2周修剪一次指甲，不留长指甲，不涂指甲油。大学生还要勤洗手，做到手心、手背、甲缝里洁净。

(3)养成良好的卫生习惯

①作息规律。有规律的生活对促进身心健康非常有利，但在现实生活中，有些大学生作息紊乱、无视锻炼、缺少劳动，这些行为使大学生养成了不良生活卫生习惯，有损身心健康。因此，在日常生活劳动中，大学生要养成起居有序、作息规律等良好的作息习惯。

②个人衣物清洗与晾晒。有些大学生的日常生活劳动意识淡薄，生活技能欠缺，自理能力差。比如，换下来的脏衣服要么打包带回家，要么等父母来校集中清洗，要么花钱找人代洗；床单、被套每半年象征性地洗一次，被子也很少晾晒。这些现象应当有所改变。勤洗澡、勤换衣、勤洗衣、勤晒被子，这是对大学生的基本卫生要求。大学生要在日常生活中提高劳动意识，掌握洗衣、晾晒等基本的日常生活劳动技能，养成良好的个人卫生习惯。

（4）勤工助学

勤工助学（或勤工俭学），是指大学生在学校的组织下利用课余时间，通过劳动取得合法报酬，用于改善学习和生活条件的实践活动，是学校提高学生综合素质和资助家庭经济困难学生的有效途径。通常，勤工助学活动应坚持"立足校园、服务社会"的宗旨，由学校在不影响正常教学秩序的前提下，采用公开招聘、个人申请、教师推荐相结合的方式进行择优录用。如今，各高校都在积极开发校内资源，满足学生参与勤工助学的需要。校内勤工助学岗位设置一般以校内教学助理、科研助理、行政管理助理和学校公共服务为主，通常有图书馆管理员、教学楼层管理员、卫生清洁员、学生助理、考场引导员等，由学校学生资助中心发布招聘岗位名称、职责、劳动时间、劳动报酬、社会实践分值等岗位信息。大学生在学有余力的情况下应积极利用课外时间参加勤工助学活动，认真履行岗位职责，按时保质保量完成岗位任务，并获得相应的劳动报酬，在勤工助学劳动实践中不断实现成长进步。

2. 学校集体生活劳动

学校集体生活劳动是指大学生参加宿舍清洁美化和校园保洁美化等劳动。集体生活劳动的内涵主要体现在：第一，劳动主体是大学生群体；第二，劳动场所是校园内的宿舍、教室、实验室、道路、草坪等；第三，劳动内容是与日常生活相关的打扫、清洗、擦抹等活动。集体生活劳动教育的目的主要在于培养大学生的劳动情怀、集体意识、协作精神。集体生活劳动的内容主要包括宿舍清洁美化和校园保洁美化两个方面。

（1）宿舍清洁美化

宿舍是大学生学习与生活的重要场所。大学生的大部分课余时间是在宿舍度过的，包括休息娱乐、谈心交友、课余阅读等活动。一个环境明亮整洁、物品陈列有序、空气清新怡人的宿舍，不仅能为大学生提供舒适温馨的居住环境，而且能成为大学生陶冶情操、栖息心灵的港湾；它不仅能体现大学生良好的个人卫生习惯和文明的生活方式，而且能反映大学生的精神面貌和品德修养。因此，大学生要清洁美化宿舍。

要想把宿舍打造成一个学习与生活的温馨栖息地，就需要宿舍里的每个成员都行动起来，投身到宿舍清洁美化劳动中，维护宿舍环境文明。清洁美化宿舍应该贯彻以下三条原则。第一，低碳。低碳不仅是当下流行的概念，也是人们所践行的简约生活方式。大学生宿舍一般容纳4～6人，空间有限，大学生可充分利用易拉罐、饮料瓶、废纸盒、旧衣服等废旧物品，做成较为实用的生活用品，践行低碳、环保的生活理念。第二，舒适。宿舍是大学生休息放松的地方，大学生宿舍清洁美化要考虑实际情况，以简约为主，突出舒适、怡人的特点。第三，特色。宿舍特色是指本宿舍明显区别于其他宿舍的风格和形式，主要体现在宿舍文化方面。宿舍文化以宿舍成员共同的价值观为基础和核心，由涉及宿舍生活各个方面的价值准则、群体意识、行为规范等组成，包括物质、精神、关系等层面的文化，对于宿舍成员具有潜移默化的影响。大学生可以基于不同的宿舍文化进行宿舍清洁美化，形成自己宿舍独特的风格特点，体现宿舍特色。首先，全体宿舍成员共同参与，商议宿舍特色，为清洁美化宿舍确定方向，如学习型宿舍、运动型宿舍、友爱型宿舍、创业型宿舍、互助型宿舍、阳光型宿舍、追梦型宿舍。其次，根据确定的特色方向，选购或动手制作清洁美化宿舍所需要的物品，如书籍、球拍、绿植、墙纸、桌布、收纳箱、挂衣杆、贴画。最后，全体宿舍成员动手清洁美化，有人负责墙面，有人负责地面，有人负责桌面，有人负责门窗，有人负责床铺等，分工与合作相结合。

（2）校园保洁美化

学校是大学生学习、生活、成长的地方，是大学生共同的家园。校园环境直接影响着大学生的学习、生活与身心健康。校园环境在很大程度上体现了一所学校的文明程度。校园保洁美化是指校园里各楼宇、运动场地、广场、草坪、道路、桥梁、沟渠等的保洁及美化。"校园是我家，保洁美化靠大家"，校园保洁美化是每个大学生的责任与义务。大学生参与校园保洁美化劳动，可以使校园环境干净、整洁、美丽，为大家营造一个舒适的学习与生活环境，可以促进学习效率的提升，有利于身体健康，有利于良好卫生习惯的养成，有利于劳动技能的掌握，有利于集体主义精神和合作精神的培养。校园保洁美化劳动主要包括查看现场情况、校园室内保洁、校园室外保洁和校园环境美化等内容。

①查看现场情况。进入保洁场所开始保洁工作前，先要查看保洁场所的现场情况，如课桌椅凳、门窗玻璃、实验设备、运动器材等物品有无损坏，楼宇、道路、桥梁、沟渠、草坪等处是否存在异常。发现损坏、异常等情况要做好记录，并及时向学校有关部门报告。

②校园室内保洁。保洁场所包括教室、实验室、办公室、会议室、图书馆、资料室、机房、库房，礼堂、食堂等。保洁对象包括天花板、墙面、地面、桌椅、黑板、讲台、柜子、书架、门窗、玻璃、灯具、电扇、沙发、空调、碗碟、水杯等。保洁方法包括扫、拖、擦抹、洗刷、整理、清理、更换等。保洁要求包括室内干净无尘、空气清新、桌椅物品摆放整齐等。

③校园室外保洁。保洁场所包括户外场地、沟渠、池塘等。保洁对象包括走廊、台阶、指示牌、宣传栏、运动场、停车场、亭台、桥梁、花草树木等。保洁内容包括台阶清洗、杂草清除、沟渠清理、垃圾清运、道路修整、亭台擦抹，树枝修剪等。保洁要求包括地面干净无污迹、墙面干净无贴画、沟渠畅通无臭气、绿地绿化无杂草、树木修整无枯枝、亭台清洁无灰尘等。

④校园环境美化。美化校园环境就是美化生活，校园环境美化的基本要求主要有以下几点。第一，参与。人人参与美化校园环境的劳动，使之成为大学生自觉的行动。第二，环保。大学生应该增加环保意识，在美化校园环境的时候，充分考虑和利用现有条件，不铺张浪费。分类回收垃圾，创建无烟校园，讲求实用，体现低碳、绿色、

环保的生活方式。第三，美丽。校园的环境设施会对学生产生潜移默化的影响，美丽校园既是每所学校所追求的目标，也是校园建设的一项重要内容。第四，特色。每所学校的地理位置、办学历史、发展定位，精神风貌、文化底蕴各有特色，在美化校园环境的时候，要充分考虑这些特色。

当代大学生应该积极行动起来，增强劳动意识，积极投身到美化校园环境的劳动中，在劳动中培养集体主义精神、协作和进取的意识，逐渐养成爱劳动的良好习惯。

（三）社会生活劳动实践

大学生在走进社会后，尤其是进入职场后，将担任多种社会角色，需要学会处理社会环境中与自己相关的劳动事务。相比于家庭生活劳动和学校生活劳动，社会生活劳动更多的是履行自己作为职员和公民的劳动义务，体现的是自己的利他价值和社会价值。因此，社会生活劳动在一定范围内除具有强制性外，还受到社会舆论和公德等的制约。

大学生在步入社会后所涉及的社会生活劳动有办公室生活劳动。在办公室生活劳动中，大学生要注意以下几个方面。一是注重个人的清洁卫生。注重仪表仪容，着装得体、面容整洁、举止大方，身上不要有异味或过于浓烈的香水味，穿衣风格要符合职业需求。二是注重个人办公桌上的内务整洁。办公桌上的物品摆放应错落有致，按照从高到低、从大到小、标签朝外的原则进行摆放，茶具、水杯、水壶等应经常清洗，尽量不要有茶垢、污渍等，保持桌面干净整洁。三是办公室整体的清洁卫生工作应该按照劳动分工或者轮班值日的方式进行，共同营造舒适、整洁的办公环境。严禁在办公室内吸烟，及时处理办公室的垃圾。

第二节　大学生生产劳动实践

一、大学生生产劳动概述

生产劳动主要指向人与物之间的关系，是以直接创造生产、生活必需品，满足国家、社会和个人物质需求和财富积累为目的的活动。[①] 生产劳动体现的是物质生产领域的劳动，大学生在参与工农业生产劳动的过程中，可以掌握相关技术，感受劳动创造价值，增强产品质量意识，体会平凡劳动中的伟大。

---

① 参见郝志军主编：《大中小学劳动教育指导纲要（试行）解读》，25页，北京，北京师范大学出版社，2021。

马克思在分析商品的价值和使用价值的时候指出，生产商品的劳动有两个方面，即生产使用价值的具体劳动和生产价值的抽象劳动。[①] 生产劳动所获得的结果不一定都是具有物质形态的产品，也可以是非物质形态的。因此，生产劳动可以分为两个部分：一部分是生产物质产品的劳动；另一部分是非物质性的生产劳动，但它直接影响物质产品的生产，其劳动实践的过程和结果具有生产性。生产劳动具体可以分成七大类：生产物质产品的劳动，生产各种能量和效用的劳动，各种生产性服务的劳动，各种物质性的居民服务的劳动，为生产服务的发明、设计、专利、咨询等劳动，具有物质形态的各种精神劳动，提高和强化生产三要素（劳动力、劳动工具、劳动对象）并使它们组织协调的劳动。[②]

总而言之，生产劳动就是生产各类产品而进行的劳动，目的在于改变物的使用价值，在这个过程中劳动被固化，因而创造价值。正是因为有了生产劳动，商品的使用价值才会提高，商品交换才会变得有意义。因此，生产劳动是构成其他劳动形式的前提，具有基础性的意义。

二、大学生参与生产劳动实践的意义

（一）有利于促进大学生的全面发展

在新时代背景下，国家更加重视劳动，重视劳动教育，提出"德智体美劳"五育并举的人才培养要求，提出将生产劳动和社会实践相结合。教育同生产劳动相结合是新时代劳动教育的基本原则，体现了社会主义教育的必然规律，符合现代社会生产、科学技术发展的客观要求。生产劳动是人类基本的实践活动，是人类社会存在和发展的基础，不仅是物质财富的源泉，而且是人的体力和智力发展的源泉。生产劳动实践对大学生的全面发展起着重大作用。大学生积极参加生产劳动实践能有效增加生产经验和社会经验，促进德智体美劳的全面发展。

（二）有利于促进大学生的专业成长

生产劳动实践与大学生的专业成长息息相关，是大学生课堂教学的有益延伸和补充，可以帮助大学生巩固和深化在课堂上学到的专业知识，并促使大学生把这些专业

---

① 参见史钟锋、董爱芹、张艳霞主编：《新时代大学生劳动教育》，5 页，北京，清华大学出版社，2022。

② 参见俞立军、李慧萍主编：《职业院校劳动教育教程》，82 页，北京，北京师范大学出版社，2021。

知识运用于实践中，锻炼和增强其解决实际问题的能力，同时帮助大学生开阔视野，学习新的知识，激发其学习的积极性和主动性。通过广泛的生产劳动实践，大学生也能发现自身专业知识和专业能力的不足之处，从而比较客观地重新认识、评价自我，主动调整知识结构，不断挖掘自身潜力，有利于其专业成长、全面成才。

三、大学生生产劳动实践的主要形式

大学生生产劳动实践的主要形式有实习、专业实训和创新创业等。

（一）实习

实习，即在实践中学习，大学生的实习一般是在基本完成专业课程之后，到专业对口的现场直接参与生产实践，综合运用本专业所学的知识和技能，以完成一定的实习任务，并进一步获得感性经验，掌握各项业务技能，提高在生产实践中发现问题和创造性解决问题的能力。我国高校现有的实习大致可以分为认识实习、生产实习、毕业实习等形式。

大学生在参与各种实习活动时，应根据指导教师要求，准备实习所需资料，做好实习前准备；自觉遵守学校及实习单位有关安全和保密工作的各项规章制度，遵守作息制度和纪律规定，不得迟到、早退或溜岗，有事须向指导教师请假，未经同意不得擅自离岗；按实习教学大纲、实习实施计划的要求和规定，认真地完成实习任务；记好实习笔记，写好实习报告并参加考核；尊重实习单位工作人员，虚心学习。

（二）专业实训

专业实训是指围绕课程内容、结合专业技术能力组织的一种综合的实训活动。专业实训的目标是"把企业搬进学校，在学校里实习"。随着高等教育与生产劳动结合工作的不断开展和推进，高等教育实训化已经逐渐成为主流，并且教育实训化的方式和手段也在不断更新。企业需要复合型人才，要求大学生不仅具备专业性的知识，还要对企业整体的业务流程有一定的认知。大学生可以通过专业实训提升自己的劳动实践能力，为未来进入社会奠定基础。

（三）创新创业

大学生作为年轻的知识群体，对未来充满激情，具有敢闯敢拼的创新精神，这是其他群体不具备的优势。同时，大学生有着较为丰富的知识储备、较高层次的技术优势，能够运用新知识、新技术、新方法等来进行创新创业实践。因此，大学生是创新创业的主力军。

高校可结合创新创业鼓励大学生积极参与生产劳动实践。例如，鼓励大学生根据市场调研，听取相关专家建议，撰写和完善创新创业计划书；鼓励大学生赴知名企业开展实习，通过积累职场工作经验，为日后创业打下良好基础；鼓励大学生深入政府部门开展创新创业类主题调研，深入各类企业开展广泛调研，就其运营模式、管理方

式展开分析研究，并提出建议。

大学生在开展创新创业活动前，应积极学习创新创业知识，了解国家在创新创业方面的政策。在创新创业的过程中，大学生应增强市场观念，增进对企业管理、团队建设、市场营销的认识，学以致用，提高自己的能力，逐步胜任创业者的角色。

第三节　大学生服务性劳动实践

一、大学生服务性劳动概述

服务性劳动是指劳动者利用自身储备的知识、技能，利用一定设备工具为他人或社会提供一定的服务。相比于其他类型的劳动，服务性劳动的无偿性和公益性特点突出，是人们在志愿服务愿望的驱动下，没有任何目的性地为他人和社会提供帮助的一种公益行为。随着时代的变迁，大学生与社会的联系日益紧密，应在教师的指导下，走出教室，参与实践活动，用自己的劳动价值满足他人的需要。

▶▶ **理论探微**

恩格斯从唯物史观的角度对劳动的价值进行了阐述，认为劳动创造了人类历史和人本身。劳动对人头脑的开发，人的交往方式、思想观念的改变，从未停止过。因为劳动，人才能实现全面发展。因此，人类发展史也是一部劳动发展史。而服务性劳动，则强调劳动者用自己的劳动知识、技能参与服务他人、服务社会的活动。服务性劳动具有非功利性，以期培养敢于奉献、勇于吃苦耐劳的劳动者。同时，恩格斯在科学社会主义视域下指出，服务性劳动是社会向理想社会靠拢的重要过程。

新时代，加强大学生劳动教育是实现中华民族伟大复兴的应然之举。《关于全面加强新时代大中小学劳动教育的意见》明确指出："劳动教育是中国特色社会主义教育制度的重要内容，直接决定社会主义建设者和接班人的劳动精神面貌、劳动价值取向和劳动技能水平。"高校作为培养大学生的重要教育机构，理应承担起加强劳动教育、提升劳动教育效果的责任。

二、大学生参与服务性劳动实践的意义

（一）有助于提升大学生主观幸福感与自我效能感

主观幸福感是个体对自己生活状态的总体判断，以及个体在社会功能与适应状

态上的综合反映，是个体心理健康水平的重要标志之一。[①] 而随着社会竞争日益加剧，大学生也不可避免地面临着学习、就业等各方面的压力，当这些压力无法以恰当的方式排解时，将直接导致大学生降低主观幸福感，陷入自我怀疑的状态。在此背景下，大学生参加志愿服务活动，奉献自己的时间、知识、财力、技术，这种不计报酬的公益活动，能够有效满足大学生自我实现和奉献社会的需要。与此同时，大学生也能通过自我奉献满足被他人尊重的心理需求，感觉自己被需要，提升自我价值感。此外，在参加服务的过程中，大学生能够有效与他人建立情感联结，提升自我认同感，而这种自我认同感将直接影响大学生的主观幸福感。

另外，大学生参加志愿服务也是提升自我效能感的有效途径。自我效能感是个体在实现特定目标过程中所体现的应对挑战的信心和信念，是一种相对稳定的心理特征。影响自我效能感的因素包括个人成败经验、个人自身的认知、他人对自己的评价、外部环境等。[②] 大学生参加志愿服务是一种利他行为，在志愿服务过程中成功经验的积累有利于提升自己的生活阅历，丰富自我认知体系，增加对自我能力的肯定，能够有效提升自我效能感。

（二）促进大学生形成良好的劳动品质

随着社会的发展和物质生活的提升，以及在多元价值观的影响下，少数大学生想要走捷径，想要快速成名、获利，习惯了过度消费，偏离了中华民族传统吃苦耐劳的精神和勤俭节约的品质。另外，随着生活条件改善，家长对大学生过度"呵护"也使得他们远离劳动。除去生长环境的影响，学校劳动教育的长期"缺位"，也使得大学生存在劳动价值认识不足、劳动观念出现偏差等问题。为了改变这种尴尬局面，学校必须厚植劳动教育情怀，帮助大学生形成良好的劳动品质。

服务性劳动恰恰是提升大学生劳动品质的良好载体。首先，大学生在参加服务性劳动过程中能够进入真实的社会场景，跳出课堂、书本，在这个过程中，大学生会面临诸多的问题和困难，这促使大学生磨炼自己的意志，坚定自己的信念，从而养成吃苦耐劳的品格。其次，大学生在参与服务性劳动时，会与不同服务对象进行交往，其中会有老年人、残障人士、儿童等，了解这些群体的特点、构成和需要，与他们开展有效沟通并提供服务，这些都有助于大学生形成同情心、同理心，感受到帮助他人的快乐，认识到个人价值和社会责任。大学生也能从中进一步体会到劳动的艰辛和不易，从而发自内心地珍惜现在的美好生活，珍惜劳动成果。

（三）有利于增强大学生的社会责任感

社会是由人和环境形成的关系总和，是一个不可分割的整体。社会不可能离

---

① E. Diener, M. S. Eunkook & E. Richard et al. , "Subjective Well-Being: Three Decades of Progress," *Psychology Bulletin*, 1999(2), pp. 276-294.

② Albert Bandura, "Self-efficacy: Toward a Unifying Theory of Behavioral Change,"*Psychological Review*, 1977(2), pp. 191-215.

开人而存在，而每个人也不能独立存在。虽然每个人的职业不同、岗位不同，所承担的责任也不尽相同，但要把工作做好，都离不开一个共同的因素，那就是强烈的事业心和责任感。服务性劳动实践对于培养大学生的社会责任感具有不可替代的作用。

大学生参加服务性劳动能够有效建立起与他人、组织、社区的联系，在服务中树立正确劳动观，形成尊重劳动、尊重劳动成果的理念，养成节俭、勤劳、奉献的劳动精神和品质。服务性劳动可以有效成为提升大学生社会责任感的载体，大学生通过进入社会实际场景，了解并关注社会问题，可以形成对国家和社会的责任感。若按照服务群体进行划分，服务性劳动可以划分为两大类型：一种是面向特殊人群的，如探望敬老院孤寡老人、关爱留守以及残疾儿童；另外一种是面向社会公众的，如支援西部建设、到农村支教、充当公益使者。在参与服务性劳动时，大学生需要坚持实践正义原则并且愿意帮助他人，树立服务集体、奉献社会的意识，强化自己的责任担当。

三、大学生服务性劳动实践的主要形式

大无畏的奉献精神是社会责任感的集中体现，是践行社会主义核心价值观的应有之义。广大的青年学生作为社会主义事业的建设者和接班人，肩负着实现中华民族伟大复兴的重要责任，更要扭转轻视劳动、逃避劳动和功利地看待劳动价值的观念，自觉承担社会责任，在实现自我价值的同时服务他人、奉献社会。大学生服务性劳动实践的形式丰富多样，具体情况如下所述。

（一）志愿服务活动

大学生可以参加一些大型的志愿服务活动，如"三支一扶"计划、大学生志愿服务西部计划、"青年红色筑梦之旅"、"三下乡"等。

1."三支一扶"计划

"三支一扶"计划指大学生在毕业后到农村基层从事支农、支教、支医等工作。"三支一扶"计划自 2006 年实施以来，采用公开招募、自愿报名、组织选拔、统一派遣的方式，已累计选派数十万名高校毕业生到基层从事服务，为促进农村基层教育、农业、卫生等社会事业的发展、建设社会主义新农村和构建社会主义和谐社会做出了卓越贡献。

"三支一扶"计划的实施过程主要包括组织招募和对大学毕业生工作期间的管理服务两方面内容。对服务期满考核合格的大学生，颁发由人事部统一印制的《高校毕业生到农村基层服务证书》，作为服务期满后享受相关就业优惠政策的依据。

2. 大学生志愿服务西部计划

大学生志愿服务西部计划，是教育部根据国务院常务会议、《国务院办公厅关于做好 2003 年普通高等学校毕业生就业工作通知》和 2003 年全国高校毕业生就业工作电视

电话会议精神的要求而实施的。该项计划从 2003 年开始实施，按照公开招募、自愿报名、组织选拔、集中派遣的方式，每年招募一定数量的高校应届毕业生或在读研究生，到西部基层开展为期 1～3 年的教育、卫生、农技等志愿服务工作，鼓励志愿者服务期满后扎根当地就业、创业。

大学生志愿服务西部计划实施以来，已有数十万名大学生参与，他们锻炼了自己，并为国家的社会主义现代化建设做出了贡献。

3."青年红色筑梦之旅"

"青年红色筑梦之旅"活动是中国"互联网＋"大学生创新创业大赛的重要实践活动，旨在鼓励大学生扎根中国大地了解国情民情，接受革命传统教育，用创新创业成果服务乡村振兴战略，走好新时代青年的新长征路。2017 年 8 月 15 日，习近平总书记给"青年红色筑梦之旅"大学生回信，深切勉励大学生"把激昂的青春梦融入伟大的中国梦"，"扎根中国大地了解国情民情，在创新创业中增长智慧才干，在艰苦奋斗中锤炼意志品质，在亿万人民为实现中国梦而进行的伟大奋斗中实现人生价值，用青春书写无愧于时代、无愧于历史的华彩篇章"。[①]

自此，教育部以"红色筑梦点亮人生，青春领航振兴中华"为主题，在更大范围、更高层次、更深程度开展"青年红色筑梦之旅"活动。从延安到古田、从井冈山到西柏坡、从小岗村到闽宁镇、从嘉兴南湖到大庆油田，春秋两载，"青年红色筑梦之旅"活动已成星火燎原之势。

4."三下乡"

"三下乡"是指文化、科技、卫生下乡，是各高校在暑期开展的一项意在提高大学生综合素质的社会实践活动。该活动是为了让大学生以志愿者的身份深入农村，传播先进文化和科学技术，体验基层民众生活，调研基层社会现状。

"三下乡"活动能够把农村建设的需要和大学生的成长很好地结合起来，使大学生在服务农民群众的实践中接触社会，了解国情，增强社会责任感和历史使命感。

（二）公益性服务实践

大学生除参加一些大型的志愿服务活动外，还可以参加公益性服务实践。公益性服务实践是指具有公益性质的社会实践活动，是大学生社会实践的重要类型，如理论宣讲、环境保护、助残敬老、关爱留守儿童、专业服务、社区服务等，旨在引导大学生扎根中国大地，弘扬奉献精神，发挥青春正能量，培养社会责任感和为人民服务的意识。

1. 理论宣讲

理论宣讲是指通过报告会、座谈会、图片展、培训会、文艺会演、宣传海报等

---

① 《习近平总书记给第三届中国"互联网＋"大学生创新创业大赛"青年红色筑梦之旅"的大学生的回信》，载《人民日报》，2017-08-16。

形式，深入城市社区、乡镇农村、企事业单位等地，广泛宣传文化、科学技术知识等。大学生参与理论宣讲实践，服务基层，不仅助力社会公益，普及文化、科学技术知识，更能在实践中得到历练，增强服务社会的能力。

2. 环境保护

环境保护包括环保知识宣传展出、推广科技环保、环保调研、环卫清洁劳动等公益性服务实践。例如，通过报告会、座谈会、图片展、宣讲会等形式进行低碳环保理念的宣传，提高人们的环保意识，引导人们养成绿色、健康的生活方式；联合媒体及各类公益组织对高污染、高耗能企业进行监督，推动其进行绿色科技类改革，摒弃"先污染、后治理"的发展模式；利用自身专业优势，积极参与低碳环保类、绿色科技类项目，推动低碳环保类科技在企事业单位中推广与应用；深入各地开展低碳环保主题调研，掌握企业、居民的生产、生活方式，为进一步提高低碳环保成效提出建设性意见；参加清扫公共环境中的垃圾、植树、回收废旧物品等活动。

3. 助残敬老

聚焦孤独老人、残障失能人员等群体，通过慰问、帮扶、救助、捐赠等形式帮助他们提高生活质量。例如，组织团队，去敬老院慰问老人，表演丰富多彩的节目，为孤寡老人带去欢乐；以"托养＋就业"的方式，开展辅助性就业的助残活动，为残障失能人员提供辅助性就业产品、灵活的就业时间，让他们能够挑选自己擅长的项目、安排自己的就业时间，在劳动技能和生活能力的提升过程中，逐步回归社会，从而更有尊严、更有质量地生活。

4. 关爱留守儿童

通过各种途径为农村、山区、偏远地区的留守儿童提供帮助，送去关爱。例如，利用身边的各种资源开展书籍下乡捐赠活动，巩固乡村图书馆（站）建设；通过各种募集形式，为教学资源不足的乡村中小学提供电脑、白板等教学设备；在乡村中小学为留守儿童开展心理健康团体辅导活动，帮助留守儿童了解心理健康知识，学会进行积极的心理调控，引导他们树立正确的世界观、人生观与价值观；等等。

5. 专业服务

在校内外实训教师的指导下，大学生应用某些方面的专业知识和专门技能为居民、家庭、学校、社区等提供服务。例如，师范专业的学生，针对西部地区、乡镇农村地区中小学师资力量不足、教育水平偏低的状况，可对当地教师进行专业化培训；也可在当地推广普通话，指导中小学生学习现代汉语的基本知识，促进他们语言文字的规范应用。又如，艺术专业学生，可以为幼儿园、小学组织一些课外的学习活动，邀请感兴趣的儿童参加，为幼儿园和小学的课后延时服务助力。

6. 社区服务

社区服务是各方力量直接为社区成员提供的公共服务，如举办科普知识宣讲、文体娱乐活动、普法宣传、卫生医疗义诊活动等。大学生可结合自身专业优势，通过宣讲、知识竞赛等形式耐心为社区居民讲解膳食营养、消防安全、疾病预防、科学育儿等方面的知识。

▸▸ "动"感分享

携爱书途进社区，儿童之家显活力

为关爱社区的学龄儿童，为他们营造一个积极向上的成长环境，多路径促进他们的健康成长，从2021年3月开始，黄山学院教育科学学院组织师生志愿者，主动对接社区"四点半"课堂，开展了以"携爱书途"为主题的活动（图5-1）。

图 5-1　师生志愿者开展活动

在此期间，该学院组建了由48名教育学和心理学专业大学生志愿者组成的团队。在指导教师的培训和组织下，根据志愿服务的内容分为20个小组，每周的周一至周五前往社区开展活动。志愿者根据学龄儿童的身心发展特点，开展团体心理辅导、读书分享、课业辅导等活动。

▸▸ 实践任务

请根据本章内容，结合实际，认真思考以下问题。

1. 谈谈参与劳动教育实践的重要性。

2. 以"不断涌现的新兴职业"为主题，完成实践任务。

直播带货、游戏编程……不断涌现的新兴职业，带给我们很多新的思考，也拓展了我们未来择业的选项。有人认为依靠互联网，成为"网红"能够实现"一夜暴富"，更有甚者断言未来的经济增长将主要依靠新兴职业拉动。事实究竟如何？新兴职业的从业现状是怎样的？新兴职业的从业特点是怎样的？请选择你感兴趣的新兴职业，结合实地探访和网络检索，撰写一份简单的介绍单，并尝试从事新兴职业一周，在交流会上说出你的心得体会，最终将调研与体验的结果，撰写成一份调查报告。

第六章　新时代大学生创新创业与劳动实践

【学习目标】

理解大学生创新创业的基本内涵、大学生创新创业教育的意义和劳动教育与大学生创新创业的关系，认识大学生创新创业的时代际遇和新时代大学生创新创业的劳动价值，掌握新时代大学生应具备的创新创业能力，了解大学生创新创业融入劳动教育实践的必要性、要求、遇到的问题和困难以及主要途径。

第一节　劳动教育与大学生创新创业

新时代面对全球科技革命与产业革命的挑战和国内经济发展新常态下的增速换挡、结构优化、新兴产业不断涌现等新情况，习近平总书记在党的二十大报告中提出要完善科技创新体系，加快实施创新驱动发展战略。创新是驱动发展的重要力量，是建设社会主义经济体系的战略支撑，在我国现代化建设全局中占据核心地位。近年来，党和国家多次出台推进大众创业、万众创新的"双创"政策，鼓励大学生创新创业。在此背景下，高校也越来越重视大学生创新创业，全面提升人才培养质量，为推动我国经济的高质量发展提供了有力支撑。新时代高校劳动教育与创新创业教育相结合是推动国家创新发展的引领力量，是高校人才培养模式改革的创新举措。

一、大学生创新创业的基本内涵

起初，创新和创业是两个独立的概念。创新是指通过创造或引入新的技术、知识、观念或创意创造出新的产品、服务、组织、制度等新事物，并将之应用于社会以实现其价值的过程。创业是创业者对他们拥有的资源或通过努力能够拥有的资源进行优化整合，从而创造出更大经济或社会价值的过程。可见，创新是创业的基础和核心，创业是创新的载体和表现形式，二者具有密不可分的辩证关系。

2010年，教育部颁布了《关于大力推进高等学校创新创业教育和大学生自主创业工作的意见》，在教育领域将创新创业融为一体，提出要"在高等学校开展创新创业教育，积极鼓励高校学生自主创业"。这一举措突破了传统的创新教育和创业教育理念，将大学生创新创业教育的核心价值转向创新精神、创业意识以及创业能力的培养。2015年，国务院办公厅印发了《关于深化高等学校创新创业教育改革的实施意见》，创新创业教育成为我国高等教育改革的新热点。新时代大学生创新创业教育不是让每个大学生都成为创业者，而是重在培养大学生的创新精神和创业能力。

▸▸ 经典悦读

2013年5月4日，习近平总书记在同各界优秀青年代表座谈会时指出："广大青年一定要勇于创新创造。创新是民族进步的灵魂，是一个国家兴旺发达的不竭源泉，也是中华民族最深沉的民族禀赋，正所谓'苟日新，日日新，又日新'。生活从不眷顾因循守旧、满足现状者，从不等待不思进取、坐享其成者，而是将更多机遇留给善于和勇于创新的人们。青年是社会上最富活力、最具创造性的群体，理应走在创新创造前列。"[①]

二、大学生创新创业教育的意义

习近平总书记指出："创新是社会进步的灵魂，创业是推动经济社会发展、改善民生的重要途径。青年学生富有想象力和创造力，是创新创业的有生力量。"[②]大学生创新创业作为国家的重点发展计划之一，是增强国家综合实力的重要抓手。在新时代，遵循国家设计规划，以高校为推进大学生创新创业教育的主体，大力培育大学生的创新精神和创业能力，对国家富强、社会和谐和大学生个人发展具有重要的意义。

（一）服务创新型国家和创新型人才发展战略的需要

新时代是创新发展的时代，大学生作为社会向前发展的原动力，必须与新时代经济发展要求相适应，具有较强的创新创业能力。创新创业人才的培养对于国家长远发

---

① 习近平：《在同各界优秀青年代表座谈时的讲话》，载《人民日报》，2013-05-05。
② 中共中央文献研究室：《习近平关于青少年和共青团工作论述摘编》，4页，北京，中央文献出版社，2017。

展战略和应对激烈的国际竞争具有重要战略意义。目前，我国正处于产业结构调整和经济发展方式转变期，推动大众创业、万众创新离不开富有活力的大学生，他们是"双创"的生力军。高素质的创新创业人才在校园可以成为科研创新、思想创新的新生力量，当他们走出校园步入社会后，也可以为整个社会增添创新活力，不仅能解决自身就业以及未来发展问题，还有利于培养全社会的开拓创新精神和创业氛围。以创新引领创业，以创业带动就业，随着创新创业，在未来有可能产生更多的就业岗位，有助于缓解就业压力，增强社会稳定。

（二）高校人才培养模式改革发展的迫切要求

新时代是高速发展的知识经济时代，高校不仅承担着传播知识的责任，更要培养具有创新精神、创业意识和创业能力的高素质人才。我国已经进入高等教育普及化阶段，但从高等教育大国向高等教育强国迈进，依然任务艰巨繁重。创新创业教育依托校内"双创"部门，面向全体师生，建立社会、企业、高校之间的多方联合，以培养综合性人才，有助于实现校内资源与校外资源的对接，"引导高等学校不断更新教育观念、改革人才培养模式、教育内容和教学方法，将人才培养、科学研究、社会服务紧密结合，实现从注重知识传授向更加重视能力和素质培养的转变"①。例如，当代大学生思维活跃，传统课堂讲授方式吸引力不足，大学生体验感不佳、参与感不强，传统的课堂教学模式已经不能满足其成长成才需求。而围绕创新创业，结合学科和专业积极开展专业实训、社会实践等活动不仅深受大学生喜爱，还有助于培养大学生的创新思维和实践能力。

（三）促进大学生和谐而全面发展的重要举措

人的全面发展问题是马克思一生探索的主题。马克思认为，只有个人普遍得到全面、和谐、充分发展，才能真正获得驾驭自然界和人类社会的自由，成为自由发展的人。马克思在《资本论》中指出："未来教育对所有已满一定年龄的儿童来说，就是生产劳动同智育和体育相结合，它不仅是提高社会生产的一种方法，而且是造就全面发展的人的唯一方法。"②创新创业教育在推动大学生和谐而全面发展问题上发挥着独特作用。一方面，创新创业教育打破了传统的单一教学模式，具有极强的趣味性和开创性，变灌输式为参与式、实践式，改变唯分数的评价体系，注重考查大学生实际操作能力以及解决问题能力，弥补传统教学模式的缺陷，优化大学生能力结构，促进大学生和谐而全面发展。另一方面，创新创业教育培养大学生的创新精神和创业能力，使大学生将理论知识转化为实际成果，助推自我价值的实现。然而，提升创新精神和创业能力不是一蹴而就的，二者是在接受创新创业教育的过程中逐渐形成的。开展创新创业

---

① 陈希：《在推进高等学校创新创业教育和促进大学生自主创业工作视频会议上的讲话》，载《中国大学生就业》，2010(6)。

② 《马克思恩格斯选集》第2卷，212页，北京，人民出版社，1995。

教育有助于发掘和培养大学生能力，从而助推其实现自我价值，进而服务社会，实现社会价值与个人价值的有机统一。

三、劳动教育与大学生创新创业的关系

（一）劳动与创新创业的关系

所有劳动都孕育着创新的元素，所有创新都从劳动中脱胎而来。劳动是实现创新创业的基本条件，劳动激发创新创业。古往今来，勤劳的人们在日常劳动中不断深化认知与实践，在劳动中实现创新创业。无论是在田间地头随处可见的水车、耕犁，还是新时代的高铁、互联网，都是人们在生产、生活中面对困难时，通过劳动解决问题，实现创新创业的鲜活体现。在新时代，劳动和大学生创新创业的关系主要体现在以下几个方面。

1. 劳动是创新创业的主要资源和核心动力

长期以来，劳动一直是人类生存和发展的基础，劳动创造了人，人在劳动中推动社会历史的发展。劳动是一切财富、价值的源泉，是生产物质资料的过程。在工业经济时代，资源的有限性与经济社会发展需求的无限性之间的矛盾日益尖锐，解决这一矛盾的唯一选择就是创新。创新离不开创造性劳动，创造性劳动是创新的源泉，是劳动的核心和本质要求。通过创造性劳动可以实现以富有资源替代短缺资源、以可再生资源替代不可再生资源，逐步实现对物质资源的节约和循环。因此，无论是在工业经济时代还是在知识经济时代，劳动都能够培养创新能力，提升创业意识，是人们创新创业的主要资源和核心动力。

2. 创新创业是一种高级的劳动形式

在知识经济时代，人们对社会价值的追求不再局限于物质财富，也包括知识，知识的占有和创新已成为新形态下经济发展的关键。在经济发展的新常态下，劳动的成果不再局限于物质形态的产品，也包括非物质形态的成果价值。"按劳分配"的"劳"，不再局限于非智力劳动和重复劳动的贡献，也包括知识创新、科技发明等在内的智力劳动的贡献；"按要素分配"的"要素"，不再局限于资本和物质要素，也包括科技专利、发明等在内的知识要素。创新创业顺应了知识经济时代劳动方式和财富分配变革的趋势，使以往单靠求职打工的重复劳动形式转变为自力更生的创造性劳动形式，通过新思维、新发明、新技术对资源进行优化整合，创造出更大的经济和社会价值。因此，从本质上来说，创新创业是一种劳动活动，是一种高级的劳动形式。

3. 劳动是创新创业人才成长和发展的依托

经济的发展离不开创新创业人才，特别是实践型的创新创业人才。大学生是最具创新、创业潜力的群体之一。高校开展创新创业教育，培养大学生的创新创业精神和实践能力，必须发挥劳动育人的功能。劳动教育作为五育中唯一直接通向工作世界、

生活世界的教育，具有突出的社会性，必须加强学校教育与社会生活、生产实践的直接联系，发挥劳动在个人和社会之间的纽带作用，引导大学生以积极的创新精神、创业态度应对工作世界的挑战。[①] 因此，劳动是创新创业人才成长和发展的依托，现在通过劳动实践而成长起来的创新创业人才已成为各个国家、各个企业之间竞争的焦点。

▶▶ 理论探微

2019 年，教育部办公厅发布了《关于做好深化创新创业教育改革示范高校 2019 年度建设工作的通知》，该通知明确提出：深化创新创业教育改革的主要任务是"深入推进创新创业教育与思想政治教育、专业教育、体育、美育、劳动教育紧密结合，打造'五育平台'，在更高层次、更深程度、更关键环节上深入推进创新创业教育改革，全力打造创新创业教育升级版"。该通知指明了新时代创新创业教育改革的基本路径。近年来，不同学者从不同的研究视角出发，对劳动教育与大学生创新创业教育的关系做出了不同的解释，但毋庸置疑的是劳动教育与大学生创新创业教育存在高度的互通性和内在一致性，概括而言，可以从以下三个方面进行解释：第一，实践导向上的内在一致性；第二，培养目标上的内在一致性；第三，培养过程上的内在一致性。

（二）劳动教育与大学生创新创业教育的内在联系

《大中小学劳动教育指导纲要（试行）》强调"强化马克思主义劳动观教育，注重围绕创新创业，结合学科专业开展生产劳动和服务性劳动，积累职业经验，培育创造性劳动能力和诚实守信的合法劳动意识"，明确了劳动教育与创新创业教育在学校育人功能中的互惠关系。劳动教育与创新创业教育在连通学校教育和工作世界、推动学校人才培养模式改革方面有着高度的内在一致性。劳动教育是五育并举的重要组成部分，是顺应新时代劳动发展趋势对大学生进行系统的劳动观念教育、劳动能力培育与劳动实践锻炼，全面提高大学生劳动素养的过程，其目的在于引导大学生在劳动创造中追求幸福感、获得创新灵感，培养具有社会责任感、创新精神和实践能力的高素质人才。劳动教育与大学生创新创业教育在以下三个方面具有内在一致性。

1. 实践导向具有内在一致性

劳动教育和大学生创新创业教育都具有显著的实践性，都必须面向真实的生活世界和职业世界，以动手实践为主要方式。劳动教育通过让大学生在家庭中参加生活劳动实践，在学校中参加专业实训、勤工俭学、志愿服务等，在社会中通过进社区、工厂、农村等场所参加生产实践与服务，切身感受劳动所带来的收获和幸福，形成尊重劳动、热爱劳动的真挚情感。大学生创新创业教育侧重于培养企业家精神，

---

① 参见周光礼：《劳动教育 高水平人才培养体系的重要一环》，载《光明日报》，2020-07-28。

通过角色扮演、商业模拟、沉浸式体验、项目孵化等路径扶持大学生实现自主创新和创业，注重在实践中提升大学生的创新精神、创业意识、创业能力和社会责任感。二者都强调实践导向，都注重通过多种形式和途径的实践教育来提升大学生的能力和素质。

2. 培养目标具有内在一致性

教育、科技、人才是全面建设社会主义现代化国家的基础性、战略性支撑，人才是支撑发展的第一资源，创新是引领发展的第一动力。劳动教育和大学生创新创业教育都强调发挥大学生的主体作用。劳动教育致力于劳动价值观、劳动态度、劳动品德、劳动习惯、劳动知识与技能五个方面的教育内容。在劳动价值观方面，劳动教育弘扬劳动最光荣、劳动最崇高、劳动最伟大、劳动最美丽的价值观念；在劳动态度方面，劳动教育大力培育大学生热爱劳动、热爱创造的情感态度；在劳动品德方面，劳动教育力图让辛勤劳动、诚实劳动、创造性劳动成为风尚；在劳动习惯方面，劳动教育力图让辛勤劳动、真抓实干、埋头苦干成为基本的行为方式；在劳动知识与技能方面，劳动教育鼓励大学生在学习和借鉴他人的丰富经验、技艺的基础上，尝试新方法、探索新技术，打破僵化思维方式，推陈出新。大学生创新创业教育，在培养目标上致力于培养具有创业基本素质和社会责任感的开拓型人才，注重培养大学生的创新性思维，使大学生突破常规思维的界限，像企业家一样以超常规甚至反常规的方法、视角去认识和思考问题，从而形成将来从事不同职业所需的知识、技能和特质。从某种程度上来说，大学生创新创业教育本身就是一种劳动教育，是一种旨在培养大学生创新性劳动精神和创造性劳动能力的教育。鉴于此，劳动教育和大学生创新创业教育在培养目标上具有高度的内在一致性。

3. 培养过程具有内在一致性

劳动教育与大学生创新创业教育在实施的过程中都强调与其他教育相结合，并被纳入了高校人才培养的全过程，具有高度的互通性。高校在实施劳动教育时注重与专业课程、思想政治课程、社会实践等相结合，通过多种路径将劳动教育渗透进人才培养全过程，让大学生树立正确的劳动价值观，具有积极的劳动态度，涵养优秀的劳动品德，形成良好的劳动习惯，具备扎实的劳动知识与技能。大学生创新创业教育作为高校改革人才培养模式的新探索，在专业教育的基础上，以转变教育思想、更新教育观念为先导，以创新课程体系为重点，通过产教融合、赛教融合等方式来提升大学生的创新精神、创业意识、创业能力和社会责任感。事实上，劳动教育和大学生创新创业教育都具有促进大学生积极就业、创业的意图，倡导大学生在依靠自身劳动创造财富的过程中，更好地实现个人价值和社会价值的统一，这种统一在具体的创新劳动和创业实践中会得到最大化的体现。因此，在某种程度上，劳动教育和大学生创新创业教育在人才培养的过程中都具有不可代替的重要价值。

第二节　新时代大学生的创新创业

随着中国特色社会主义建设进入新时代，创新创业成为引领经济发展和推动经济转型升级的第一动力，大学生是新时代创新创业的重要新生力量。高校开展好创新创业教育，培养大学生的创新精神、创业意识和创业能力，离不开劳动价值的生成，这是劳动教育发挥育人功能的要义所在。新时代高校劳动教育要在辛勤劳动、诚实劳动的基础上强调创造性劳动。新时代大学生创新创业的最终落脚点是社会劳动实践活动，社会劳动实践活动是培养大学生创造性劳动能力的有效载体。

一、大学生创新创业的时代际遇

大学生创新创业需要良好的社会环境和政策支持。当前我国经济稳中向好，各种技术飞速发展，移动互联网渗透到各个领域，创新驱动发展战略大力实施，为大学生创新创业带来了很多新机遇。

（一）国家出台大量鼓励大学生创新创业的政策

大学生创业要想成功，离不开社会良好环境的充分营造和国家政策的大力支持。习近平总书记在 2013 年的全球创业周中国站开幕式的贺信中明确指出："全社会都要重视和支持青年创新创业，提供更有利的条件，搭建更广阔的舞台，让广大青年在创新创业中焕发出更加夺目的青春光彩。"[1]2014 年，国务院办公厅颁布了《关于做好 2014 年全国普通高等学校毕业生就业创业工作的通知》，要求"着力改革创新，完善政策措施，强化就业创业服务，改善就业创业环境"。随后，国家出台了大量鼓励"双创"的政策，特别是 2015 年国务院印发的《关于大力推进大众创业万众创新若干政策措施的意见》和《关于深化高等学校创新创业教育改革的实施意见》，鼓励大学生创新创业并指导高校创新创业教育的深层次发展。在国家政策的大力支持下，大学生的创新创业热情不断高涨，各地区也为大学生创新创业出台了不同的优惠政策，极大地推动了大学生创新创业的发展。

（二）全社会对大学生创新创业的支持力度空前

我国实施创新驱动发展战略以来，不断推进大众创业、万众创新深入发展，使其成了实现经济提质增效升级的新引擎。2015 年，李克强总理在政府工作报告中提出："推动大众创业、万众创新。这既可以扩大就业、增加居民收入，又有利于促进社会纵

---

① 习近平：《致 2013 年全球创业周中国站活动组委会的贺信》，载《人民日报》，2013-11-09。

向流动和公平正义。"①同年，李克强总理主持召开国务院常务会议，确定完善研发费用加计扣除政策，推动企业加大研发力度，决定在全国推广国家自主创新示范区部分所得税试点政策，推进产业结构调整，助力创新创业。自此以后，全社会对创新创业的支持力度空前，大众创业、万众创新受到高度重视，有助于激发市场活力、潜力和社会创造力，促进经济发展。

（三）大学生的职业选择自由度提高

当代大学生成长于互联网时代，个性鲜明、思维活跃，自主意识增强，接受新鲜事物的能力较强，敢于突破传统就业思维的束缚，更喜欢追求自由、自主，更强调自我人生价值的实现。同时，我国经济发展增速换挡、结构调整、新业态不断涌现，就业体制和人事制度也发生了变革，更加注重企业单位和个人的双向选择、自主择业，这些变化都为大学生提供了新的就业机遇。此外，随着家庭生活水平和文化水平的提高，家庭成员对大学生就业和择业的干预越来越少，对大学生自主创业、基层就业等选择多了支持和鼓励。大学生的就业意向呈现出多元化、自主化的特征，职业选择自由度提高，这些都有利于大学生的就业、创业。

（四）创业门槛和创业风险大大降低

近些年，我国各部门和各地区先后出台了很多创业优惠政策，社会资金也在不断寻找营利和投资机会，这使得创业门槛不断降低，创业风险也不断降低，给创业者带来诸多便利的同时，也激发了创新创业的活力。新一代的创业者整体受教育水平有所提升，他们拥有更高的系统分析能力和信息掌控能力，可以回避一些初级的风险。此外，越来越多的创业孵化和辅导机构在我国出现，这些机构为创业者提供了资本、法律等多方支持，帮助创业者降低了创业风险。新时代是创新创业最好的时代，只要有好的创意出来，就会迅速被资本市场发现，而创业者的财富故事又会吸引更多人投身其中。

▶▶ 经典悦读

习近平总书记给第三届中国"互联网＋"大学生创新创业大赛
"青年红色筑梦之旅"的大学生的回信

第三届中国"互联网＋"大学生创新创业大赛"青年红色筑梦之旅"的同学们：

来信收悉。得知全国150万大学生参加本届大赛，其中上百支大学生创新创业团队参加了走进延安、服务革命老区的"青年红色筑梦之旅"活动，帮助老区人民脱贫致

---

① 李克强：《政府工作报告——2015年3月5日在第十二届全国人民代表大会第三次会议上》，载《人民日报》，2015-03-17。

富奔小康，既取得了积极成效，又受到了思想洗礼，我感到十分高兴。

延安是革命圣地，你们奔赴延安，追寻革命前辈伟大而艰辛的历史足迹，学习延安精神，坚定理想信念，锤炼意志品质，把激昂的青春梦融入伟大的中国梦，体现了当代中国青年奋发有为的精神风貌。

实现全面建成小康社会奋斗目标，实现社会主义现代化，实现中华民族伟大复兴，需要一批又一批德才兼备的有为人才为之奋斗。艰难困苦，玉汝于成。今天，我们比历史上任何时期都更接近实现中华民族伟大复兴的光辉目标。祖国的青年一代有理想、有追求、有担当，实现中华民族伟大复兴就有源源不断的青春力量。希望你们扎根中国大地了解国情民情，在创新创业中增长智慧才干，在艰苦奋斗中锤炼意志品质，在亿万人民为实现中国梦而进行的伟大奋斗中实现人生价值，用青春书写无愧于时代、无愧于历史的华彩篇章。①

二、新时代大学生创新创业的劳动价值

（一）促进大学生自觉认同劳动观念

创新创业可以界定为社会现实活动中劳动者创造的物质财富和精神财富的总和，一般是指社会劳动人员完成的物质性再生产。② 大学生创新创业是受教育者将所学知识、技能付诸劳动实践，创造物质财富和精神财富的创造性活动，是进行思想政治教育和劳动教育的重要载体。从创新创业角度出发，将思想政治教育、劳动教育和创新创业教育进行融通，可以全方位引导大学生增强思想认同。通过各种形式的宣传、讨论和辩证不同阶段劳动创新中出现的问题来加强和完善大学生的思想政治理论基础，更有针对性、更准确地反映了思想认同的同一性，有效解决了大学生思想观念中的困惑。高校思想政治理论课是培养大学生正确思想观念的源头活水。在此基础上，高校思想政治理论课要进一步促进教学模式的创新，利用高等教育资源优势，持续推进创新创业课程建设，让大学生内发形成正确的劳动观、创业观，自觉认同"劳动最光荣、劳动最崇高、劳动最伟大、劳动最美丽"的劳动观念，走出不就业、缓就业的怪圈，主动寻求人生价值和社会价值的和谐共生。

（二）提升大学生的创造性劳动能力

随着社会的飞速发展，科学技术水平的日益提高，创新的地位显得愈加突出，深刻地改变着人们的生活方式、生产方式，创造性劳动正在成为新时代劳动的重要特征，创造性劳动能力成为一个人取得成功的重要因素。在大学生创新创业中，创造性劳动

---

① 《习近平总书记给第三届中国"互联网＋"大学生创新创业大赛"青年红色筑梦之旅"的大学生的回信》，载《人民日报》，2017-08-16。

② 参见赵长亮、汪玉柱、包伟：《哲学社会科学视域下高校创新创业教育的劳动价值导向探赜》，载《吉林省教育学院学报》，2022(6)。

扮演着重要角色。① 大学生创新创业的过程就是从事创造性劳动实践的过程。大学生是最具创新活力的群体，他们有许多创意，正是因为这些创意，世界才越来越成为一个不断出现奇迹的世界，也创造出越来越多的物质财富和精神财富。此外，大学生还是具有丰富知识储备和技术优势的群体，在创新创业中往往具有"用智力换资本"的特征，可以通过开拓性思维进一步挖掘和激活资源组合方式进而提升劳动成果价值，这些都是创造性劳动的体现。由此可见，新时代背景下的创新创业已经成为创造性劳动的重要实践载体。高校要注重发挥创新创业在培养创造性劳动能力上的价值，引导大学生在创新创业实践中创造性地解决问题，深刻认只新时代劳动的脑力化趋势与创造性本质，促进大学生德智体美劳全面发展。

（三）促进大学生高质量就业、创业

随着我国高等教育进入普及化阶段，大学生所面临的就业压力非常大，大学生不就业、慢就业、难就业等就业问题日渐突出。在这种背景下，如果仅对大学生进行劳动就业教育，那么大学生的创新意识、就业视野和创业能力就会受到限制，面对巨大的就业压力可能会选择逃避。因此，高校在劳动就业教育的基础上，需要对大学生进行创新创业教育，并开展多样化的创新创业劳动实践，这样不但能够帮助大学生找到就业方向，而且能够使大学生的就业压力得到有效缓解。政府、社会还应在资金和政策等方面加大投入力度，鼓励大学生在毕业后积极投入创新创业实践工作，这样不但能够改善就业形势，而且有利于提升大学生的核心竞争力，激发大学生的创新创业潜能，促进大学生高质量就业、创业。

▸▸ 理论探微

我国在充分继承马克思主义劳动观的基础上，结合我国实际，进一步丰富和发展了马克思主义劳动观。通过劳动教育实践，要让新时代大学生懂得，成功不是一蹴而就的，幸福从来就没有捷径可走，仰望星空与脚踏实地是要齐头并进的；要让大学生转变就业观，认识到任何一种劳动都有其存在的价值；要让大学生学会与其他劳动者和谐共处，尊重他人的劳动成果，善于与其他劳动者开展合作，进行劳动资源共享。大学生应通过创新创业实践，树立正确的创业观，积极关注时代诉求、国家需要、公共利益，以劳模精神和工匠精神为价值导向，开辟劳动创新途径，改革劳动创新方式，不断开展品质高、效用强的创造性劳动；全面提高适应、主导、引领未来职业发展的劳动素养，形成正确的、科学的劳动理念与劳动价值观。

---

① 参见朱翠兰、孙秋野：《劳动教育融入创新创业教育的探索与实践》，载《山西高等学校社会科学学报》，2021(7)。

三、新时代大学生应具备的创新创业能力

创新创业能力是新时代大学生必备的素质要求，是大学生创新创业成功的决定因素，主要有以下几个方面。

（一）创新能力

创新能力是现代劳动者必须具备的核心素养之一，是创业者事业成功的关键所在。创新能力是创新者、创新团队、创新机构乃至更大的经济或社会实体进行创新的能力，具体包含三重含义，分别是形成或产生新的思想、观念或创意的能力，利用新思想、观念或创意创造出新的产品、流程或组织等各种新事物的能力，应用和实现新事物价值的能力。[①] 大学生只有保持与时俱进的创新能力，才能准确把握创业时机，在激烈的市场竞争中保持竞争优势，使企业可持续发展。要进行创新活动，创业者必须对生产技术、企业管理进行深入了解，同时对于行业发展现状和发展趋势要十分清楚，还要分析市场需求的变化趋势，在此基础上，结合本企业特点，发掘本企业优势。创新能力是一种较高层次的综合能力，与人们的知识、技能、经验、心理状态等有着密切的关系。具有广博的科学文化知识、扎实的专业基础知识、熟练的专业技能、丰富的实践经验、健康的心理状态的人更容易形成创新能力。

（二）学习能力

创业者是企业的"排头兵"和"领头羊"，要带领企业不断前进和发展，就必须学习新技术、新知识、新观念，对行业发展现状和未来趋势有清醒的认识，对产品和市场需求变化要十分熟悉。所有这些都要求创业者要有较强的学习能力，充分认识到终身学习的重要性。在信息化时代，自主学习的重要性正在逐步凸显，创业者要采用现代化学习手段，运用科学的学习方法，抓住可以利用的时间进行自主学习。只有这样，创业者才能适应现代经济的快速发展，带领企业一步一步走向成功。

（三）管理能力

管理能力是指对人力、物力、资金等的统筹协调能力，包括对企业人员的选择、使用、组合和优化的能力，对企业资产的盘点、核算、分配和使用的能力等。管理能力是一种统筹协调能力，也是一种实践运用能力，创业者只有在实践中不断积累管理经验，才能不断提高管理能力。

（四）决策能力

决策能力是根据主、客观条件，科学地确定创新或创业的方向、目标、战略以及具体实施方案的能力。决策能力通常包括预测、分析、判断能力。市场外部环境是错综复杂的，创业者要以敏锐的洞察力，观察周围情况的变化，从错综复杂的现象中发

---

① 参见史钟锋、董爱芹、张艳霞主编：《新时代大学生劳动教育》，195 页，北京，清华大学出版社，2022。

现问题，找出影响事业发展的关键因素并做出及时、准确的预测，制定应对外部环境变化的可行性方案，引导事业朝着积极的方向发展。

第三节　大学生创新创业融入劳动教育实践

高等教育人才培养模式变革的根本趋势，是从知识走向能力，以创新创造能力为核心素养，以创业能力为轴心支撑，以创业心态参与社会就业，以勤勉奋进的劳动者姿态应对不确定工作世界的挑战。[①] 高校应充分认识到将大学生创新创业融入劳动教育实践是培养大学生创造性劳动能力的重要途径。

一、大学生创新创业融入劳动教育实践的必要性

（一）大学生创新创业融入劳动教育实践是新时代创新型人才培养的要求

教育与生产劳动相结合是社会主义教育的一个基本特征，是我国历来坚持的教育方针。1989 年，联合国教科文组织在北京召开"面向 21 世纪教育国际研讨会"，会议首次提出了"创业教育"的概念，并指出"创业能力完全是从做中学来的，而不是依靠听讲，因此必须改变学习方式"[②]。可见，创新创业是基于劳动实践实干出来的，创新精神和创业能力必须从做中学，这也为创新创业融入劳动教育实践奠定了基础。

新时代促进人的全面发展和社会的全面进步，更加要求尊重劳动、尊重创造，要求在辛勤劳动、诚实劳动的基础上学会创造性劳动。进入 21 世纪，伴随着全球科技创新的空前活跃，信息时代的来临，劳动被赋予了新的内涵，创造性劳动成了社会生产力进步的核心要素，尊重创造和重视实践成为新时代劳动教育的重要特征。

2015 年，李克强总理在首届中国"互联网＋"大学生创新创业大赛上批示："教育部门和广大教育工作者要认真贯彻国家决策部署，积极开展教学改革探索，把创新创业教育融入人才培养，切实增强学生的创业意识、创新精神和创造能力。"[③]在新的历史视域下，不断提升大学生的创新创业素质，增强大学生的创新创业实践能力，提高国家创新创业人才的培养水平，已成为我国深化高等教育改革的重要举措。创新创业是体现创造性劳动的实践过程，这就要求高校将大学生创新创业与劳动教育相结合，在劳动实践的过程中培养大学生的创新精神和创业意识，让大学生在劳动实践中学习创新

---

① 参见周光礼：《论劳动教育在高等教育中的价值定位——基于高等教育与工作世界关系的视角》，载《劳动教育评论》，2020(1)。

② 转引自冯鑫：《苏霍姆林斯基创造性劳动教育思想对青少年创新创业教育的启示》，载《吉林省教育学院学报》，2018(4)。

③ 《李克强对首届中国"互联网＋"大学生创新创业大赛作出重要批示》，https://www.gov.cn/guowuyuan/2015-10/20/content_2950730.htm，2023-06-08。

创业知识、提升创新创业能力。大学生创新创业和劳动教育都具有实践导向，都是为培养全面发展的创新型人才进行的实践活动，将大学生创新创业融入劳动教育实践是培养创新型人才的重要路径。

（二）大学生创新创业融入劳动教育实践是实施劳动教育的重要途径

当前，我国劳动教育在家庭教育、学校教育和社会教育中都存在被弱化、被虚化和淡化的问题，一些青少年不珍惜劳动成果、不想劳动、不会劳动、不爱劳动的现象较为突出，这要求我们必须创新劳动教育的实施途径，改变传统的劳动教育形式，丰富劳动教育的教学内容，正确认识新时代劳动的复杂性、多样性与创造性。中共中央、国务院在《中国教育现代化2035》中提出："弘扬劳动精神，强化实践动手能力、合作能力、创新能力的培养。"结合创新创业开展劳动教育，将劳动教育理念全面融入创新创业活动，实现创新创业教育、劳动教育协同推进，符合新时代创造性劳动的典型特征，能够丰富劳动教育的实施途径，有助于增强高校劳动教育的活力，提高劳动教育的覆盖面，也有助于提高大学生参与劳动教育实践的积极性，促进大学生的全面发展和个性发展。

（三）大学生创新创业融入劳动教育实践是实现"以劳创新"的重要举措

在大学生创新创业中，劳动教育扮演着重要的角色，如完善高校人才培养体系、推动大学生在创造性劳动实践中形成正确的劳动价值取向等。将劳动教育与大学生创新创业相结合，是实现"以劳创新"的有效措施，有利于大学生的全面发展。首先，将大学生创新创业融入劳动教育实践，既有利于大学生在求职、创新、创业中树立坚定的理想信念，又有利于从思想层面增强大学生实现个人发展目标的现实可能性，还有利于大学生依靠自身劳动创造人生价值。其次，劳动教育也有助于增强大学生创新创业实践的实效性。高校开展创新创业活动时，针对大学生创新创业的心理活动，开展劳动教育，不仅可以充分调动大学生参加创新创业相关活动的积极性和自觉性，还能够使大学生在创新创业活动中提高创造性劳动能力，提升就业、创业核心竞争力。

二、新时代大学生创新创业融入劳动教育实践的要求

（一）强调创新精神、创业意识和创业能力的培养

将大学生创新创业融入劳动教育实践，先要回归创新创业教育培养具有创新精神、创业意识、创业能力和社会责任感的开拓型人才的目标。创新创业教育不是要教会大学生"如何创办企业"，而是使大学生能像企业家一样思考与行动，具备将来从事不同职业所需的知识、技能和特质。因此，要教育大学生坚决摒弃创新创业就是要开公司、做项目、挣快钱、抢资源等简单错误思想。这也是新时代劳动教育应倡导的理念。

（二）回归培养企业家精神的本质追求

利用大学生创新创业加强劳动教育，要回归创新创业教育培养企业家精神的本质。有经济学家曾经提出，企业家精神除了熊彼特所说的"创新精神"外，还需要具备韦伯

所说的"敬业精神"，将兢兢业业、勤勉节俭、诚实守法、尽职尽责地"赚钱"视为自己的天职，以及诺斯基于新制度主义经济学而提出的"合作精神"，善于从事人类合作的制度创新或者合作秩序的拓展。[①] 因此，在强调创新精神培养的同时，强化诚实守信的合法劳动意识和勤俭、奋斗、敬业、奉献的劳动精神，是推动大学生创新创业和劳动教育实践相互加强的重要途径。

经典悦读

《周易·系辞下》说："何以聚人？曰财。"意思是指，要用财富把老百姓凝聚在一起。这里，财富是手段，把老百姓凝聚在一起是目的。孔子曰："富与贵是人之所欲也，不以其道得之，不处也。"意思是说，财要取之有道，不能见利忘义。由此可见，回溯历史，中国古代已经出现心系天下、诚实守法等企业家精神的萌芽。

（三）回归创新创业教育和劳动教育"做中学"的本质

将大学生创新创业融入劳动教育实践，必须回归创新创业教育和劳动教育"做中学"的本质。劳动教育的基本特征之一就是具有显著的实践性，必须面向真实的生活世界和职业世界，引导学生以动手实践为主要方式，在认识世界的基础上，获得有积极意义的价值体验，学会建设世界，塑造自己。因此，让大学生创新创业走出课堂，走出计划书，引导大学生在真实的职业世界与企业生产实践中提高发现问题和创造性解决问题的能力，在动手实践的过程中创造有价值的物化劳动成果，是在创新创业中加强劳动教育实践的重要方式。

三、新时代大学生创新创业融入劳动教育实践的问题和困难

（一）大学生创新创业融入劳动教育实践的认识淡化

一方面，我国高校重视劳动教育，重视劳动教育实践基地的建设，但对于劳动教育与大学生创新创业的融合发展尚缺乏统一的认识，更缺少融合机制和融合平台。高校在开展创新创业实践的过程中，对于劳动教育实践的认识不充分，意识较薄弱，要落实德智体美劳全面发展的教育方式，需要尽快转变观念，树立适应新时代大学生创新创业与劳动教育实践相融合的教学理念。另一方面，受传统教育的影响，高校常以大学生学业成绩的高低论成败，使得大学生没有更多的时间、精力参与劳动实践、创新创业辅导，因而形成了固化的学习理论，这很难让大学生充分认识到创新创业能力和劳动实践能力对未来职业发展的重要影响。

[①] 参见汪丁丁：《直面现象：经济学家的实然世界》，197～199 页，北京，生活·读书·新知三联书店，2000。

（二）大学生创新创业融入劳动教育实践的形式虚化

大学生创新创业融入劳动教育实践，一般通过以下几种形式：一是在校内通过教师指导模拟，在校内进行演练，实施过程较为封闭；二是利用校外实践基地，开展创新创业、劳动教育活动，受合作关系的影响较大，高校开展相关活动有限；三是组织学生参加各种大赛，但比赛规模、指导教师等都难以保障，比赛常常流于形式。[①] 高校在创新创业中开展劳动教育实践，往往存在二者相脱节、相背离的现象，缺乏具有融合性的一体化设计，过于强调知识讲授，教学内容虚化，缺乏实践导向的统一性，使大学生在创新创业实践中容易迷失方向，遇到失败或挫折时易贬低自我，怀疑自身的劳动价值。或者是高校忽视创新创业实践和劳动教育实践功能上的相合性，在创新创业过程中过于注重创业知识和比赛技能的培养，使得劳动教育空化、泛化，无法达到协同育人的效果。

（三）大学生创新创业融入劳动教育实践的途径单一

现阶段大学生创新创业融入劳动教育实践的途径主要依托的是课程教学、创新创业知识与技能类讲座、创新创业类大赛、论坛等活动，其中课程教学和创新创业知识与技能类讲座占据主导地位，实践环节明显不足。在课程教学中，教学内容又过于理论化，缺乏教学的针对性和吸引力，导致课程教学流于形式，其实际作用无法体现出来。在其他的创新创业类活动中，往往活动主题与劳动主题勉强契合，并不能充分激发大学生的劳动热情，使大学生产生对劳动价值的认同感，导致活动效果大打折扣。

▸▸ 理论探微

新时代大学生创新创业融入劳动教育实践不能仅仅停留在观念层面上，而应贯穿于育人实践的方方面面。大学生创新创业与劳动教育融合的现实困境主要表现在对大学生创新创业融入劳动教育实践的认识淡化、形式虚化、途径单一等方面。新时代高校应以习近平新时代中国特色社会主义思想为指导，推动创新创业与劳动教育实践的深度融合，通过设置"创新创业＋劳动教育"课程、开展创新创业类比赛、举办创新创业实践活动等途径，提高大学生的创新创业素养和创造性劳动能力。

四、新时代大学生创新创业融入劳动教育实践的主要途径

大学生创新创业与劳动教育实践相融合是新时代高等教育发展的迫切需求。

新时代大学生创新创业融入劳动教育实践，实质上就是把劳动教育贯穿于创新创

---

① 参见刘向兵等：《新时代高校劳动教育论纲》，131页，北京，社会科学文献出版社，2019。

业实践的全过程，在创新创业实践中弘扬劳动精神，培养创造性劳动能力。新时代大学生创新创业融入劳动教育实践的主要途径有设置"创新创业＋劳动教育"课程、开展创新创业类比赛、举办创新创业实践活动等。

（一）设置"创新创业＋劳动教育"课程

在大学生创新创业与劳动教育实践融合的过程中，课程设置关系到大学生的知识结构，课程除了要提高大学生的劳动意识、厚植大学生的劳动情怀外，还要提升大学生的实践能力。学校在设置"创新创业＋劳动教育"课程时，要以培养劳动创新型人才为目标，注重实践导向，突出"做中学"的特点，改变传统课堂教学模式，强化实践教学环节，力求将教育与生产劳动相结合，避免重理论、轻实践，努力解决有理论无劳动和有劳动无教育的老问题。一是要吸取国际创新创业教育和劳动教育的经验，在专业课程中融入"创新创业＋劳动教育"，发挥专业教育的支撑强化作用，使大学生在学习专业知识和技能的同时接受创新创业教育以及劳动教育。二是要发挥隐性课程的作用，可以通过创新创业项目结合重要节日主题等开展劳动教育活动，弘扬劳动精神，培育劳动意识，树立马克思主义劳动观。

（二）开展创新创业类比赛

近年来，为落实习近平总书记重要指示精神．服务创新驱动发展战略，努力培养广大青年的创新、创业意识，造就符合未来挑战要求的高素质人才，教育部等部门开展了一系列创新创业类比赛，为大学生的创新创业实践提供了广阔的平台，如中国国际"互联网＋"大学生创新创业大赛、全国大学生电子商务"创新、创意及创业"挑战赛、"创青春"中国青年创新创业大赛、"中国创翼"创业创新大赛等。

高校大学生应扎实学好专业知识与技能，积极参加创新创业类比赛，在比赛中弘扬劳动精神，提升创业意识、创新能力和劳动素养，提升对劳动创新和创业问题的关注度。大学生在参加创新创业类比赛的过程中，会接触到很多优秀的创业者、投资人和导师等，在他们身上能学习到许多新知识、新技能，如如何撰写项目计划书、制作项目 PPT 和微视频等。因此，大学生参加创新创业类比赛是锤炼自我、提升自我，激发创新创业潜能的重要途径。

（三）举办创新创业实践活动

以创新创业实践活动为载体，为大学生创造更多的实践机会，促进其将劳动知识与技能运用到实际中，能够有效提高大学生的创新创业能力。高校大学生创新创业实践活动的举办离不开校内和校外两方面的努力。校内层面，大学生可以借助学校开办的某些课程的角色性、情境性模拟来进行创新创业实践。例如，结合第二课堂，让劳动教育渗透到大学生的日常生活中去，通过实训实验中心和大学产业园孵化创新创业大赛项目，以融资转化方式让学术科技成果落地。校外层面，学校积极联系地域内科创、劳动企事业单位搭建实习、创业实践基地，开展面向社会的服务性劳动活动，鼓励大学生进驻实践基地开展创新创业实践，在创新创业实践中运用、检验并修正专业知识，提高自己的能力，增长社会实战经验。除此之外，大学生也可以利用课余时间进行创新创业实践，如通过校园代理、创建电子商务网站、兼职打工、试办公司等形式进行创新创业实践。对于大学生来说，创新创业实践最大的吸引力在于可以让大学生找准未来发展的方向，实现自己的理想，证明自己的价值。

►► "动"感分享

中国国际"互联网＋"大学生创新创业大赛

为贯彻落实党的二十大精神，深入贯彻落实习近平总书记给第三届中国"互联网＋"大学生创新创业大赛"青年红色筑梦之旅"大学生重要回信精神，"三位一体"统筹推进教育、科技、人才工作，把创新教育贯穿教育活动全过程，以创造之教育培养创造之人才，为全面建设社会主义现代化国家提供基础性、战略性支撑，定于2023年5月至10月举办第九届中国国际"互联网＋"大学生创新创业大赛。

一、大赛主题

我敢闯，我会创。

二、总体目标

更中国、更国际、更教育、更全面、更创新、更协同，落实立德树人根本任务，传承和弘扬红色基因，聚焦"五育"融合创新创业教育实践，开启创新创业教育改革新征程，激发青年学生创新创造热情，打造共建共享、融通中外的国际创新创业盛会，让青春在全面建设社会主义现代化国家的火热实践中绽放绚丽之花。

三、主要任务

以赛促教，探索人才培养新途径。全面提高人才自主培养质量，强化高校课程思政建设，深入推进新工科、新医科、新农科、新文科建设，深化创新创业教育改革，引领各类学校人才培养范式深刻变革，形成新的人才培养质量观和质量标准，切实提高学生的创新精神、创业意识和创新创业能力。

以赛促学，培养创新创业生力军。着力造就拔尖创新人才，激励广大青年扎根中国大地了解国情、民情，在创新创业中增长智慧才干，怀抱梦想又脚踏实地，敢想敢为又善作善成，做有理想、敢担当、能吃苦、肯奋斗的新时代好青年。

以赛促创，搭建产教融合新平台。把教育融入经济社会发展，推动成果转化和产学研用融合，促进教育链、人才链与产业链、创新链有机衔接，以创新引领创业、以创业带动就业，推动形成高校毕业生更高质量创业、就业的新局面。

四、大赛内容

第一，主体赛事，包括高教主赛道、"青年红色筑梦之旅"赛道、职教赛道、产业命题赛道和萌芽赛道。

第二，"青年红色筑梦之旅"活动。

第三，同期活动，即世界大学生创新创业联盟成立仪式、世界大学生创新创业指数发布会、大赛优秀项目资源对接会等系列活动。

五、参赛要求

第一，参赛项目能够紧密结合经济社会各领域现实需求，充分体现高校在新工科、新医科、新农科、新文科建设方面取得的成果，培育新产品、新服务、新业态、新模式，促进制造业、农业、卫生、能源、环保、战略性新兴产业等产业转型升级，促进数字技术与教育、医疗、交通、金融、消费生活、文化传播等深度融合。

第二，参赛项目应弘扬正能量，践行社会主义核心价值观，真实、健康、合法。不得含有任何违反《中华人民共和国宪法》及其他法律法规的内容。所涉及的发明创造、专利技术、资源等必须拥有清晰、合法的知识产权或物权。如有抄袭盗用他人成果、提供虚假材料等违反相关法律法规或违背大赛精神的行为，一经发现即刻丧失参赛资格、所获奖项等相关权利，并自负一切法律责任。

第三，参赛项目只能选择一个符合要求的赛道报名参赛，根据参赛团队负责人的学籍或学历确定参赛团队所代表的参赛学校，且代表的参赛学校具有唯一性。参赛团队须在报名系统中将项目所涉及的材料按时如实填写提交。已获本大赛往届总决赛各赛道金奖和银奖的项目，不可报名参加本届大赛。

第四，参赛人员（不含产业命题赛道参赛项目成员中的教师）年龄不超过 35 岁（1988 年 3 月 1 日及以后出生）。

第五，各省级教育行政部门及各有关学校要严格开展参赛项目审查工作，确保参赛项目的合规性和真实性。审查主要包括参赛资格以及项目所涉及的科技成果、知识产权、财务状况、运营、荣誉奖项等方面。①

▸▸ 实践任务

1. 如何理解劳动教育与大学生创新创业的关系？

2. 大学生创新创业具有哪些劳动价值？

3. 新时代大学生应具备的创新创业能力包括哪些方面的内容？

4. 结合专业和个人实际，撰写一份创业计划书。

（1）主题：创新创业开辟未来。

---

① 参见《教育部关于举办第九届中国国际"互联网＋"大学生创新创业大赛的通知》，http://www.moe.gov.cn/srcsite/A08/s5672/202305/t20230530_1061991.html，2023-06-07。

（2）目的：让大学生认识自身条件，准确识别创业机会，发现创业机遇，增强创业竞争力。

（3）内容：与班级内的5～8名同学组成一个团队，发掘生活和学习中有待解决的问题，整合资源，以小组为单位撰写一份创业计划书。

（4）要求：

①创业计划要符合当地实际。

②创业计划要量力而行。

③创业内容要有行业特色。

④创业形式要选择恰当。

第七章　劳动权益保护与劳动文化

【学习目标】

理解劳动关系和劳动权益的内涵，保护大学生劳动权益；理解我国劳动法律体系概况；分析中国传统文化中的劳动文化和新时代劳动文化，努力弘扬新时代劳动文化。

第一节　劳动权益保护

一、劳动关系

（一）劳动关系的本质

一般来说，劳动关系是指劳动者与用人单位依法签订劳动合同而在劳动者与用人单位之间产生的法律关系。其基本含义是管理方或管理方团体（多为行业协会）与劳动者或劳动者团体（一般是工会）之间产生的，由双方利益引起的关系，表现为合作和冲突关系的总和，受制于社会中经济、技术、政策、法律制度和社会文化等。劳动者、用人单位和劳动合同是劳动关系的三个基本构成要素。劳动者，是指达到法定年龄，具有劳动能力，以从事某种劳动获得收入为主要生活来源，依据法律或合同的规定，在用人单位的管理下从事劳动并获取劳动报酬的自然人。用人单位，是指中华人民共和国境内的企业、个体经济组织、民办非企业单位、国家机关、事业单位、社会团体等。劳动合同，是指劳动者与用人单位之间确立劳动关系，明确双方权利和义务的协议。订立和变更劳动合同，应当遵循平等自愿、协商一致的原则，不得违反法律、行政法规等的规定。劳动合同依法订立，具有法律约束力，当事人必须履行劳动合同规定的义务。

由于各国社会制度和文化传统等因素各不相同，对劳动关系的称谓也不尽相同，常用的有：劳资关系，强调劳动和资本之间的关系；雇佣关系，强调雇主和雇员之间的关系；劳工关系，更强调关系中一方的劳动者；产业关系，更强调人与组织以及人与产业环境之间的相互作用；劳动关系，强调劳动者和使用劳动者之间的关系。劳动关系界定的不同侧重，源于判定标准的差异。自继受罗马法的立法理念将劳动给付关系视为"劳务租赁关系"开始，到德国民法典颁布初期的"给付交换关系"，再到后来的"人格法上共同关系"，直至发展到目前在大陆法系国家占主导地位的"带有人格保护的给付交换关系"，关于劳动关系本质的认识经历了不断演进和深化的过程。[①]

(二)劳动关系的主体

从狭义上讲，劳动关系的主体主要包括两方：一方是员工以及以工会为主要形式的员工团体，另一方是管理方。广义的劳动关系的主体还包括政府，因为在劳动关系发展过程中，政府可以通过相关法律法规的制定和实施，对劳动关系进行调整、监督和干预。员工指在组织中，本身不具有基本经营决策权并从属于这种决策权的工作者，包括蓝领工人、企业或政府的一般行政人员、教师、警察、医务人员，以及只有监督权而无奖惩权的低层管理者等。员工不包括自由职业者和自雇佣者。员工团体指因共同的利益、兴趣或目标而组成的员工组织，包括工会和类似于工会的职工代表大会、员工协会或职业协会等。在我国和世界上许多国家，工会是员工团体的最主要形式。管理方指由于法律所赋予的对组织的所有权(一般称产权)而在组织中具有主要的经营决策权的人或团体。一般是指资方和雇主，以及企业中代表产权、具有决策权的高级管理人员。管理方团体的主要形式是行业协会，它们一般不直接介入员工与管理方的关系之中，主要任务是同工会或工会代表进行集体谈判，在劳动争议处理程序中向其成员提供支持，通过参与同劳动关系有关的政治活动来间接影响劳动关系。政府在劳动关系中的角色如下：一是劳动关系相关法律法规的制定和实施者，通过相关法律法规的制定和实施介入与影响劳动关系；二是公共利益的维护者，通过监督、干预等手段促进劳动关系的协调发展；三是公共部门的雇主，以雇主身份直接参与和影响劳动关系。

(三)劳动关系的判断标准

在实践中，除签订正式的书面劳动合同之外，事实劳动关系的确立方式形形色色，无法一一列举。鉴于此，原劳动和社会保障部《关于确立劳动关系有关事项的通知》罗列了几项认定劳动关系的原则性标准。

第一，用人单位和劳动者具有符合法律、法规规定的主体资格。

第二，用人单位依法制定的各项劳动规章制度适用于劳动者，劳动者受用人单位的劳动管理，从事用人单位安排的有报酬的劳动。

第三，劳动者提供的劳动是用人单位业务的组成部分。

第四，可以认定双方存在劳动关系的下列凭证：工资支付凭证或记录(职工工资发

---

① 参见冯彦君、张颖慧：《"劳动关系"判定标准的反思与重构》，载《当代法学》，2011(6)。

放花名册）、缴纳各项社会保险费的记录；用人单位向劳动者发放的"工作证""服务证"等能够证明身份的证件；劳动者填写的用人单位招工招聘"登记表""报名表"等招用记录；考勤记录；其他劳动者的证言等。[①]

（四）劳动关系的认定

劳动关系自用工之日起建立。《中华人民共和国劳动合同法》第十条规定："建立劳动关系，应当订立书面劳动合同。已建立劳动关系，未同时订立书面劳动合同的，应当自用工之日起一个月内订立书面劳动合同。用人单位与劳动者在用工前订立劳动合同的，劳动关系自用工之日起建立。"

二、劳动权益

（一）劳动权益的界定

劳动权益，也被称为工业公民权，是指处于社会劳动关系中的劳动者在企业内部履行劳动义务的同时所享有的基本权益。劳动权益的主体是劳动者，确切地说，是在产业关系中被雇佣并以工资收入为主要生活来源的劳工阶层。根据劳动权利主体的层次不同，劳动权利可以分为个体劳动权利和集体劳动权利。前者主要包括劳动合同、工资福利、工作条件，以及养老、医疗保险等方面的个人权利，这类权利是实体性的，可以直接观察到，与劳动者的生存和健康密切相关，因此也被称为社会生存权。集体劳动权利并不是由劳动者个人来行使的，而主要是由劳动者集体的组织——工会来行使的，包括劳动团结权、集体谈判权和集体行动权。这类权利往往与劳动者的生存没有直接关系，但是在处理劳资纠纷和劳资冲突中起着组织、协调和规范的作用，是一种组织性和程序性的权利，因此也被称为劳动政治权。[②] 劳动权利是最具普遍意义的生存权，没有劳动权利，个人会陷入贫困，不可能获得独立和自由。因此，许多国家的宪法都把它规定为公民的基本权利。《中华人民共和国宪法》第四十二条规定："中华人民共和国公民有劳动的权利和义务。"

（二）劳动权益的内容

1. 劳动者的一般权益

劳动权益是劳动者享有的权利与利益的简称，指的是劳动者作为人力资源的所有者，在劳动关系中，凭借从事劳动或从事过劳动这一客观存在而获得的应享有的权益，包括平等就业和选择职业的权益、获得劳动报酬的权益、依法休息休假的权益、获得劳动安全卫生保护的权益、获得社会保险和福利的权益、接受职业技能培训的权益以

---

① 参见叶攀：《完美的劳动关系——人力资源和社会保障实务应用全流程风险防控》，3页，昆明，云南大学出版社，2021。

② 参见孙中伟、贺霞旭：《工会建设与外来工劳动权益保护——兼论一种"稻草人机制"》，载《管理世界》，2012(12)。

及法律规定的其他劳动权益等。

第一，平等就业和选择职业的权益。凡是有劳动能力的公民，均应当获得参加社会劳动的权利，并能够不受歧视地自主选择相应的职业。

第二，获得劳动报酬的权益。劳动者在合法履行劳动义务之后，有权获得与其劳动力价值对等的报酬。

第三，依法休息休假的权益。过度劳动或透支式劳动都不利于劳动者身心健康，对于可持续劳动会带来负面影响，因而依照法律相关规定，劳动者享有休息的权利，包括法定节假日、病假、产假等。

第四，获得劳动安全卫生保护的权益。劳动者在劳动的过程中有权获得安全的工作环境以及必要的劳动保护用品，以保障本人的安全和健康，对于一些特殊的工作还应当配备专门的保护设施。

第五，获得社会保险和福利的权益。用人单位和劳动者必须依法参加社会保险并缴纳社会保险费，劳动者在满足对应条件时有获得社会福利的权利。

第六，接受职业技能培训的权益。从事技术工种的劳动者在上岗前必须经过培训，这既是提升工作效率的需要，也是保护劳动者身心健康的需要。

2. 大学生的特别劳动权益

(1)大学生在择业过程中享有的权益

获取就业信息权。毕业生享有的获取就业信息权包括三方面内容：信息公开，即所有就业信息向全体毕业生公开，学校和个人不得隐瞒、截留就业信息；信息及时，即传递给毕业生的信息必须是及时，有效的；信息全面，即毕业生有权获得准确、全面的就业信息。

接受就业指导权。自2008年1月1日起实施的《就业服务与就业管理规定》第四章中有多款条文对公共就业服务机构的就业指导做了规定。

被推荐权。学校就业工作中的一个重要职责就是向用人单位推荐毕业生。毕业生享有的被推荐权，包含三个方面的内容：如实推荐、公正推荐和优生推荐。

自主选择权。根据国家有关规定，毕业生在国家就业方针、政策指导下具有自主选择用人单位的权利。只要符合国家的就业方针、政策，毕业生就可以自主选择用人单位，学校、其他单位和个人均不得干涉。

公平录用权。《中华人民共和国劳动法》规定，毕业生不分民族、性别、宗教信仰，享有平等的就业权利。用人单位在录用毕业生时应公平、公正，一视同仁。

违约求偿权。毕业生、用人单位、学校三方签订就业协议后，任何一方不得擅自毁约。如果用人单位擅自毁约，毕业生有权要求对方严格履行就业协议，否则毕业生有权要求用人单位进行违约赔偿。

(2)大学生进入职场试用期享有的权益

要求用人单位履行就业协议接收毕业生的权利。就业协议明确了毕业生、用人单位和学校在毕业生就业工作中的权利和义务，是编制毕业生就业计划和对将来可能发生的违约情况进行是非判断的依据，具有法律效力，一经签订就应严格履行，不得无故更改。用人单位必须依照就业协议接收毕业生，并为其妥善安排工作岗位，保证毕业生的正常工作。

签订正式的劳动合同的权利。用人单位聘用劳动者后不签订劳动合同是违反法律规定的，并且用人单位故意拖延不签订劳动合同，对劳动者造成损害的，应当赔偿劳动者损失。

获得劳动报酬的权利。在试用期间，劳动者由于工作熟练程度、技能水平与其他人相比可能有差距，因此表现在工资水平上会有差别，但只要劳动者在法定工作时间内提供了正常劳动，用人单位就应当支付其工资。

享有社会保险的权利。劳动者在试用期间，与其他劳动合同制职工一样，用人单位应当依法为其办理社会保险手续，为其缴纳社会保险费。

享有劳动保护的权利。在试用期间，用人单位也应当为劳动者提供必要的劳动防护用品和劳动保护设施，防止事故发生，减少危害。

解除劳动合同的权利。在试用期间，劳动者可以随时通知用人单位解除劳动合同，不需要任何附加条件。用人单位不得要求劳动者支付职业技能培训费用，还应按劳动者的实际工作天数支付工资。

三、大学生劳动权益保护

当前，大学生在校兼职及入职前实习的现象已非常普遍，在完成课业的同时他们主动且自愿地为他人或机构提供脑力劳动或体力劳动，既能够在一定程度上增加自身的收入，也有助于提升其综合素质、增强其竞争力。大学生从事了与普通劳动者类似的劳动，理应享有相应的劳动权益。但大学生劳动者身份的特殊性，使得其在劳动方式、劳动时长、劳动合同签订等方面无法与一般劳动者完全等同，特别是兼职劳动在法律意义上很难确切界定，时常出现劳动报酬被压低、休息得不到保障、其他福利待遇难于兑现等合法权益被侵害的现象。因此，多维度、有针对性地维护和保障大学生相关劳动权益势在必行。

（一）大学生实习权益保护

1. 加强实习权益的劳动法律制度保障

目前，我国的很多劳动法律的适用对象都不包括实习大学生。这就造成实习大学生在实习单位发生意外事故或合法权益受到损害时得不到有关劳动法律的保障。为保护实习大学生劳动权益，应当针对带薪实习和就业见习两种情况进行劳动法律的完善。

第一，带薪实习生的劳动权益保障。高校、劳动和社会保障部门及相关法律部门应根据实际情况，制定加强和改进大学生实习的相关指导性文件与法律规范，把带薪实习生的劳动权益纳入立法的调整范围。通过专门立法来规范带薪实习活动，规定带薪实习生的最低报酬标准、工伤赔偿、社会保险、教育培训等各项权利，保障带薪实习生的合法权益。

第二，就业见习生的劳动权益保障。明确规定就业见习生的基本权利，制定弹性劳动标准。一是规定见习基地和学生之间应当签订就业见习协议，通过协商方式明确双方的权利与义务；二是以劳动基准作为就业见习的基本法律规范，明确规定就业见习生的休息权等权利，规定意外伤害和工伤保险，规定就业见习的劳动报酬、补助或补贴的支付标准；三是规定用人单位使用就业见习生的人数不得超过本单位在职职工总人数的一定比例，以避免不良企业借以降低劳动力成本，侵害就业见习生的合法权益。

2. 建立和完善实习权益司法救济机制

第一，尽快建立和完善劳动争议调解仲裁制度、劳资侵权及劳资冲突事件的应急和预警机制、劳动权益受侵犯的劳工诉求表达和劳资双方对话制度、劳动安全监察三方管理制度等。

第二，通过刑事和解程序使劳资双方自愿达成和解，侵权一方给予被侵权一方刑事附带民事赔偿，及时恢复被侵权一方的合法权益，给予被侵权一方以补偿和救济，以消解劳资矛盾，从根本上预防劳动用工违法犯罪的发生。

第三，适当简化劳动仲裁和劳动诉讼程序，降低劳动维权和司法救济成本；在人民法院专门设立劳动和社会保障法庭；对拒不支付劳动者薪酬或缴纳社会保险费的单位及个人采取强制的司法措施；建立公益诉讼制度、派生诉讼制度和代表人诉讼制度等，充分运用司法程序机制保障劳动者权益。①

（二）大学生兼职权益保护

在实践中，大学生兼职的方式多种多样，可被称为"打工""助工""帮厨""勤工助学"等，并无统一称谓。这在一定程度上加剧了法律适用、司法裁判的混乱。有学者提出，明确大学生兼职法律身份，准确界定兼职大学生、用工方、学校三方关系，是维护大学生兼职权益的前提。②

1. 明确大学生兼职法律身份

（1）兼职不是就业

根据《高等学校勤工助学管理办法（2018 年修订）》的相关规定，大学生的主业是学习，兼职是指"学生在学校的组织下利用课余时间，通过劳动取得合法报酬，用于改善学习和生活条件的实践活动"，并不是就业。劳动法意义上的兼职是指劳动者同时与两

---

① 参见张勇：《民生刑法：刑法修正案中的民生权益保障解读》，186～187 页，上海，上海人民出版社，2012。

② 参见谌瑜等：《现代高校建设中的人事体制改革法律问题研究》，153～157 页，北京，群众出版社，2019。

个或两个以上用人单位建立劳动关系。大学生的人事档案关系在学校，他们与学校之间仍保持教育与被教育、管理与被管理的关系。他们尚未完全进入就业领域，无法被纳入用人单位的正式编制，劳动关系与教育关系存在冲突。总之，大学生兼职只是社会俗称，并非法律意义上的概念。

（2）准毕业生属于劳动者

目前我国高校普遍存在大学生毕业前需要先签订一份三方协议的现象，即大学生、用人单位和学校三方主体，就大学生毕业后去用人单位工作签订一份协议。此时大学生尚未毕业，但多数大学生处于应修课程及毕业论文等都已完成、准备就业的状态。对于即将毕业的大学生，在用人单位知晓大学生即将毕业的情况，大学生以毕业后即将就业为目的，向用人单位提供持续不间断的劳动，用人单位也对大学生实施劳动管理并支付劳动报酬的情况下，可以认定两者构成劳动关系。该种情况属于大学生兼职的特殊情形。

2. 提高学校学生资助部门工作实效

《高等学校勤工助学管理办法（2018 年修订）》第七条规定："学校学生资助工作领导小组全面领导勤工助学工作，负责协调学校的宣传、学工、研工、财务、人事、教务、科研、后勤、团委等部门配合学生资助管理机构开展相关工作。"大学生获取学校公布的校外兼职信息后必须经过登记才能开始兼职行为。大学生在兼职过程中与用人单位发生纠纷，导致合法权益受到侵害而向学校求助时，学生资助工作领导小组应当及时介入，为大学生提供法律援助，指导和帮助大学生维权。必要时，可以代表学校向用人单位主张赔偿，追究用人单位的法律责任。

同时，设置更高层级的机构对学生资助工作领导小组进行监督，以督促其适当行使权力，避免不作为现象发生。为保障大学生的兼职权益，避免因学生资助工作领导小组成员相互扯皮，而发生不及时追究违约违规的用人单位的责任的情况，应当设置学生资助工作领导小组的上级部门，对学生资助工作领导小组成员履行职务过程中的过失情形给予相应的处分。[①]

3. 明确兼职三方协议的法律责任

由于大学生特殊的身份，因此在协议内容中可以规定兼职过程中权益受损后由高校负责出面解决。通过明确规范协议的主要内容，保障大学生兼职的劳动权益。在发生兼职纠纷时，可根据《高等学校勤工助学管理办法（2018 年修订）》第二十九条、第三十条："勤工助学管理服务组织必须经学校授权，代表学校与用人单位和学生三方签订具有法律效力的协议书"，"若出现协议纠纷或学生意外伤害事故，协议各方应按照签订的协议协商解决。如不能达成一致意见，按照有关法律法规规定的程序办理"。

---

① 参见陈红梅：《兼职大学生劳动关系的法律论证》，载《甘肃政法学院学报》，2012(1)。

（三）大学生就业权益保护

1. 识别就业陷阱

（1）就业歧视

在毕业生就业过程中，存在就业歧视现象。这种现象破坏了大学生就业市场的公平、公正。就业歧视现象主要有外貌歧视、性别歧视、学历歧视、经验歧视、年龄歧视、和地域歧视等，违反了《中华人民共和国劳动法》等法律的相关规定。

（2）虚假广告

有些用人单位为了招到素质较高的毕业生，往往会发布虚假的广告，夸大或隐瞒自己的一些情况。面试时用人单位提出各种问题了解毕业生的情况，而当毕业生询问企业的情况时，企业就会回避问题甚至迁怒于毕业生，这样"双向选择"就成了"单项通道"。招聘单位因为掌握毕业生的详细资料而能从容筛选，而求职若渴的毕业生却因信息不准很难做出正确的选择。

（3）侵犯隐私

个别企业会在面试时向毕业生提出侵犯人格尊严权的问题。面对这样的问题，毕业生有权拒绝回答，甚至向司法部门举报。

（4）合同侵权

合同中的侵权行为主要表现为：①试用期过长，超过6个月。有些用人单位抓住"试用期"的"试用"二字做文章，支付超低工资，甚至不支付工资，把"试用期"变成了"剥削期"。②"只试用，不录用"等恶意侵权行为。有些不良的用人单位在大学生试用期满之后，找出各种理由，理直气壮地扣上"不合格"的帽子就把大学生打发了。③设置高额违约金。劳动合同或协议中可以规定违约金的数额，规定的上限是12个月的工资总和。还要注意的是，劳动合同中只规定求职方的违约责任是不公平的，企业违约同样要负责任。

（5）不合理收费

有些企业担心大学生签订协议后反悔，收取抵押金或扣留大学生有效证件的行为属于不合法行为。我国相关劳动法律明确规定，用人单位不得以任何理由，向大学生收取报名费、培训费、押金、保证金等，并以此作为是否录用的决定条件。

"动"感分享

小王和小赵到公司应聘市场部的助理。笔试、面试各个环节进行得都非常顺利。最后，面试负责人通知小王和小赵他们被录用了，试用期的主要工作是联系相关写字楼的承租客户，同时，试用期小王和小赵每人必须交纳3000元的押金。交押金的目的是保证公司利益不受损失，试用期结束后公司将退还押金。小王和小赵并未多想，就从银行取款交纳了押金，开始着手完成他们试用期的工作任务。接下来一个月的时间，按照公司指定的几座写字楼联络计划，小王和小赵分头忙碌起来，每天从学校到写字楼往返奔波。然而一个月下来，小王和小赵竟然没能联系到一家客户。他们只好如实向公司有关负责人说明了情况。经过一番交涉，公司有关负责人表示，由于小王和小赵未能完成公司交办的任务，两人不能被最终录用，并且在一个月内两人因涉及公司业务发生的部分费用支出要从当初交纳的押金中扣除。没能完成公司交办的任务，固然让小王和小赵感到惭愧，但当初交纳的押金因各种原因被部分扣除，让小王和小赵感觉难以接受。

初涉职场的大学生对社会的复杂性往往缺乏必要的认识和了解，一些用人单位甚至不法之徒也正是利用了大学生这种急于找到工作但又缺乏必要社会经验和知识的弱点，侵害大学生的就业权益，甚至利用大学生进行违法犯罪活动。大学生必须了解自身应享有的权益，并学会运用法律的武器维护自身的权益。①

2. 主动寻求学校保护

学校对毕业生权益的保护最为直接。学校可通过制定各项措施来规范毕业生就业指导和就业推荐，对于用人单位在录用毕业生过程中的不公平、不公正行为，学校有权予以抵制以维护毕业生公平受录用权。对于用人单位与毕业生签订不符合有关规定的就业协议，学校有权不予同意，学校一经发现不规范的用人单位不予签证，未经学校同意的就业协议不发生法律效力。对不具备招聘资格的中介公司、不具有法人资格的用人单位不准进校招聘。

3. 学习国家政策法规

毕业生权益保护的一个重要方面就是毕业生自我保护。

第一，毕业生应了解目前国家关于毕业生就业的有关方针、政策和规范以及它们之间的关系，熟悉毕业生在就业过程中的权利和义务，这是毕业生权益自我保护的前提。

第二，毕业生应自觉遵循有关就业规范，接受其制约，保证自己的就业行为不违反就业规范，不侵犯其他毕业生的合法权益。

4. 学会运用法律武器

毕业生应学会运用法律手段维护自身的合法权益。针对侵犯自身就业权益的行为，毕业生有权向用人单位上级主管部门和学校进行申诉并听取他们的处理意见，同时也可提交给当地的劳动争议仲裁机构进行调解和仲裁，也可以直接向人民法院提起诉讼。我国政府和有关部门制定了一系列与毕业生就业相关的法律法规，如《中华人民共和国高等教育法》《中华人民共和国劳动合同法》《中华人民共和国劳动法》《劳动保障监察条

---

① 参见李教社主编：《大学生职业生涯规划（就业指导与创新创业篇）》，82～83 页，北京，北京理工大学出版社，2021。

例》《中华人民共和国公务员法》《普通高等学校毕业生就业工作暂行规定》等。①

大学生劳动权益保护问题三论

在高等教育已步入普及化阶段的当代中国，大学生以各种形式参加社会劳动的现象十分普遍。与此同时，大学生在社会劳动中权益遭受侵害的问题也日益突出。

一、大学生的劳动者主体资格

劳动者概念有广义、狭义之分，广义的劳动者是社会学意义上的劳动者，泛指具有劳动能力、以劳动收入作为主要生活来源的人；狭义的劳动者是劳动法意义上的劳动者，是指具有劳动关系主体资格、受劳动法保护的劳动者。从我国劳动法的规定分析，与大学生形成用工关系的用人单位主要是企业和个体经济组织，大学生也不属于我国劳动法排除适用的几类人员，故大学生依法属于适用劳动法的劳动者范围。关于劳动者主体资格，我国劳动法并未做出系统、集中的规定，有关规定散见于多个劳动法规范文件中。分析我国劳动法有关规定，自然人具备劳动者主体资格应当满足三个条件：一是年龄条件，劳动者必须年满16周岁；二是劳动能力条件，劳动者身体残疾或者患精神疾病被鉴定为一至四级伤残的，为完全丧失劳动能力者，应当退出工作岗位；三是行为自由条件，劳动者被依法追究刑事责任的，用人单位可以解除劳动合同。上述劳动法规定的劳动者主体资格条件中年龄条件是必备条件，大学生一般都已年满16周岁，也没有法律规定的完全丧失劳动能力的情形。在行为自由方面，大学生参加社会劳动的主要形式有两种，一是利用课余时间勤工助学，二是按照高校的培养计划进入用人单位实习，两者均得到高等教育法律法规和高校的许可。因此，大学生依法具备劳动法规定的劳动者主体资格。

二、大学生毕业实习的基本属性

大学生参加社会劳动除了勤工助学活动以外，主要还有实习的形式。在我国高等教育新形势下，大学生实习模式已经发生重大改变。随着我国高等教育进入普及化阶段，大学毕业生人数激增，就业竞争日趋激烈，越来越多的用人单位对毕业生实际工作经验提出要求。为了满足社会人才需要，增强毕业生的就业竞争能力，我国高校普遍对培养计划进行了调整，在基本完成各项教学任务的前提下，在毕业前安排大学生进行半年甚至更长时间的毕业实习。毕业实习属于顶岗实习，大学生在实习单位经过短期培训后即正式上岗，从事与其他在职职工同样的工作，实习单位也会支付一定的

---

① 参见吕博：《大学生职业发展与就业能力培养》，217～218页，天津，天津科学技术出版社，2018。

劳动报酬。更为重要的是，毕业实习具有强烈的就业目的导向，大学生根据自己的就业意向自行联系和选择实习单位应聘求职，在实习过程中努力展示自己各方面的能力，争取实习单位的认可，实现就业；用人单位在实习过程中考察、选拔、录用员工。大学生在毕业实习过程中从事实习单位指派的全日制工作，接受实习单位的管理，与实习单位之间的关系符合劳动关系的从属性特征，依法属于受劳动法调整和保护的劳动关系。

三、大学生劳动权益保护的对策建议

在现代社会，除了以全日制工作和长期雇用等为特征的标准劳动关系外，还大量存在不同于标准劳动关系的非标准劳动关系，如非全日制用工、短期雇用和劳务派遣等。大学生勤工助学和毕业实习均属于非标准劳动关系。应当根据大学生劳动关系的特点，合理确定大学生劳动权益保护的内容。

（一）最低工资标准的适用

近年，一些企业以低于政府规定最低工资标准雇用大学生，引发了社会广泛关注。最低工资标准属于劳动基准法的基本内容，是劳动法赋予劳动者的最基本权益，应当在劳动立法中明确规定大学生参加社会劳动适用最低工资标准。

（二）劳动事故伤害的工伤救济

大学生在勤工助学、毕业实习过程中因工作原因遭受事故伤害，可以通过何种途径寻求救济？目前，由于劳动行政部门认为大学生与用人单位并未形成劳动关系，大学生劳动事故伤害不构成工伤，因此受伤害大学生不能享受工伤待遇，只能以与用人单位形成雇佣关系为由，通过民事诉讼要求用人单位承担雇主侵权责任。考虑到大学生劳动伤害事故的证据环境，要求大学生举证证明用人单位存在过错非常困难。而工伤责任救济途径实行无过错责任，大学生无须对自身过失承担责任；同时，工伤认定程序实行举证责任倒置规则。因此，建议大学生在从事用人单位安排的劳动遭受事故伤害后，应当采取工伤责任救济途径。

（三）劳动监察、仲裁程序的适用

大学生在勤工助学、毕业实习过程中与用人单位发生欠付、克扣工资等纠纷，要求劳动监察部门和劳动争议仲裁机构处理的，劳动监察部门、劳动争议仲裁机构一般不予受理，这也是现实中大学生参加社会劳动遭遇侵权后大多选择放弃维权的主要原因。与民事诉讼途径相比较，劳动监察、仲裁程序具有申请简便、处理周期短、不收费等优点，而且劳动监察程序由劳动执法人员依职权主动调查收集证据，劳动争议仲裁实行举证责任倒置规则，主要由用人单位承担举证责任，对劳动者较为有利。我国劳动立法应当在确认大学生劳动关系的基础上，明确规定大学生与用人单位发生劳动争议的，有权向劳动监察部门投诉或者向劳动争议仲裁机构申请仲裁。①

---

① 参见葛建义：《大学生劳动权益保护问题三论》，载《中国劳动》，2015(6)。

第二节　劳动法律

一、法律的概念及其特征

（一）法律的概念

法律是由国家制定或认可并以国家强制力保证实施的，反映由特定物质生活条件所决定的统治阶级意志的规范体系。法律是由享有立法权的立法机关行使国家立法权，依照法定程序制定、修改并颁布，并由国家强制力保证实施的基本法律和普通法律的总称。法律是法典和律法的统称，分别规定公民在社会生活中可进行的事务和不可进行的事务。

我国的法律可以划分为宪法、法律、行政法规、地方性法规、自治条例和单行条例等。宪法是国家法的基础与核心，法律则是国家法的重要组成部分。法律是从属于宪法的强制性规范，是宪法的具体化。

（二）法律的特征

第一，法律是一种概括、严谨的行为规范。

第二，法律是国家制定或认可的行为规范。

第三，法律是国家确认权利和义务的行为规范。

第四，法律是由国家强制力保障实施的行为规范。

第五，法律是调整社会关系的行为规范。

第六，法律是具有普遍性的社会规范。

二、我国劳动法律体系

劳动法律体系以法律制度的方式横向展开，可以视为劳动法的具体内容；以法律渊源的方式纵向展开，可以视为劳动法的表现形式。将劳动法的具体内容和劳动法的表现形式加以综合，就形成了劳动法律体系。劳动法律体系是指劳动法律规范按照一定的调整对象、规格和逻辑所组成的和谐统一、有机结合的现行法的系统。根据我国的实际情况，劳动法可由上至下分成四个层次，这四个层次的层层展开形成了劳动法律体系的"金字塔"。①

（一）第一层次：劳动法总纲

从各国的立法情况看，大致有三种情况：第一种是制定一个比较集中的、系统的规范性法律文件；第二种是主要对基本问题及基本原则进行规定；第三种是由几个基

---

① 参见董保华：《劳动法论》，187～236页，上海，上海世界图书出版公司，1999。

本法起核心和牵头的作用。根据我国目前的法制情况，在第一层次上以制定一个涉及面较广、原则性较强的劳动法总纲为妥。在形式上，应是全国人民代表大会制定的劳动基本法律；在内容上，应是对有关劳动方面根本的、普遍的、重要的问题所做的原则性规定。

（二）第二层次：单行劳动法律

这个层次，在形式上主要是全国人民代表大会常务委员会制定的单行劳动法律在名称上可称为"法"；少数特别重要的法律可由全国人民代表大会直接制定；一些涉及面较窄的内容也可由国务院制定为行政法规。在内容上主要是依据劳动法的基本原则，确立调整劳动关系以及劳动行政关系某一方面的基本制度。第二层次的立法是将劳动法总纲的规定进一步专项化、制度化。以现有的劳动法为基础，我们认为可以形成以下诸法。

1. 主体立法

主体立法是对劳动法主体进行规定的法律，包括对用人单位、劳动者、工会以及劳动行政机关等的规定。我国已经制定了《中华人民共和国全民所有制工业企业法》《中华人民共和国乡镇企业法》《中华人民共和国中外合资经营企业法》《中华人民共和国外资企业法》等一系列企业法，规定了企业的法律地位。对劳动者的法律地位也已在《中华人民共和国劳动法》中规定。《中华人民共和国工会法》确定了工会的法律地位。劳动行政机关的法律地位则由《中华人民共和国国务院组织法》来确定。

2. 合同立法

合同立法是体现劳动关系双方当事人自主权和平等协商的法律制度，也是劳动关系协调合同化这一劳动法基本原则的具体体现，在法律内容上以存在任意性规范为特征。合同立法包括《中华人民共和国劳动合同法》等。

3. 基准立法

基准立法是对用人单位劳动义务所做的最低标准的规定，也是劳动条件基准化这一劳动法基本原则的具体体现，在法律内容上以强制性规范为特征。基准立法包括《中华人民共和国安全生产法》等。

4. 保障立法

这里所说的保障立法仅指社会性的保障规定，它是以劳动关系建立前和终止后的关系为主要内容的，也是劳动者保障的社会化原则的体现。这部分立法的内容与合同立法、基准立法的区别是：合同立法、基准立法以调整劳动关系为功能规范用人单位和劳动者的关系，这部分立法的主要调整对象一方是国家机关以及其授权的组织，另一方是用人单位或劳动者。作为一种劳动行政关系，国家机关以及其授权的组织起着主导作用。这部分立法主要包括两方面的内容：《中华人民共和国就业促进法》，当劳动关系尚未建立时，以促进就业、帮助劳动者建立劳动关系为目的，从而对就业服务机构、就业服务企业、就业基金、就业歧视的制止等做出一系列原则性规定；《中华人民共和国社会保险法》，当劳动关系丧失或劳动力丧失、部分丧失时以保障劳动者的基本生活为目的，确立失业保险、养老保险、医疗保险、工伤保险、生育保险等基本制度。

5. 执法规定

应当体现劳动执法规范化的原则。作为程序法应与实体法相配合，如与基准法相配套，应制定《劳动保障监察条例》。

（三）第三层次：条例和规定

在形式上主要是国务院制定的劳动行政法规，在名称上主要用"条例""规定"，以和上一层次"法"的称谓进行区别；少数特别重要的内容也可由全国人民代表大会常务委员会制定为法律；一些有待进一步完善或涉及较具体的内容也可由国务院各部委制定为劳动行政规章，名称上主要用"办法""细则"以和"法""条例""规定"的称谓相区别。在内容上是对第二层次的法的进一步具体化，并可依据劳动法律制度的具体原则，使各项内容专门化、制度化。

1. 主体立法

第一，用人单位方面，主要是制定一系列劳动管理方面的规定，如《股份有限公司劳动管理条例》《有限责任公司劳动管理条例》《股份合作制劳动管理规定》《合伙企业劳动管理规定》等。

第二，劳动者方面，主要是对一些特殊劳动力的资格加以确定，如《禁止使用童工条例》《学位条例》《专业技术职务聘任条例》《高级技师评聘规定》《工人技术考核规定》《劳动能力鉴定规定》等。

2. 合同立法

第一，劳动合同方面，主要是将劳动合同订立、变更、终止等内容具体化，如《招工规定》《保守商业秘密规定》《技术工种上岗培训办法》《服务期确定办法》《学徒管理规定》《企业裁员管理规定》《患病和非因工负伤医疗期规定》《履行和解除劳动合同的经济补偿办法》《内部劳动规则制定的规定》等。

第二，集体合同方面，如《集体协商规定》《集体合同审查办法》等。

3. 基准立法

第一，工时休假方面，如《企业实行不定时工作和休息规定》《计件工作工时的管理办法》《综合计算工时的规定》《限制延长工时的规定》《年休假规定》《婚丧假规定》等。

第二，工资方面，如《最低工资条例》《履行社会义务的工资确定规定》《工资支付条例》等。

第三，劳动安全卫生方面，如《企业职工伤亡事故报告处理条例》《特别重大事故调查程序条例》《职业病认定和处理规定》等，还可按产业特点对劳动环境、劳动条件、安全培训等做出一系列具体规定。

第四，女工和未成年工保护方面，如《女职工保护条例》《未成年工保护条例》等。

4. 保障立法

第一，促进就业方面，有《劳动就业管理服务机构的规定》《职业介绍条例》《农村劳动力跨地区就业管理规定》《就业登记办法》《劳动就业企业规定》《就业基金规定》《就业和失业统计办法》《反就业和职业歧视规定》《职业技能开发条例》《职业技能鉴定条例》《残疾人就业条例》《退出现役军人就业规定》和《促进中高龄劳动者就业办法》等。

第二，社会保险方面，有《社会保险管理服务机构规定》《失业保险条例》《养老保险条例》《医疗保险条例》《工伤保险条例》《城镇企业职工死亡待遇规定》等。

5. 执法规定

第一，劳动争议处理方面，有《劳动争议仲裁委员会组织规定》《劳动争议仲裁委员会办案规则》和《集体劳动争议处理程序》等。

第二，劳动监察方面，有《劳动监察员管理办法》《劳动安全卫生监察条例》等。

第三，法律责任方面，有《违反劳动法的行政处罚条例》《违反劳动法的赔偿办法》等。

（四）第四层次：地方性法规、规章

主要是省、自治区、直辖市人民代表大会和它的常务委员会制定的地方性劳动法规以及地方政府制定的地方性规章。根据各地方的实际情况，在不违背法律、行政法规的条件下，依照法定权限和程序制定的适用于本地方的各种法规、规章。

三、《中华人民共和国劳动法》

（一）《中华人民共和国劳动法》的主要内容

《中华人民共和国劳动法》在 1994 年 7 月 5 日第八届全国人民代表大会常务委员会第八次会议上通过，在 2009 年 8 月 27 日第十一届全国人民代表大会常务委员会第十次会议上第一次修正，在 2018 年 12 月 29 日第十三届全国人民代表大会常务委员会第七次会议上第二次修正。《中华人民共和国劳动法》分为 13 章，具体包括总则、促进就业、劳动合同和集体合同、工作时间和休息休假、工资、劳动安全卫生、女职工和未成年工特殊保护、职业培训、社会保险和福利、劳动争议、监督检查、法律责任、附则。

（二）《中华人民共和国劳动法》的基本原则

《中华人民共和国劳动法》主要包括以下三大基本原则。

1. 劳动既是权利又是义务的原则

对劳动者来说意味着劳动权，即劳动者有权依法选择适合自己特点的职业和用人单位，有权利用国家和社会所提供的各种就业保障条件，以提高就业能力和增加就业机会。对企业来说意味着平等地录用符合条件的职工，加强提供失业保险、就业服务、职业培训等方面的职责。对国家来说，应当为劳动者实现劳动权提供必要的保障。

劳动者一旦与用人单位发生劳动关系，就必须履行其应尽的义务，其中最主要的义务就是完成劳动生产任务。这是劳动关系范围内的法定义务，同时也是强制性义务。

2. 保护劳动者合法权益的原则

第一，偏重保护和优先保护。《中华人民共和国劳动法》在对劳动关系双方都给予保护的同时，偏重保护劳动者，适当体现劳动者的权利本位和用人单位的义务本位，优先保护劳动者权益。

第二，平等保护。全体劳动者的合法权益都平等地受到《中华人民共和国劳动法》的保护。

第三，全面保护。劳动者的合法权益，无论它存在于劳动关系缔结前、缔结后或是终结后都应纳入保护范围之内。

第四，基本保护。对劳动者的最低限度保护，也就是对劳动者基本权益的保护。

3. 劳动力资源合理配置的原则

劳动力资源合理配置的原则包含以下三方面内容。第一，双重价值取向：配置是否合理的标准是能否兼顾效率和公平的双重价值取向，《中华人民共和国劳动法》的任务在于，对劳动力资源的宏观配置和微观配置进行规范。第二，劳动力资源的宏观配置：社会劳动力在全社会范围内各个用人单位之间的配置。第三，劳动力资源的微观配置：处理好劳动者权益和劳动效率的关系。

四、《中华人民共和国劳动合同法》

（一）《中华人民共和国劳动合同法》的主要内容

《中华人民共和国劳动合同法》是为了完善劳动合同制度，明确劳动合同双方当事人的权利和义务，保护劳动者的合法权益，构建和发展和谐稳定的劳动关系制定的法律。该法律在 2007 年 6 月 29 日第十届全国人民代表大会常务委员会第二十八次会议上通过，在 2012 年 12 月 28 日第十一届全国人民代表大会常务委员会第三十次会议上修正。

《中华人民共和国劳动合同法》分 8 章 98 条，包括总则、劳动合同的订立、劳动合同的履行和变更、劳动合同的解除和终止、特别规定、监督检查、法律责任、附则。

（二）《中华人民共和国劳动合同法》的基本原则

《中华人民共和国劳动合同法》的基本原则包括以下几个方面。

1. 合法原则

所谓合法，就是劳动合同的形式和内容必须符合法律、法规的规定。首先，劳动合同的形式要合法。比如，除非全日制用工外，劳动合同需要以书面形式订立，这是《中华人民共和国劳动合同法》对劳动合同形式的要求。如果是口头合同，当双方发生争议时，用人单位要承担不签订书面合同的法律后果。其次，劳动合同的内容要合法。

2. 公平原则

所谓公平，是指劳动合同的内容应当公平、合理，就是在符合法律规定的前提下，劳动合同的双方公正、合理地确定双方的权利和义务。公平是法律的价值选择之一，也是社会公德的体现。

3. 平等自愿原则

这个原则包含两个方面：一方面，平等原则是指劳动者和用人单位在订立劳动合同时在法律地位上是平等的，没有高低、从属之分，不存在命令与服从、管理与被管理的关系；另一方面，自愿原则是指订立劳动合同完全是出于劳动者和用人单位双方的真实意志，是双方协商一致达成的，任何一方不得把自己的意志强加于另一方。根据自愿原则，任何单位和个人都不得强迫劳动者订立劳动合同。

4. 协商一致原则

协商一致原则要求用人单位和劳动者对劳动合同的内容达成一致意见。合同是双方意思表示一致的结果，劳动合同是合同的一种类型，也受到自由意志协商一致的制约。在订立劳动合同时，用人单位和劳动者都要仔细研究合同的每项内容，进行充分的沟通和协商，解决分歧，达成一致意见。

5. 诚实信用原则

诚实信用原则是我国民事法律原则中的"帝王条款"，具有重大的理论与实践指导意义。具体到劳动合同，简单地说就是订立劳动合同要诚实，讲信用。《中华人民共和国劳动合同法》第八条规定，用人单位在招用劳动者时，应当如实告知劳动者工作内容、工作条件、工作地点、职业危害、安全生产状况、劳动报酬以及劳动者要求了解的其他情况；用人单位有权了解劳动者与劳动合同直接相关的基本情况，劳动者应当如实说明。这些都是诚实信用原则的具体要求。

五、《中华人民共和国就业促进法》

《中华人民共和国就业促进法》是为促进就业，促进经济发展与扩大就业相协调，促进社会和谐稳定而制定的法律。该法律在 2007 年 8 月 30 日第十届全国人民代表大会常务委员会第二十九次会议上通过，在 2015 年 4 月 24 日第十二届全国人民代表大会常务委员会第十四次会议上修正。

《中华人民共和国就业促进法》共计 9 章 69 条，包含总则、政策支持、公平就业、就业服务和管理、职业教育和培训、就业援助、监督检查、法律责任、附则。《中华人民共和国就业促进法》是我国就业领域第一部基本法律。它的颁布施行，标志着我国在建设以《中华人民共和国宪法》为依据、以《中华人民共和国劳动法》为基础、以《中华人民共和国就业促进法》《中华人民共和国劳动合同法》《中华人民共和国社会保险法》为主干、以相关法律法规为配套的劳动保障法律体系方面，又迈进了一步，形成了就业工作有法可依、依法办事、依法执政的新局面。

《中华人民共和国就业促进法》的基本内容可概括为：一个方针、一面旗帜、六大责任、五项制度、十大政策。

第一，一个方针。坚持劳动者自主择业、市场调节就业、政府促进就业的方针。

在当前市场机制不健全、劳动者能动性不充分的情况下，政府要承担更多的完善市场机制、规范市场行为的责任；要加大鼓励、支持劳动者自主择业和企业增加就业岗位的力度。

第二，一面旗帜。高举公平就业的旗帜，创造公平的就业环境。实行公平就业，反对就业歧视，保障劳动者的平等就业权利，既是促进就业工作的一项重要原则，也是社会关注的一个重要问题。

第三，六大责任。促进就业和治理失业是各级政府执政为民的重要体现。本法对政府在促进就业中承担的重要职责做出了明确规定，主要包括六个方面，即发展经济和调整产业结构增加就业岗位、制定与实施积极的就业政策、规范人力资源市场、完善就业服务、加强职业教育和培训、提供就业援助。

第四，五项制度。加强对就业工作组织领导的政府责任制度，加强对劳动者工作的公共就业服务和就业援助制度，加强对市场行为规范的人力资源市场管理制度，加强对人力资源素质提升的职业能力开发制度，加强对失业治理的失业保险及预防制度。

第五，十大政策。政策是政府履行责任的具体体现。十大政策包括：有利于促进就业的经济发展政策、财政保证政策、税收优惠政策、金融支持政策，城乡统筹、区域统筹、群体统筹的就业政策，支持灵活就业、援助困难群体就业的政策，失业保险促进就业的政策。

六、《中华人民共和国社会保险法》

（一）《中华人民共和国社会保险法》的主要内容

《中华人民共和国社会保险法》在 2010 年 10 月 28 日第十一届全国人民代表大会常务委员会第十七次会议上通过，在 2018 年 12 月 29 日第十三届全国人民代表大会常务委员会第七次会议上修正。该法律共 12 章 98 条，包含总则、基本养老保险、基本医疗保险、工伤保险、失业保险、生育保险、社会保险费征缴、社会保险基金、社会保险经办、社会保险监督、法律责任、附则。

《中华人民共和国社会保险法》是中国特色社会主义法律体系中起支架作用的重要法律，是一部着力保障和改善民生的法律。它的颁布实施，对于建立覆盖城乡居民的社会保障体系、更好地维护居民参加社会保险和享受社会保险待遇的合法权益、使居民共享发展成果、促进社会主义和谐社会建设，具有十分重要的意义。

（二）《中华人民共和国社会保险法》的基本原则

1. 强制性原则

社会保险的强制性原则是社会保险基金三方负担筹集原则的保证。一方面，受到利益的驱使，很难保证雇主自愿为其雇员加入社会保险并承担相应的保险费用；另一方面，尽管参加社会保险的直接受益者是广大劳动者，但劳动者的个体差异很大，具体情况纷繁复杂，使其自愿地加入社会保险并按期如实地缴纳保险费用在实践推广中也是非常困难的。在社会保险的参与和费用的缴纳等方面必须实行强制性原则，这样才可以有力地保证社会保险的推广和运作。

2. 保险基金征用法定原则

保险基金征用法定原则，可以说是强制性原则的派生原则，它包含着两层基本含义：一是保险基金的征收法定，二是保险基金的用途法定。保险基金征收法定原则的基本内容是，社会保险费用征收的种类和费率的确定都必须依照法律的规定，任何社会保险机构和其他机构不得未经法律授权而擅自改变。如果对社会保险费用征收的权限不加以严格限制，就可能出现社会保险费用种类和费率变动失控，加重投保人负担，促成社会不安因素。另一方面，社会保险基金的管理机构必须按照法律规定的用途对基金进行妥善管理和运用。通过对社会保险基金征用进行严格的法律限制，可以更好地防止相关机构滥用权力，切实保障劳动者的合法权益和社会保险制度的正常运作。只有保证社会保险基金按照法定用途使用，社会保险才能正常运行。

3. 公平原则

公平原则是在社会保险基金的给付和具体纠纷的处理上应当遵循的基本原则。公平原则要求社会保险体系中每一个成员承受的负担与自身的经济状况保持一致。而相同社会经济区域条件下的投保人所获得的基本保障也应当是相同的，不论其最初缴纳的保险费用是多少。在出现社会保险纠纷时，应以此项公平原则作为处理事务的指导精神。

▸▸ 经典悦读

中华人民共和国劳动法(节选)

第二章　促进就业

第十条　国家通过促进经济和社会发展，创造就业条件，扩大就业机会。

国家鼓励企业、事业组织、社会团体在法律、行政法规规定的范围内兴办产业或者拓展经营，增加就业。

国家支持劳动者自愿组织起来就业和从事个体经营实现就业。

第十一条　地方各级人民政府应当采取措施，发展多种类型的职业介绍机构，提供就业服务。

第十二条　劳动者就业，不因民族、种族、性别、宗教信仰不同而受歧视。

第十三条　妇女享有与男子平等的就业权利。在录用职工时，除国家规定的不适合妇女的工种或者岗位外，不得以性别为由拒绝录用妇女或者提高对妇女的录用标准。

第十四条　残疾人、少数民族人员、退出现役的军人的就业，法律、法规有特别规定的，从其规定。

第十五条　禁止用人单位招用未满十六周岁的未成年人。

文艺、体育和特种工艺单位招用未满十六周岁的未成年人，必须遵守国家有关规定，并保障其接受义务教育的权利。

▸▸ 理论探微

第一，《中华人民共和国劳动合同法》是如何规定试用期和试用期工资的？

试用期，劳动合同期限三个月以上不满一年的，试用期不得超过一个月；劳动合同期限一年以上不满三年的，试用期不得超过二个月；三年以上固定期限和无固定期限的劳动合同，试用期不得超过六个月。同一用人单位与同一劳动者只能约定一次试用期。以完成一定工作任务为期限的劳动合同或者劳动合同期限不满三个月的，不得约定试用期。试用期包含在劳动合同期限内。劳动合同仅约定试用期的，试用期不成立，该期限为劳动合同期限。

试用期工资，劳动者在试用期的工资不得低于本单位相同岗位最低档工资或者劳动合同约定工资的百分之八十，并不得低于用人单位所在地的最低工资标准。

第二，什么情况下劳动合同无效？

下列情况下，劳动合同无效或者部分无效：

（一）以欺诈、胁迫的手段或者乘人之危，使对方在违背真实意思的情况下订立或者变更劳动合同的；

（二）用人单位免除自己的法定责任、排除劳动者权利的；

（三）违反法律、行政法规强制性规定的。对劳动合同的无效或者部分无效有争议的，由劳动争议仲裁机构或者人民法院确认。

第三节　劳动文化

文化既是人类在漫长的时间里所创造出来的，也是人类社会和历史的沉淀。文化凝聚于物质并超越物质，可以通过价值观念、生活方式、行为规范、科学技术等来传递，是对客观世界的感性认识和经验的升华。

一、中国传统文化中的劳动文化

在远古时代，先民们就已经形成了热爱劳动、崇尚劳动的光荣传统。神农尝百草、大禹治水等劳动故事广为流传，深刻反映了我国劳动人民对劳动的尊重和认同。伴随人类满足自身最基本的生存需要的出现，劳动意识产生，即最初形态的劳动文化。伴随中华文明的不断演进，建立在中华优秀传统文化基础之上的，经过劳动实践得以传承和发展的劳动思想、劳动价值观以及劳动精神等，形成了我国独特的劳动文化。

（一）崇尚劳动、重视劳动价值

中华民族在长期的历史发展过程中，创造了辉煌的物质和精神文化，并形成了独特的思维方式、行为规范。中国人的个性特点是什么？"勤劳"为重要的高频词。诚然，中国人民勤于劳动，善于创造。正是因为勤劳，我们拥有了辉煌的历史；正是因为勤劳，我们创造了中国速度。可以说，在中华民族的历史发展过程中一直秉持着热爱劳动、崇尚劳动的精神。

另外，中华优秀传统文化提倡勤俭节约，更包含着吃苦耐劳、开拓进取、百折不挠之义。"故天将降大任于是人也，必先苦其心志，劳其筋骨，饿其体肤，空乏其身，行拂乱其所为，所以动心忍性，曾益其所不能"，这种面对艰难困苦的豁达乐观和积极向上的人生态度是中华民族劳动意识、劳动价值和劳动情感的重要方面。"只要功夫深铁杵磨成针"、囊萤映雪、悬梁刺股等典故鼓励劳动者持之以恒、坚韧不拔，这与当代倡导的钉钉子精神和工匠精神异曲同工。

（二）尊重劳动规律

《尚书》作为中国上古历史文献和部分追述古代事迹著作的汇编，是儒家重要的核心经典之一，反映了中国先民对自然社会和人生的认识与理解。《尧典》作为《尚书》的首篇，在开篇赞颂尧的历史功绩时，用了很大篇幅记述了尧为了发展生产，制定历法的故事。其中明确指出，"历象日月星辰，敬授人时"，即制定历法的目的是让百姓能够按照时令从事生产活动。《礼记·中庸》提出"致中和，天地位焉，万物育焉"和"万物并育而不相害，道并行而不相悖"的思想，表达了人与自然和谐平衡的观点。

（三）提倡耕读文化

在古代，中国有一种"耕读传家"的传统，即以农耕为主，又以读书为主要内容。中国古代的部分文人，把半耕半读作为一种合理的生存方式，他们以耕田谋生，以读书和修身养性为主。"耕读文化"是以"耕读传家"和耕读结合为价值取向的一种文化形式。中国古代流传下来的农书数量多，水平高，在世界上处于领先地位，这是由于中国人"耕读传家"的传统。崔寔出自清门望族，少年熟读典籍，明晓政体，具有浓厚的农本思想，他根据自己的经验写成了《四民月令》这一部月令体农书；张履祥在隐居生活期间教书种树，他修助桑树甚至比有经验的农民还要娴熟，他所作的《补农书》总结了明末清初的农业经济与农业技术。知识分子在耕读中，接近劳动生产，接近劳动人民，创作了在一定程度上反映劳动人民生活的文学作品。

（四）提倡"以劳树德""以劳强体"

陶渊明归隐于田园，留下了很多传世的田园诗篇，他不仅写自己从事躬耕的喜悦和平静，同时也对劳动的意义有了新的认识，即生活虽苦，但自食其力、艰苦奋斗使生活充实且幸福，因此写下"人生归有道，衣食固其端。孰是都不营，而以求自安"的诗句。

劳动可以培养人优良的品德意志和强身健体。世称贤母的敬姜在教育儿子勤俭节约、不要贪图安逸时说，"夫民劳则思，思则善心生；逸则淫，淫则忘善，忘善则恶心生"，指出了劳可培善和逸则生恶两种不同的行为结果。

清初思想家、教育家颜元指出了传统教育与现实脱节的弊端，强调劳动对培养人才的影响，主张读书不但要从事农业生产，还要进行劳动教育，认为劳动能"正心""修身"，能消除恶念，能使人勤奋并克服懒惰和倦怠。他还认为劳动可以强身，是保持健康的重要途径。

（五）珍视劳动果实

劳动成果来之不易，珍惜劳动成果就是尊重劳动和劳动者，这是中华民族的传统美德。例如，《诗经·周颂·丰年》讲述"丰年多黍多稌，亦有高廪，万亿及秭。为酒为醴，烝畀祖妣。以洽百礼，降福孔皆"，表达了劳动人民丰收的喜悦和对美好生活的向往。又如，《尚书·洪范》在讲述"五行"时讲"稼穑作甘"，将"可种植庄稼的土"与"甜味"联系起来；在讲述"八政"时，将"管理粮食"作为第一要务，还明确将"富"作为"五福"的重要内容，将"贫"作为"六极"的重要内容，充分体现了对劳动和劳动果实的尊崇。

传统文化中尊重劳动价值，鼓励辛勤、诚实和创造性劳动，提升品德修养和强健体魄的思想是与古代的生产基础和社会制度相适应的，而当今在新的历史条件下，我们应以习近平新时代中国特色社会主义思想为指导，不断发展和阐释劳动实践、劳动观念等方面的时代内涵，传承文化精髓，推动中华传统文化中劳动文化的创造性转化和创新性发展，抵御腐朽落后的文化冲击，增强文化自信。

二、新时代劳动文化

（一）新时代劳动文化的科学内涵

党的十八大以来，习近平总书记站在中国特色社会主义新时代的历史方位，多次就劳动精神、劳模精神、工匠精神发表重要讲话、做出重要指示。这些精神被合称为劳动文化中重要的"三种精神"。这一系列重要的讲话和指示，立意高远、内涵丰富，科学地界定了"三种精神"的丰富内涵，对事关"三种精神"的重大理论和实践问题进行了系统回答，具有较强的政治性、思想性、理论性、指导性。其中，劳动精神是新时代劳动文化的本质内核，劳模精神是新时代劳动文化的实践展示，工匠精神是新时代劳动文化的特有价值。劳动精神本书第三章第一节已详述，此处不再介绍，着重介绍劳模精神和工匠精神。

1. 劳模精神：爱岗敬业、争创一流，艰苦奋斗、勇于创新，淡泊名利、甘于奉献

劳模精神是劳动者品质在劳模身上的集中体现，是劳动精神的生动诠释。习近平

总书记指出："劳动模范身上体现的'爱岗敬业、争创一流，艰苦奋斗、勇于创新，淡泊名利、甘于奉献'的劳模精神，是伟大时代精神的生动体现。"①其中，"爱岗敬业、争创一流"是劳模精神的本质特征，体现了劳模对国家、社会、职业的高度责任感、使命感和舍我其谁的主人翁精神。"艰苦奋斗、勇于创新"是劳模精神的内在品质，劳模是辛勤劳动、诚实劳动、创造性劳动的积极实践者，他们踏踏实实、奋发图强、勇于挑战、敢为人先，在实现中华民族伟大复兴的历史征程中埋头苦干、求真务实、创新创造。"淡泊名利、甘于奉献"则是劳模精神的价值追求，彰显了劳模心甘情愿、默默坚守、身心投入、不求声名和个人私利的精神。劳模精神已成为劳动精神的一面旗帜，将引领更多的劳动者向劳模学习，以实际行动践行劳模精神。

▸▸ 理论探微

　　劳动模范和先进工作者是坚持中国道路、弘扬中国精神、凝聚中国力量的楷模，他们以高度的主人翁责任感、卓越的劳动创造、忘我的拼搏奉献，为全国各族人民树立了学习的榜样。"爱岗敬业、争创一流，艰苦奋斗、勇于创新，淡泊名利、甘于奉献"的劳模精神，生动诠释了社会主义核心价值观，是我们的宝贵精神财富和强大精神力量。②

　　大力弘扬劳模精神、劳动精神、工匠精神。"不惰者，众善之师也。"在长期实践中，我们培育形成了爱岗敬业、争创一流、艰苦奋斗、勇于创新、淡泊名利、甘于奉献的劳模精神，崇尚劳动、热爱劳动、辛勤劳动、诚实劳动的劳动精神，执着专注、精益求精、一丝不苟、追求卓越的工匠精神。劳模精神、劳动精神、工匠精神是以爱国主义为核心的民族精神和以改革创新为核心的时代精神的生动体现，是鼓舞全党全国各族人民风雨无阻、勇敢前进的强大精神动力。③

　　2. 工匠精神：执着专注、精益求精、一丝不苟、追求卓越

　　工匠精神是劳动精神的重要组成部分，也是劳动精神的升华。其中，"执着专注"是精神状态，是时间上的坚持、精神上的聚焦；"精益求精"是品质追求，是质量上的完美、技术上的极致；"一丝不苟"是自我要求，是细节上的坚守、态度上的严谨；"追求卓越"是理想信念，是理想上的远大、信念上的高远。追求工匠精神的过程，既是对技艺追求至善至美的过程，也是对人格不断淬炼的过程。工匠精神既体现了敬业之美的精神原色，又表现了创造之美的品质追求，更展现了追求之美的价值升华。

---

　　① 习近平：《在知识分子、劳动模范、青年代表座谈会上的讲话》，载《人民日报》，2016-04-30。

　　② 习近平：《在庆祝"五一"国际劳动节暨表彰全国劳动模范和先进工作者大会上的讲话》，载《人民日报》，2015-04-29。

　　③ 习近平：《在全国劳动模范和先进工作者表彰大会上的讲话》，载《人民日报》，2020-11-25。

广大劳动群众要立足本职岗位诚实劳动。无论从事什么劳动，都要干一行、爱一行、钻一行。在工厂车间，就要弘扬"工匠精神"，精心打磨每一个零部件，生产优质的产品。在田间地头，就要精心耕作，努力赢得丰收。在商场店铺，就要笑迎天下客，童叟无欺，提供优质的服务。只要踏实劳动、勤勉劳动，在平凡岗位上也能干出不平凡的业绩。①

（二）新时代劳动文化的时代价值

在我国进入新时代的大背景下，培育和弘扬劳动文化具有重要的时代价值。"空谈误国，实干兴邦""撸起袖子加油干""社会主义是干出来的"等新的提法则反映了新时代劳动文化的最强音。

1. 有利于营造脚踏实地、踏实肯干的社会风气

新时代劳动文化是一种积极的劳动文化，它能使人成为尊重劳动、热爱劳动、崇尚责任和奉献的新一代劳动者。劳动最光荣、劳动最崇高、劳动最伟大、劳动最美丽的劳动观念，使劳动者在劳动中收获物质上和精神上的满足，有利于在全社会营造脚踏实地、踏实肯干的风气。

2. 有利于提升劳动者的职业道德和专业素养

新时代劳动文化大力倡导依靠劳动、尊重劳动，能够调动广大劳动者的劳动积极性和创造性，使广大劳动者自觉地提高劳动技能水平，树立正确的职业道德观念，不断提升专业素养。

3. 为实现中华民族伟大复兴培养时代新人

我国需要一批又一批有理想、有担当、有文化、有能力的劳动者通过劳动实践为实现中华民族伟大复兴奠定基础。其中，劳动文化素质是新时代劳动者的基本素养。大力弘扬劳动精神、劳模精神、工匠精神，激励广大劳动者积极提升自身的劳动文化素质，有利于培养知识型、技能型和创新型劳动者大军。近年来，我国经济趋向于高质量发展，专业化人才紧缺。因此，我国对劳动者的需求也就更多地趋于高学历、专业性的高质量人才。大力传播和弘扬劳动文化，培育具有高素质的劳动者，尤其是高新技术人才，有利于提高我国产品的品质，打造高质量的知名品牌，形成品牌效应，逐渐缩小和发达国家之间的差距，推动我国从经济大国走向经济强国。

（三）弘扬新时代劳动文化的实现路径

1. 开展系统的劳动教育

开展劳动教育是我国教育领域的一大重要战略。当前我国正处于经济转型的攻坚

---

① 习近平：《在知识分子、劳动模范、青年代表座谈会上的讲话》，载《人民日报》，2016-04-30。

期，全国上下需要万众一心，确保经济实现持续健康发展。青年一代是祖国的希望与未来，开展劳动教育，有意识地去增强学生的劳动能力，让学生从小了解劳动文化、感受劳动快乐、树立劳动意识。从小事做起，从点滴做起，引导学生树立热爱劳动、尊重劳动的价值观念，为培养德智体美劳全面发展的社会主义建设者和接班人奠定了重要基础。

2. 补齐制度短板，构建新时代和谐劳动关系

社会主义的劳动关系是利益一致、内在和谐的劳动关系。构建和谐劳动关系，政府和企业要共同补齐劳动制度短板，营造弘扬劳动文化正能量的生产、生活环境。一是要建立健全劳动相关法律法规，从法律层面保护好劳动者合理的劳动酬劳和适当的劳动时间等合法权益。二是政府相关部门要完善劳动用工制度、劳动保障制度、劳动报酬制度、劳动激励制度等，为劳动者维护自身合法权益提供制度保障，努力实现劳动者所付出的劳动与所得到的收入相匹配，切实完善劳动者报酬增长机制。三是企业要根据企业经营状况和劳动者实际劳动成果制定合理的收入分配制度、休息休假制度、培训制度、劳动安全制度等规章制度。

3. 营造尊崇劳动文化的企业文化氛围

一是企业要明确自身在劳动体系中的主体责任，有规划地对企业内的劳动者进行有针对性的职业技能培训，以进一步提高已就业劳动者的劳动技能水平，提高劳动者学习劳动技能的积极性。二是企业要培育企业独特的企业文化以增强企业凝聚力，使劳动者产生强烈的集体荣誉感和企业归属感，更积极、主动地提高劳动效率、提升劳动能力及劳动质量，为企业创造更大的收益和价值。三是企业要鼓励诚实劳动，培育创新意识和创新能力，并积极鼓励开展团队合作。四是企业要积极弘扬企业家精神，在经营管理中充分尊重劳动者的主体性，调动劳动者的工作积极性，使劳动者更好地投身工作。

4. 强化对劳动文化的宣传引导

拓宽劳动文化的宣传途径，更新劳动文化传播的模式，采用新形式、新方法、新手段大力宣传劳动文化，引导群众在潜移默化中接受劳动文化。要组织群众共同学习劳动文化，了解劳动文化的实质内涵，以极具代表性的劳动模范或是身边熟悉的劳动榜样为案例生动解读劳动文化，使劳动文化深入人心。要引导和把握好网络上劳动文化的舆论方向，坚决杜绝消极劳动、蔑视劳动的情况存在。

▸▸ **经典悦读**

马克思关于工作日的论述

可见，资本主义生产——实质上就是剩余价值的生产，就是剩余劳动的吮吸——通过延长工作日，不仅使人的劳动力由于被夺去了道德上和身体上正常的发展和活动

的条件而处于萎缩状态，而且使劳动力本身未老先衰和过早死亡。它靠缩短工人的寿命，在一定期限内延长工人的生产时间。

但是，劳动力的价值包含再生产工人或延续工人阶级所必需的商品的价值。既然资本无限度地追逐自行增殖，必然使工作日延长到违反自然的程度，从而缩短工人的寿命，缩短他们的劳动力发挥作用的时间，那么，已经消费掉的劳动力就必须更加迅速地得到补偿，这样，在劳动力的再生产上就要花更多的费用，正像一台机器磨损得越快，每天要再生产的那一部分机器价值也就越大。因此，资本为了自身的利益，看来也需要规定一种正常工作日。

正常工作日的规定，是几个世纪以来资本家和工人之间斗争的结果。①

▶▶ "动"感分享

我国劳模的起源与发展

我国劳模的起源于土地革命时期，农民有了土地，开始了为自己劳动的新生活。不过，国民党一次又一次的"围剿"，使本就不富裕的中共苏区陷入了更加紧张的状态之中。1932 年 3 月发布了《关于革命竞赛与模范队的问题》一文，号召全党应该"发动群众机动性，用组织模范队和劳动竞赛的方式"，同时制定了相关的竞赛评判标准和类助标准。此后，中共苏区的劳动竞赛如火如荼地开展起来。1933 年 5 月 18 日至 22 日，春耕生产运动代表大会（武阳劳模表彰大会）在瑞金武阳区苏维埃政府所在地——邹家祠召开。苏维埃政府主席毛泽东出席大会，向模范单位赠送锦旗，揭开了中国劳模运动的序幕。

1939 年 4 月 1 日，陕甘宁边区政府发布政府令，公布《陕甘宁边区人民生产奖励举例》，这是中国共产党以政府名义出台的奖励劳动模范的第一个条例，同时也首次规范了评选劳模的条件和办法。1943 年 11 月 28 日，陕甘宁边区第一届劳动英雄与模范生产工作者代表大会正式召开。这次大会被誉为"中国历史上第一次出现的，是中国劳动人民空前荣典"的大会。

1950 年 9 月 25 日，中华人民共和国第一次全国劳模代表会议在北京召开，正式确定了"劳动模范"这个称呼。1956 年再次开展全国劳动模范表彰活动，由上到下，全国开展了不同层次的劳模评选活动。到 2020 年，我国已召开 15 次全国劳模表彰大会，表彰全国劳动模范和先进工作者 3 万余人。②

---

① 参见马克思：《资本论》第 1 卷，307、312 页，北京，人民出版社，2004。
② 参见中华全国总工会：《中共中央关于工人运动文件选编》中册，181～184 页，北京，档案出版社，1985。

▶▶ 实践任务

任务一

主题：我是普法宣传员。①

内容：

1. 查阅相关的法律书籍和在网络上搜索，搜集、整理就业中自我保护和进行维权的相关法律知识。例如，实习期间的自我保护和维权，求职、就业期间的自我保护和维权等。

2. 对搜集的内容进行审核，确保内容的准确性和有效性。完成内容的整理后，可向相关专业教师进行确认。

3. 通过普法宣传活动，使大学生了解并熟知就业的相关政策法规，增强大学生在就业中的自我保护和维权意识，从而使其在就业过程中免受不合理的侵犯，成功就业，更好地走向社会。

要求：

1. 以学习小组为单位。各小组选定组长担任普法宣传负责人，其他成员为志愿者成员，成立普法宣传工作小组。

2. 营造劳动法律法规宣传氛围。加大校园遵纪守法文化氛围的建设，如让校园墙壁"说话"，运用学生喜爱的卡通漫画等形式宣传遵纪守法的重要性；教室黑板报定期出法制专刊；通过校园广播、播放法制宣传片等途径，对全体师生进行法律法规知识宣传与教育。

3. 组织班级学生观看图片展览、电影教育片，以实例加强宣传教育。

评价：评价表示例如表7-1所示。

表 7-1　评价表示例

活动阶段	评价项目	评价关键词	评价方式		
			自评	组评	师长评（描述＋等级）
项目准备	发现问题	观察、思考			
	计划制订	合理、可行			
	知识学习	迁移、运用			

---

① 参见倪建东：《校园场域下的劳动教育项目化探索》，载《上海课程教学研究》，2022(11)。

活动阶段	评价项目	评价关键词	评价方式		
			自评	组评	师长评（描述＋等级）
项目实践	活动态度	积极、主动			
	工具使用	正确、熟练			
	合作意识	协同、配合			
	项目思维	工序、创新			
	安全意识	规范、守纪			
项目反思	自我对话	反思、改进			
	他人意见	倾听、认同			
	经验分享	大方、明确			
项目成果	作品表达	质量、形式			

任务二

主题： 讲劳动故事，展劳动文化。①

内容：

1. 大力宣传工人阶级的劳动业绩和创造精神，各行各业先进模范人物的先进事迹；宣传广大劳工在推进我国经济建设、政治建设、文化建设、社会建设和生态文明建设协调发展中做出的贡献。

2. 大力弘扬工人阶级伟大品格和劳动精神、劳模精神，努力营造学习劳模、尊重劳模、关爱劳模、崇尚劳模、争当劳模的良好舆论氛围和社会环境。

3. 大力宣传劳模体现了"劳动美"的丰富内涵，用劳模精神启迪学生、鼓舞学生、凝聚学生，倡导通过劳动创造美好生活的时代精神。

要求：

1. 以劳动教育学习小组为单位。

2. 各小组自行设计选定与劳动教育相关的情景剧主题，每一场情景剧的时长为10～15分钟。

3. 小组内成员从剧本编写到角色分配等工作采取自由分工，但每位成员都要参与。

4. 情景剧表演过程中所需实用道具，各小组成员自行制作。

评价： 评价表同表 7-1。

---

① 参见倪建东：《校园场域下的劳动教育项目化探索》，载《上海课程教学研究》，2022(11)。

第八章　劳动安全与劳动保护

【学习目标】

　　了解劳动安全相关法律法规，树立劳动安全意识，做好劳动安全防护。树立劳动保护意识，维护劳动者合法权益，掌握劳动保护技能。了解大学生劳动安全的重要性，理解大学生劳动安全的主要内容，做好大学生劳动安全个人防护。

　　在现代社会生产中，劳动安全与劳动保护是劳动者应当享有的基本权利，也是保护劳动者生命健康的需要。劳动安全是指在生产劳动过程中，把劳动者的生存和健康放在第一位，使劳动者人身安全和生命健康免受职业伤害、获得保障。劳动保护是指在生产劳动过程中，防止和减少生产安全事故，对劳动者人身安全和生命健康等合法权益进行保护。

第一节　劳动安全

一、劳动安全相关法律法规解读

　　生产劳动是人类社会特有的基本活动，是社会经济发展的重要保障。国家高度重视生产劳动中劳动者的劳动安全，并通过立法形式给予明确规定。中华人民共和国成立以来，国家制定并颁布了一系列劳动法律法规，用以调整劳动关系和保护劳动者合法权益。下面主要对《中华人民共和国劳动法》《中华人民共和国安全生产法》《中华人民共和国劳动合同法》《工伤保险条例》等劳动法律法规中涉及的劳动安全进行解读，以帮助大学生了解劳动安全的相关规定，强化劳动安全意识，更好地保护自身合法权益。

（一）《中华人民共和国劳动法》对劳动安全的相关规定

2018 年 12 月 29 日，第十三届全国人民代表大会常务委员会第七次会议修订的《中华人民共和国劳动法》对劳动安全做出了相关规定，主要内容如下。

第一，用人单位必须建立、健全劳动安全卫生制度，严格执行国家劳动安全卫生规程和标准，对劳动者进行劳动安全卫生教育，防止劳动过程中的事故，减少职业危害。

第二，劳动安全卫生设施必须符合国家规定的标准。新建、改建、扩建工程的劳动安全卫生设施必须与主体工程同时设计、同时施工、同时投入生产和使用。

第三，用人单位必须为劳动者提供符合国家规定的劳动安全卫生条件和必要的劳动防护用品，对从事有职业危害作业的劳动者应当定期进行健康检查。

第四，从事特种作业的劳动者必须经过专门培训并取得特种作业资格。

第五，劳动者在劳动过程中必须严格遵守安全操作规程。劳动者对用人单位管理人员违章指挥、强令冒险作业，有权拒绝执行；对危害生命安全和身体健康的行为，有权提出批评、检举和控告。

《中华人民共和国劳动法》对劳动者的劳动安全、劳动卫生等合法权益，做出了具体而明确的规定，以保护劳动者的身心健康。劳动者对违反劳动安全规程、劳动安全管理制度、劳动安全卫生条件等行为，可以提出批评、检举和控告，以保护自身合法权益。

（二）《中华人民共和国安全生产法》对劳动安全的相关规定

2021 年 6 月 10 日，第十三届全国人民代表大会常务委员会修订的《中华人民共和国安全生产法》对劳动安全做出了相关规定，主要内容如下。

第一，安全生产工作应当以人为本，坚持人民至上、生命至上，把保护人民生命安全摆在首位，树牢安全发展理念，坚持安全第一、预防为主、综合治理的方针，从源头上防范化解重大安全风险。安全生产工作实行管行业必须管安全、管业务必须管安全、管生产经营必须管安全，强化和落实生产经营单位主体责任与政府监管责任，建立生产经营单位负责、职工参与、政府监管、行业自律和社会监督的机制。

第二，生产经营单位必须遵守本法和其他有关安全生产的法律、法规，加强安全生产管理，建立健全全员安全生产责任制和安全生产规章制度，加大对安全生产资金、物资、技术、人员的投入保障力度，改善安全生产条件，加强安全生产标准化、信息化建设，构建安全风险分级管控和隐患排查治理双重预防机制，健全风险防范化解机制，提高安全生产水平，确保安全生产。

第三，生产经营单位的主要负责人是本单位安全生产第一责任人，对本单位的安全生产工作全面负责。其他负责人对职责范围内的安全生产工作负责。

第四，生产经营单位的从业人员有依法获得安全生产保障的权利，并应当依法履行安全生产方面的义务。

第五，从业人员在作业过程中，应当严格落实岗位安全责任，遵守本单位的安全生产规章制度和操作规程，服从管理，正确佩戴和使用劳动防护用品。

第六，从业人员应当接受安全生产教育和培训，掌握本职工作所需的安全生产知识，提高安全生产技能，增强事故预防和应急处理能力。

从《中华人民共和国安全生产法》对劳动安全的相关规定可以看出，我国对劳动安全的总体要求是安全生产工作应当以人为本，贯彻人民至上、生命至上的基本理念，坚持安全第一、预防为主、综合治理的基本原则。其首要任务是把保护人民生命安全摆在首位，从源头上防范和化解生产中重大安全风险，最终目标是保障安全生产，维护社会和谐，实现经济高质量发展。

（三）《中华人民共和国劳动合同法》对劳动安全的相关规定

2012年12月28日，第十一届全国人民代表大会常务委员会第三十次会议修订的《中华人民共和国劳动合同法》对劳动安全和劳动者的合法权益做出了相关规定，主要内容如下。

第一，用人单位未按照劳动合同约定提供劳动保护或者劳动条件的，劳动者可以解除劳动合同。

第二，劳动者对危害生命安全和身体健康的劳动条件，有权对用人单位提出批评、检举和控告。

第三，用人单位以暴力、威胁或者非法限制人身自由的手段强迫劳动者劳动的，或者用人单位违章指挥、强令冒险作业危及劳动者人身安全的，劳动者可以立即解除劳动合同，不需事先告知用人单位。

第四，劳动者合法权益受到侵害的，有权要求有关部门依法处理，或者依法申请仲裁、提起诉讼。

《中华人民共和国劳动合同法》完善了劳动合同制度，明确劳动合同双方当事人的权利和义务，保护了劳动者的合法权益。

（四）《工伤保险条例》对劳动安全的相关规定

2010年12月20日，国务院修订的《工伤保险条例》对劳动者在生产劳动中的合法权益做出以下规定。

第一，用人单位应当依照本条例规定参加工伤保险，为本单位职工缴纳工伤保险费。

第二，用人单位和职工应当遵守有关安全生产和职业病防治的法律法规，执行安全卫生规程和标准，预防工伤事故发生，避免和减少职业病危害。职工发生工伤时，用人单位应当采取措施使工伤职工得到及时救治。

第三，职工发生事故伤害或者按照职业病防治法规定被诊断、鉴定为职业病，所在单位应当自事故伤害发生之日或者被诊断、鉴定为职业病之日起30日内，向统筹地区社会保险行政部门提出工伤认定申请。遇有特殊情况，经报社会保险行政部门同意，申请时限可以适当延长。用人单位未按前款规定提出工伤认定申请的，工伤职工或者其近亲属、工会组织在事故伤害发生之日或者被诊断、鉴定为职业病之日起1年内，可以直接向用人单位所在地统筹地区社会保险行政部门提出工伤认定申请。

第四，职工因工作遭受事故伤害或者患职业病进行治疗，享受工伤医疗待遇。

《工伤保险条例》促进工伤预防和职业康复，降低用人单位的工伤风险，依法保障劳动者的劳动安全合法权益。

▸▸ 经典悦读

劳动安全风险防范与管理

2020年，教育部印发《大中小学劳动教育指导纲要（试行）》。该文件指出，学校要把劳动安全教育与管理作为组织实施的必要内容，强化劳动安全意识，建立健全安全教育与管理并重的劳动安全保障体系。要依据学生身心发育情况，适度安排劳动强度、时长，切实关注劳动任务及场所设施的适宜性。科学评估劳动实践活动的安全风险，认真排查、清除学生劳动实践中的各种隐患。在场所设施选择、材料选用、工具设备和防护用品使用、活动流程等方面制定安全、科学操作规范，强化劳动过程每个岗位的管理，明确各方责任，防患于未然。制定劳动实践活动风险防控预案，完善应急与事故处理机制。要特别关注劳动过程中的卫生隐患，按照疾控、卫生健康部门及行业有关规定，采取相应措施，切实保护学生的身心健康。鼓励购买劳动教育相关保险。

二、树立劳动安全意识

安全生产，警钟长鸣。对于现代社会而言，安全生产涉及各行各业，触动千家万户。安全生产就是要对劳动者生命健康负责，对千千万万个家庭负责，对企业和社会负责。我们常说"安全责任，重于泰山"，就是强调对劳动者生命健康和人身安全的保护，凸显了劳动者在社会主义生产建设中的主体地位。

（一）牢固树立"生命至上、安全第一"的劳动安全理念

我们党和国家以人民为中心，维护人民群众根本利益。我们党和国家始终把安全生产工作摆在重要位置，以高度的政治责任感和使命感推动安全生产各项举措落实到各行各业，坚决维护广大劳动者的生命健康和人身安全。习近平总书记强调，"安全生产必须警钟长鸣、常抓不懈，丝毫放松不得，否则就会给国家和人民带来不可挽回的损失"[1]，就是从保护广大劳动者根本利益出发，正确处理发展与安全的关系。树立"生命至上、安全第一"的劳动安全理念，坚守"安全生产"这条底线，是确保国家经济高质量发展、广大人民群众安居乐业的坚强基石。

---

[1] 习近平：《认真吸取教训注重举一反三 全面加强安全生产工作》，载《人民日报》，2013-11-25。

（二）坚决落实劳动安全规章制度

各行各业的安全生产都需要建立一系列保障劳动者合法权益的法律法规和安全制度。国家颁布的《中华人民共和国劳动法》《中华人民共和国安全生产法》《中华人民共和国劳动合同法》《工伤保险条例》等法律法规都明确规定了对劳动者合法权益的保障。《中华人民共和国安全生产法》规定，生产经营单位的安全生产管理机构以及安全生产管理人员应当恪尽职守，依法履行职责，保证安全生产落细落实；生产经营单位要建立健全重大事故隐患治理督办制度，督促生产经营单位消除重大事故隐患。

▶▶ 理论探微

党和国家要实施积极的就业政策，创造更多就业岗位，改善就业环境，提高就业质量，不断增加劳动者特别是一线劳动者劳动报酬。要建立健全党和政府主导的维护群众权益机制，抓住劳动就业、技能培训、收入分配、社会保障、安全卫生等问题，关注一线职工、农民工、困难职工等群体，完善制度，排除阻碍劳动者参与发展、分享发展成果的障碍，努力让劳动者实现体面劳动、全面发展。要面对面、心贴心、实打实做好群众工作，把人民群众安危冷暖放在心上，雪中送炭，纾难解困，扎扎实实解决好群众最关心最直接最现实的利益问题、最困难最忧虑最急迫的实际问题。

劳动关系是最基本的社会关系之一。要最大限度增加和谐因素、最大限度减少不和谐因素，构建和发展和谐劳动关系，促进社会和谐。要依法保障职工基本权益，健全劳动关系协调机制，及时正确处理劳动关系矛盾纠纷。我国工人阶级和广大劳动群众要发扬识大体、顾大局的光荣传统，正确认识和对待改革发展过程中利益关系和利益格局的调整，正确处理个人利益和集体利益、局部利益和全局利益、眼前利益和长远利益的关系，树立法治观念，增强法律意识，自觉维护社会和谐稳定。①

三、开展劳动安全教育

树立安全生产理念，提高安全生产意识，是高素质劳动者的从业素养。针对广大劳动者开展劳动安全教育，避免劳动伤害，消除劳动安全隐患，是生产经营单位义不容辞的责任。《中华人民共和国安全生产法》指出："未经安全生产教育和培训合格的从业人员，不得上岗作业。"生产经营单位要加强对劳动者进行岗位安全操作规程和安全操作技能的教育与培训，确保劳动者熟悉安全操作规程，掌握安全操作技能，严格执行安全生产规范，以保护劳动者的合法权益。

---

① 习近平：《在庆祝"五一"国际劳动节暨表彰全国劳动模范和先进工作者大会上的讲话》，载《人民日报》，2015-04-29。

第二节　劳动保护

一、开展劳动保护的意义

我们党和国家坚持人民至上、生命至上，始终把人民群众生命安全和身体健康放在第一位。开展劳动保护的意义在于它是我们党和国家的一项重要政策，是开展社会主义经济建设的重要保障，直接关系到广大劳动者的生命安全和身体健康。

（一）是贯彻"生命至上、安全第一"的重要保障

贯彻落实劳动安全和劳动卫生是国民经济健康发展的前提和重要保证。在国民经济各行各业的生产过程中，健全劳动安全、卫生法律法规，落实劳动安全制度，开展劳动保护是贯彻"生命至上、安全第一"的重要保障。《中华人民共和国劳动法》规定："用人单位必须建立、健全劳动安全卫生制度，严格执行国家劳动安全卫生规程和标准，对劳动者进行劳动安全卫生教育，防止劳动过程中的事故，减少职业危害"，"用人单位必须为劳动者提供符合国家规定的劳动安全卫生条件和必要的劳动防护用品，对从事有职业危害作业的劳动者应当定期进行健康检查"。

（二）是保障劳动者生命健康、家庭幸福和社会和谐稳定的需要

自古及今，劳动都是人类最基本的社会活动。劳动者是劳动的主体，劳动者的生命健康和人身安全等合法权益依法受法律保护。法律规定的劳动保护权是劳动者享有的、在劳动过程中获得安全与健康保护的权利，是保护劳动者生命健康权的重要保障。良好的工作条件、安全卫生的工作环境有助于保护劳动者的生命健康和人身安全，关乎劳动者的切身利益。开展劳动保护能够让劳动者以饱满的精神状态对待工作，对于激发劳动者的工作动力、促进家庭幸福美满、促进社会和谐稳定有着重要的现实意义。

（三）是健全社会主义劳动保护法制和法律体系的需要

劳动保护法制是指国家用立法形式，将改善劳动条件、保障安全生产和文明生产的各种措施加以规范化、条文化，用法律法规的形式固定下来，使之成为全社会都必须遵守的行为准则。有了劳动保护法律法规，一方面可使企业和经济管理部门的领导明确自己在保护劳动者安全和健康上应负的责任；另一方面可为实行劳动保护监察提供法律依据，可使劳动者在生产中的安全与健康有法律保障。《中华人民共和国宪法》第四十二条规定："中华人民共和国公民有劳动的权利和义务。"国家通过各种途径，创造劳动就业条件，加强劳动保护，改善劳动条件，并在发展生产的基础上，提高劳动报酬和福利待遇。根据宪法，我国制定了社会主义劳动保护法制和法律体系，目的就是防范劳动过程中的不安全、不卫生、不规范的情况，防止出现劳动者伤亡事故，预防和消除劳动者在劳动过程中的劳动伤害和职业病隐患。

《国际劳工公约》关于职业安全卫生的规定

国际劳工组织在职业安全卫生方面的国际公约按照其内容，可划分为以下三类。第一类公约，用来指导成员国为了达到安全健康的工作环境，保证工人的福利与尊严制订方针和采取措施，主要包括：职业安全卫生公约、职业卫生设施公约、重大工业事故预防公约等。第二类公约，针对特殊试剂、职业癌症、机械搬运、工作环境中的特殊危险而提供保护，主要包括：石棉公约、苯公约、职业癌症公约、辐射保护公约、机械防护公约、工作环境（空气污染、噪声、振动）公约等。第三类公约，针对某些经济活动部门，如建筑工业、商业和办公室及码头等提供保护，主要包括卫生（商业和办公室）公约、职业安全卫生（码头工作）公约、建筑安全卫生公约、矿山安全卫生公约等。此外，国际劳工理事会还通过了20余个实施规程，涉及不同领域的职业安全卫生问题，对相关领域的职业安全卫生工作给予了更详细的指导。这些领域包括林业、公共工作和造船业以及特殊的风险如离子辐射、空气污染物和石棉等。

二、劳动保护的基本原则

在国民经济各行各业生产劳动中，贯彻和落实劳动保护的首要任务就是确保劳动者的生命健康和人身安全。在我国现阶段落实劳动保护主要遵循三大基本原则。

（一）"以人为本"原则

遵循"以人为本"原则，是社会主义现代化建设的时代诉求，也是开展劳动保护的首要原则。这是因为人是生产实践活动的主体，生命至上是现代文明的核心理念。"以人为本"原则肯定了人民的历史主体地位，彰显了党全心全意为人民服务的根本宗旨和执政理念。做好劳动保护工作，是对广大劳动者生命健康、家庭幸福和合法权益的根本维护，体现了新时代以人民为中心指导思想的实践要求。

（二）"安全第一，预防为主"原则

贯彻落实"安全第一，预防为主"原则，既是党和国家指导劳动保护工作的方针，也是对生产经营单位生产工作的基本要求。"安全第一"就是要求在生产活动中，始终把安全工作放在首位，把劳动者的生命安全放在首位。"预防为主"就是要求在生产活动中，建立各种安全规章制度和采取保护措施保障劳动者的安全和健康。《中共中央关于制定国民经济和社会发展第十四个五年规划和二〇三五年远景目标的建议》提出"全面推进健康中国建设"，要求"把保障人民健康放在优先发展的战略位置，坚持预防为主的方针"。当生产劳动与职工人身安全发生冲突时，先要保证职工人身安全。生产经

营单位要根据行业要求，落实安全生产规章制度，消除劳动安全隐患，防患于未然。

（三）"管生产必须管安全"原则

最新修订的《中华人民共和国安全生产法》第三条规定："安全生产工作应当以人为本，坚持人民至上、生命至上，把保护人民生命安全摆在首位，树牢安全发展理念，坚持安全第一、预防为主、综合治理的方针，从源头上防范化解重大安全风险。安全生产工作实行管行业必须管安全、管业务必须管安全、管生产经营必须管安全，强化和落实生产经营单位主体责任与政府监管责任，建立生产经营单位负责、职工参与、政府监管、行业自律和社会监督的机制。"这就要求各级政府和主管部门落实监管责任，出台生产安全管理政策；生产经营单位必须落实主体责任，建立健全安全生产规章制度和安全管理保障体系。

▸▸ 理论探微

让人民群众过上更加幸福的好日子是我们党始终不渝的奋斗目标，实现共同富裕是中国共产党领导和我国社会主义制度的本质要求。要坚持以人民为中心的发展思想，维护好工人阶级和广大劳动群众合法权益，解决好就业、教育、社保、医疗、住房、养老、食品安全、生产安全、生态环境、社会治安等问题，不断提升工人阶级和广大劳动群众的获得感、幸福感、安全感。要把稳就业工作摆在更加突出的位置，不断提高劳动者收入水平，构建多层次社会保障体系，改善劳动安全卫生条件，使广大劳动者共建共享改革发展成果，以更有效的举措不断推进共同富裕。要适应新技术新业态新模式的迅猛发展，采取多种手段，维护好快递员、网约工、货车司机等就业群体的合法权益。要建立健全困难群众帮扶工作机制，把党和政府的关怀送到困难群众心坎上，让他们感受到社会主义大家庭的温暖。要坚持从群众多样化需求出发开展工作，打通服务群众的新途径，使服务更直接、更深入、更贴近工人阶级和广大劳动群众，以服务群众实效打动人心、温暖人心、影响人心、赢得人心。要健全党政主导的维权服务机制，完善政府、工会、企业共同参与的协商协调机制，健全劳动法律法规体系，为维护工人阶级和广大劳动群众合法权益提供法律和制度保障。要健全以职工代表大会为基本形式的企事业单位民主管理制度，推进厂务公开，充分发挥广大职工群众的积极性、主动性、创造性。①

三、掌握劳动保护知识

在生产劳动过程中，劳动者要掌握一定的劳动保护知识，遵守劳动纪律。劳动者要了解在生产活动中常用的安全色、安全标志、劳动防护用品等。

---

① 习近平：《在全国劳动模范和先进工作者表彰大会上的讲话》，载《人民日报》，2020-11-25。

(一)安全色

安全色是用来表达禁止、警告、指令、提示等安全信息含义的颜色。安全色用途广泛，作用是提醒人们注意安全，以防发生事故。中国国家标准《安全色使用导则》规定：红、蓝、黄、绿四种颜色为安全色。

红色表示禁止、停止，一般用于禁止标志，如机器设备上的紧急停止手柄或按钮以及禁止触动的部位通常用红色，有时也用于防火标志。

蓝色表示指令以及必须遵守的规定，一般用于指令标志。

黄色表示警告、警示或注意，如警戒线、行车道中线等通常用黄色。

绿色表示提示安全状态、道路准许通行等，也表示机器设备安全状态或正常运行状态，如安全通道等通常用绿色。

不同颜色搭配，能使安全色更加醒目的颜色，称为对比色或反衬色。例如，红色与白色间隔条纹的含义是禁止通行，如用于公路上用的防护栏杆等；黄色与黑色间隔条纹的含义是警告、危险，如用于起重吊钩、铁路和公路交叉道口上的防护栏杆等。

(二)安全标志

安全标志是由安全色、几何图形、符号及辅助文字等组成的，以引起人们对安全因素的注意，预防事故发生。在我国，安全标志主要分为禁止标志、警告标志、指令标志和提示标志四类。我国规定的禁止标志共有 40 个，警告标志共有 39 个，指令标志共有 16 个，提示标志共有 8 个。

禁止标志(图 8-1)。禁止标志的含义是不准或制止人们的某些行动。禁止标志的几何图形是带斜杠的圆环，其中圆环与斜杠相连，用红色表示。图形符号用黑色，背景用白色。

图 8-1　禁止标志

警告标志(图 8-2)。警告标志的含义是提醒人们对周围环境引起注意，以避免可能发生的危险。警告标志的基本形式是正三角形边框。正三角形边框及图形符号为黑色，衬底为黄色。

图 8-2 警告标志

指令标志(图 8-3)。指令标志的含义是必须遵守，是强制人们必须做出某种动作或采取防范措施。指令标志的几何图形是圆形，蓝色背景，白色图形符号。

图 8-3 指令标志

提示标志(图 8-4)。提示标志的含义是向人们提供某种信息(如标明安全设施或场所、交通提示等)。提示标志的基本形式是正方形边框，绿底、白图案。

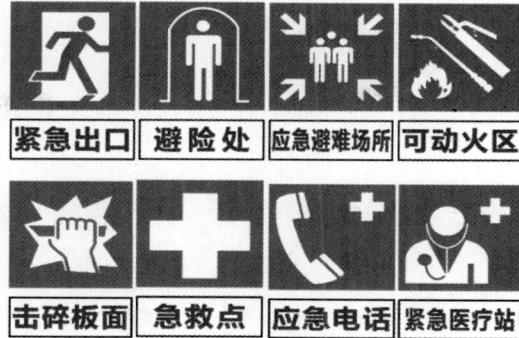

图 8-4　提示标志

（三）劳动防护用品

劳动防护用品就是在劳动过程中为防御有毒气体与液体、各类射线等有害因素伤害身体而配备的各种物品的总称。劳动防护用品主要有安全帽、防护手套、防护口罩、防护服等。从业人员要根据岗位要求和工作规程，正确、规范使用劳动防护用品，确保在工作中身体健康不受伤害。

安全帽。安全帽是指对人头部受坠落物及其他特定因素引起的伤害起防护作用的帽子。安全帽的主要作用有防止高空落物伤害头部、防止物体击伤头部、防止机械性损伤、防护毛发伤害等。根据使用要求和工作场景不同，安全帽分为一般作业类和特殊作业类两大类别。每类安全帽都具有一定的技术指标和适用工况，从业人员要根据工作场景规范、正确佩戴安全帽，确保自身安全。

防护手套。根据工作场合及防护要求不同，防护手套可由不同材质制造，如棉手套、橡胶手套等。在生产劳动中，接触各种有害物质时，要戴上符合安全要求的防护手套，以免手部受到伤害。

防护口罩。防护口罩主要有防尘口罩及防毒口罩两大类。防尘口罩主要是防止劳动者吸入有害粉尘、废气、烟尘等。防毒口罩是用以保护呼吸器官免受细菌、病毒及放射性灰尘等伤害的防护用具。

防护服。防护服是指用来保护作业人员身体免受伤害的各类服装，主要有防尘服、防晒服、防火服、医用防护服、化学防护服等。

防护眼镜和防护面罩。防护眼镜是各种特殊用途的眼镜，是为防止光学性、放射性、机械性等损伤眼睛而设计的防护用品。防护面罩是用来保护面部和颈部免受物理的、化学的、机械的伤害的用具，主要有焊接面罩、防烟尘面罩、防毒面罩、防冲击面罩、防辐射面罩等。

护耳器。护耳器是指保护人的听觉免受强烈噪声损伤的防护用品，可分为耳塞、耳罩和防噪声头盔等。护耳器一般用于强噪声环境，如靶场、坦克舱内部等，其作用主要是防止噪声伤害。

使用劳动防护用品的从业人员，必须了解所使用的劳动防护用品的性能及正确使用方法。对结构和使用方法较为复杂的劳动防护用品，从业人员要进行反复训练，以做到正确使用，确保安全生产。

第三节　大学生劳动安全教育

开展大学生劳动安全教育，旨在帮助学生树立正确的劳动观点和劳动态度，养成劳动习惯。提升大学生劳动安全与劳动保护意识，加强大学生劳动安全与劳动保护，对保障大学生合法权益、维护大学生身心健康和加强大学生劳动条件的保障与支持有着重要意义。

一、开展大学生劳动安全教育的意义

（一）提高大学生劳动安全意识

树立劳动安全意识是开展大学生劳动教育的前提条件。劳动教育通过以劳树德、以劳增智、以劳强体、以劳育美，为成就大学生的幸福人生奠定坚实基础。开展劳动教育的组织者可以通过劳动安全防范讲座、劳动安全教育主题班会等活动，加强对大学生劳动安全意识的培养，提高大学生的劳动风险防范能力。通过开展大学生劳动安全教育，可以帮助大学生树立正确的劳动观念和劳动安全意识，使大学生遵守劳动安全纪律，恪守劳动安全操作规程，避免劳动伤害，养成安全劳动的良好习惯。

（二）保护大学生生命安全和身体健康

《中华人民共和国劳动法》第五十四条规定："用人单位必须为劳动者提供符合国家规定的劳动安全卫生条件和必要的劳动防护用品。"高校在组织大学生劳动教育过程中，要坚决贯彻落实"安全第一，预防为主"原则，在制订劳动教育实施计划时，要同时制定劳动安全风险防范预案，把保护大学生生命安全和身体健康放在首要位置。高校要从保护大学生生命安全和身体健康出发，进行大学生劳动安全教育，建立健全安全教育与管理并重的劳动安全保障体系，重视安全规章制度建设，防止劳动过程中安全事故的发生，减少劳动伤害和职业病危害。

（三）保障大学生劳动教育实施质量

开展和实施大学生劳动安全教育，能够帮助大学生树立安全劳动观念，形成安全劳动态度，增强自我保护意识，掌握劳动安全知识和技能，消除劳动安全风险和隐患。在学校层面，制定劳动实施方案时，要把劳动安全放在首位，可以通过制定劳动实践活动风险防控预案，完善应急与事故处理机制，建立健全大学生劳动安全风险长效运行防控体系等，更好地保障大学生劳动教育实施质量。

二、大学生劳动安全风险防范的主要内容

（一）防机械伤害教育

机械伤害主要指机械运转过程中，机械部件、零件、加工件等对人员产生的直接伤害，主要包括机械对人体的夹挤、剐蹭、卷切、碾压、砸伤、割伤、刺伤等形式的伤害。大学生在生产劳动过程中安全意识淡薄、缺乏事前培训、不规范使用机械等都会导致人身伤害，甚至危及生命。防机械伤害是大学生劳动安全教育的重要内容，必须引起高度重视。在落实大学生生产劳动时，要提前做好安全防范工作预案，进行防机械伤害培训，开展防机械伤害安全宣传，要求大学生严格遵守安全生产相关规定，防止机械伤害事件的发生。大学生应注意以下几个方面。

第一，树立生产劳动安全意识，掌握安全生产技能，严格遵循安全工作规程和安全生产制度。

第二，参加安全劳动培训。参加由专业人员组织的安全劳动培训，了解机械工作原理和可能存在的安全风险。

第三，严格执行劳动安全纪律。在生产劳动中，严肃工作纪律，服从安全管理，安全完成工作任务。

第四，当伤害发生时，要向有关部门及时报告，说明伤害发生情形、程度和部位，以便快速获救，努力把伤害降到最低程度。

（二）防火安全教育

防火安全教育也是大学生劳动安全教育的重要内容。大学生在劳动活动中，由于消防安全意识淡薄、不能正确防火用火或粗心大意等，造成了火灾、烧伤等恶性事故。

第一，开设消防知识讲座。俗话说"水火无情"。在实施劳动教育过程中，要坚持"生命至上、安全第一"理念，加强防火安全教育。通过开设消防知识讲座，普及消防知识，帮助大学生掌握灭火、逃生技能，进一步增强大学生的安全防范意识和避险能力。

第二，组织防火模拟训练，掌握消防技能。在专业消防人员指导下，组织大学生开展消防安全演练，使大学生掌握常用灭火器使用方法，提高突发火灾事件处理能力，学会在发生火情时迅速逃生、自救、互救的基本方法，为劳动活动安全实施打下基础。

第三，开展多种方式的劳动安全防火教育。学校应在组织和实施大学生劳动教育活动过程中，通过多种方式开展劳动安全防火教育。例如，通过召开消防安全主题班会、开展消防安全知识竞赛、评选消防安全标兵等，帮助大学生掌握基本消防知识，防止火灾伤害事故的发生。

(三)防触电教育

大学生在劳动活动中，经常要接触或使用各种电动工具和电器。安全用电、预防触电也是大学生在参加劳动活动时要给予关注的一个重要方面。一般情况下，大学生在开展存在触电风险的劳动活动时，需要严格遵守防触电工作规范和要求，严禁违章用电。大学生在劳动活动中，为消除触电风险，要做到以下几点。

第一，了解劳动现场电源总开关、线路分布、用电负荷等情况，遵守用电规章。

第二，在专业人员指导下正确使用机器，使用完毕后应正确切断电源。

第三，确保用电线路及机器设备绝缘完好，机器带电部分绝对不能外露。需要移动机器时一定要切断电源，以防触电。

第四，不要站在潮湿的地面上移动带电机器，不用湿手或用潮湿抹布擦拭带电的机器。

第五，在劳动过程中，使用的插座、电线、机器等必须符合安全质量标准，机器安装符合有关规范。

第六，在使用机器过程中如发现有冒烟、冒火花、发出焦煳的异味等情况，应立即关掉电源开关，停止使用。

第七，严禁在高低压电线路下立杆作业。遇有雨雪天气，不得在高低压线路下作业。

一旦发生触电，第一时间采取正确的抢救措施至关重要。在触电事故中，因为处置不当，造成施救人连环触电身亡的事件不在少数。由此可见，掌握必要的用电常识，防止触电伤亡是关键。

(四)防中毒教育

在大学生参加生产劳动时，要防止毒气、毒物、毒水对身体产生的伤害。在生产劳动过程中，由于缺乏防中毒意识，大学生不慎接触到有毒有害物质，就可能造成身体伤害，甚至危及生命健康。在生产劳动中常见的中毒，一般可分为急性中毒和慢性中毒两种情况。下面主要介绍几种在生产劳动中常见的中毒预防。

1. 防止毒气中毒

不同性质的有毒气体中毒的毒理作用各不相同。一旦发生中毒情况，治疗不及时可合并出现支气管炎、中毒性肺水肿、急性呼吸窘迫综合征等疾病，甚至可能危及生命。常见气体中毒有刺激性气体中毒、一氧化碳中毒、急性硫化氢中毒等。

刺激性气体中毒，如二氧化硫、氨气、甲醛等气体的中毒。损害的程度取决于气体的理化特性、浓度及吸入时间的长短等。

一氧化碳中毒。在生产生活中，凡含碳物质燃烧不完全时，均可产生一氧化碳气体，若防护不良或通风不畅可发生一氧化碳中毒。典型症状为头晕、头痛、乏力、恶心呕吐及视力模糊等。

急性硫化氢中毒。硫化氢是一种易燃的酸性气体，有剧毒，常温下无色，低浓度时有臭鸡蛋气味，浓度极低时有硫黄味。低浓度时接触仅有局部刺激作用，高浓度时接触则会刺激全身，表现为中枢神经系统症状和窒息症状。

遇到气体中毒，先要把患者移到空气流通环境，使患者保持呼吸道通畅。同时，观察患者情况，严重时要立即送医院救治。如果患者意识丧失，应立即进行心肺复苏抢救。

2. 防止固体及液态物质中毒

固体及液态有毒物质主要通过化学或物理作用导致机体健康受损。在生产生活中，常见的有毒物质主要有农药、强酸强碱类化学物品、苯化物等。大学生在劳动活动中，凡是遇到有中毒的风险的情况，都要提前做好防护方案及应急预案。在有限空间作业务必做到先通风，再检测，后作业。一旦发生中毒，立即送医院抢救。如果怀疑是某种物质中毒，要将原包装带到医院，以便医生确定中毒的性质及成分对症施救。

▶▶ 经典悦读

中共中央、国务院印发的《关于全面加强新时代大中小学劳动教育的意见》指出："多方面强化安全保障。各地区要建立政府负责、社会协同、有关部门共同参与的安全管控机制。建立政府、学校、家庭、社会共同参与的劳动教育风险分散机制，鼓励购买劳动教育相关保险，保障劳动教育正常开展。各学校要加强对师生的劳动安全教育，强化劳动风险意识，建立健全安全教育与管理并重的劳动安全保障体系。科学评估劳动实践活动的安全风险，认真排查、清除学生劳动实践中的各种隐患特别是辐射、疾病传染等，在场所设施选择、材料选用、工具设备和防护用品使用、活动流程等方面制定安全、科学的操作规范，强化对劳动过程每个岗位的管理，明确各方责任，防患于未然。制定劳动实践活动风险防控预案，完善应急与事故处理机制。"

三、大学生劳动安全个人防护

（一）树立劳动安全和劳动保护意识

中共中央、国务院《关于全面加强新时代大中小学劳动教育的意见》指出："各学校要加强对师生的劳动安全教育，强化劳动风险意识，建立健全安全教育与管理并重的劳动安全保障体系。"作为当代大学生，应当树立正确的劳动价值取向，树立正确的劳动安全观，着力提高安全劳动意识，在劳动中磨炼意志、陶冶情操、健康成长。在劳动活动中，大学生要规范劳动行为，防止伤亡事故发生，依法保护好个人的生命安全与健康。

（二）遵守劳动安全工作规程和劳动纪律

劳动安全工作规程是指在生产劳动中应遵循的安全生产的法律规范和操作程序。

劳动纪律又称职业纪律，指劳动者在劳动中所应遵守的生产劳动行为规范和生产劳动秩序。《中华人民共和国劳动法》第三条规定："劳动者应当完成劳动任务，提高职业技能，执行劳动安全卫生规程，遵守劳动纪律和职业道德。"大学生在参加生产劳动实践时，一要贯彻落实"安全第一，预防为主"原则，服从学校组织管理，听从专业人员指挥，严守劳动安全工作规程和劳动纪律，杜绝劳动安全事故的发生；二要养成热爱劳动、尊重劳动、安全劳动的良好习惯；三要强化诚实、合法劳动意识，积极参加劳动实践，培养科学精神，注意手脑并用、安全适度，不断提升社会实践能力。

（三）做好劳动安全个人防护

大学生在参加生产劳动活动时，要把保护个人生命健康放在第一位，树立安全劳动意识，学习劳动防护相关知识与技能，增强劳动安全防范能力。在参加生产劳动活动时，大学生要了解劳动活动的性质、内容和活动方式，服从劳动管理要求，了解不同劳动岗位需要的劳动防护用品，正确配备和使用劳动防护用品。表 8-1 列出了常用个人劳动防护用品及主要功能。

表 8-1　个人劳动防护用品及主要功能

类型	示例	主要功能
头部防护用品	安全帽、防晒帽等	避免头部受伤、脏污等
面部防护用品	防毒面罩、防晒面罩等	预防烟雾、阳光、尘粒、金属火花等对面部的伤害或刺激
眼部防护用品	防护眼镜等	预防烟雾、尘粒、金属火花、电磁辐射、激光等伤害眼睛
呼吸器官防护用品	口罩、过滤式呼吸器、隔绝式呼吸器等	防止吸入有害气体、粉尘、烟雾等
听觉器官防护用品	耳塞、耳罩、防噪声头盔等	避免噪声对人耳的过度刺激，减少听力损伤，预防噪声对人产生不良影响
手部防护用品	防水手套、防割手套、防毒手套等	具有保护手和手臂的功能
足部防护用品	防护鞋、防滑鞋、电绝缘鞋、防静电鞋等	防止生产过程中有害物质或其他有害因素伤害足部
躯干防护用品	防护背甲、防护围裙和各类防护服等	使躯体免受光线、射线、有毒有害物质等的伤害
护肤用品	防晒护肤剂、驱虫护肤剂、防水护肤剂、防油护肤剂等	使手部、面部等部位免受化学、物理、生物等有害因素的伤害

劳动教育成为本科生必修课——苏大学子
走进田间地头体验"收割忙"

这个秋天，我们一起来劳动，感受丰收的喜悦！

2022 年 11 月 4 日，苏州大学未来科学与工程学院在未来校区南侧八圻街道农创村举行了"劳动教育课程开课仪式"，未来科学与工程学院专业劳动实践教育基地也同步揭牌。约 700 名未来科学与工程学院的大学生，在农民师傅的指导下，开展体验割稻、打谷等农事活动，将劳动教育课上到田间地头。

晚秋的田野里早已是一派丰收的景象。农民师傅现场向学生们演示割稻。一双手、一把镰刀，一抓一割，手里便满是金灿灿的稻谷。学生们迫不及待地走进稻田里，沐浴在金秋灿烂的阳光下，在稻香中热火朝天地劳作着，在农事劳动中体悟勤俭节约、爱惜粮食的传统美德。

"这是我第一次参与收割。从站姿到弯腰到握镰刀收割的动作，每一步都需要训练。慢慢地，从开始笨拙地割下一小束水稻，到后来熟练收割水稻，一股成就感涌上心头。"有个学生告诉记者，这一次的劳动实践，让自己明白了苦尽甘来的意义。"我希望能在未来，通过自己的努力，为农业科技贡献自己的力量。"

为了让学生的劳动实践更加专业，苏州大学未来科学与工程学院邀请经验丰富的农民师傅担任课程的实践指导教师。八圻街道农创村安排了多名志愿者，为学生劳动教育实践课程提供全程指导。

"未来科学与工程学院自成立以来，全面落实本科生劳动教育课程建设任务，充分发挥学校教育体制改革试验田的引领作用，积极与地方政府开展深度合作，利用校外优质实践教育资源为人才培养服务。"相关负责人告诉记者，学院正积极探索劳动教育新模式，下一步将继续坚持党建引领，与八圻街道深入校地合作，开发农作物种植课程，包含翻土、育苗、施肥、除草、杀虫、采摘等全过程农事生产活动。学院还在实践的基础上，充分结合学科专业特点，将人工智能等专业课程与劳动教育课程深度融合，设立创新课题和项目，引导学生深入思考农业生产过程数字化、自动化、智能化等问题，通过科技赋能将"汗水农业"向"智慧农业"转化。

从 2021 年开始，劳动教育课程成了苏州大学本科生的必修课程，被纳入了人才培养方案。开设劳动教育课程是落实立德树人，实施"五育并举"的重要举措，是引导学生尊重劳动、热爱劳动，树立正确的劳动价值观，培养学生的劳动意识和创新思维能力的有效途径。学校正在积极探索具有苏州大学特色的劳动教育模式和育人体系，将学生思想政治教育工作与专业劳动教育实践课程相结合，希望学生通过劳动实践增本领、长才干。①

---

① 原载《扬子晚报》，2022-11-13，选入时有改动。

1. 根据以下要求制定一份大学生植树活动安保方案。

主题：制定大学生植树活动安保方案。

要求：学校计划组织学生开展一次校园植树活动，请你根据劳动安全要求，制定一份植树活动安保方案。方案要包含安保目标、安保内容及要求、安保措施、保障条件和注意事项等。

2. 根据以下要求，组织开展一次大学生劳动安全防火教育主题班会。

主题：大学生劳动安全防火教育。

目的：使大学生树立安全劳动观念，提高安全防火意识和自我保护能力，掌握常见消防技能。

内容：

(1)分组讨论：大学生劳动安全防火教育的重要性。

(2)了解火灾的成因，学习防火灭火知识。

(3)在专业消防人士指导下开展防火灭火技能训练。

(4)大学生劳动活动中的防火案例分析。

(5)活动结束后每人撰写一份活动小结。

说　明

　　本教材配有相关教学课件及教学资源，请有需要的教师与以下邮箱取得联系，获取《大学生劳动教育》及北京师范大学出版社劳动教育类更多教材的教学资源，以供教学使用。

联系人：北京师范大学出版社　周编辑

联系邮箱：bnu2015ys@126.com